Logistik-Controlling im Krankenhaus

Schriften des Göttinger Forums für Wissenschaft, Wirtschaft und Verwaltung

Herausgegeben von Helmut Brede,
Wolf Gottschalk und Norbert Liekmeier

Band 5

PETER LANG
Frankfurt am Main · Berlin · Bern · Bruxelles · New York · Oxford · Wien

Margit Christiansen

Logistik-Controlling im Krankenhaus

Analyse und Entwicklung
eines Planungs-, Kontroll-
und Informationssystems
für die Krankenhauslogistik

PETER LANG
Europäischer Verlag der Wissenschaften

Bibliografische Information Der Deutschen Bibliothek
Die Deutsche Bibliothek verzeichnet diese Publikation in der Deutschen Nationalbibliografie; detaillierte bibliografische Daten sind im Internet über <http://dnb.ddb.de> abrufbar.

Zugl.: Göttingen, Univ., Diss., 2002

D 7
ISSN 0942-0673
ISBN 3-631-50424-1

www.peterlang.de

VORWORT

Die gesetzlichen Regelungen, die den Anstieg der Kosten im Gesundheitswesen dämpfen sollen, zwingen die Krankenhäuser, sich um Rationalisierungen zu bemühen. Gleichzeitig darf die Kostenreduzierung keine negativen Auswirkungen auf die Gesundheitsleistungen haben. Angesichts dieser Problematik benötigen Krankenhäuser betriebswirtschaftliche Instrumente, die sowohl zur Kostenreduzierung beitragen als auch die Patienten mit ihren Bedürfnissen berücksichtigen. Hierbei hat die Wissenschaft zu untersuchen, inwieweit Instrumente, die bereits für die Privatwirtschaft entwickelt wurden, auf die Krankenhauswirtschaft übertragen werden können.

Margit Christiansen leistet hierzu einen wertvollen Beitrag, indem sie analysiert, ob ein Logistik-Controllingsystem zur Steuerung der Krankenhauslogistik eingesetzt werden kann. Sie hat sorgfältig herausgearbeitet, was unter Krankenhauslogistik zu verstehen ist. Außerdem werden die Ziele der Krankenhauslogistik und die Faktoren, die die Zielerreichung fördern oder behindern, bestimmt. Im Kern der Arbeit werden die Aufgaben und die Instrumente eines Logistik-Controllingsystems im Krankenhaus behandelt. Dabei ist sehr erkenntnisfördernd, dass Frau Christiansen nacheinander die für das Controlling bedeutsamen Aspekte der Logistikplanung und –kontrolle und des Logistik-Informationssystems untersucht, wozu insbesondere die Kosten- und Leistungsrechnung und das Berichtswesen gezählt werden. Das Untersuchungsergebnis stellt die Verbindung zwischen Erkenntnissen der Krankenhauslogistik und dem Krankenhaus-Controlling her. Es ist nicht nur für die Theorie, sondern auch für die Praxis bedeutsam. Man denke nur an die Wartezeiten der Patienten, die sich dank eines sinnvoll angewendeten Logistik-Controllingsystems vermeiden ließen. Besonders hoch ist der Wert reicher Erfahrungen einzuschätzen, die Frau Christiansen aus der eigenen Krankenhausarbeit einbringen konnte.

Göttingen, im November 2002 | Die Herausgeber

Inhaltsverzeichnis

Abbildungsverzeichnis

Abkürzungsverzeichnis

AbgrV	Abgrenzungsverordnung
AG	Aktiengesellschaft
AR-DRG	Australien Refined Diagnosis Related Groups
Art.	Artikel
ärztl.	ärztlich
AWT	Automatischer Warentransport
BeitrEntlG	Beitragsentlastungsgesetz
ber.	berichtigt
BGB	Bürgerliches Gesetzbuch
BGBl.	Bundesgesetzesblatt
BPflV	Bundespflegesatzverordnung
CHIR	Chirurgie
diagn.	diagnostische
DKG	Deutsche Krankenhausgesellschaft
durchges.	durchgesehene
EKG	Elektronisches Kardiogramm
erg.	ergänzt
erw.	erweitert
FAZ	Frankfurter Allgemeine Zeitung
GE	Geldeinheit
gem.	gemeinsam
GKV	Gesetzliche Krankenversicherung
GmbH	Gesellschaft mit beschränkter Haftung
GSG	Gesundheitsstrukturgesetz
GSK	Gesetz zur Stabilisierung der Krankenhausausgaben
GYN	Gynäkologie
INN	Innere Medizin
Institut.	Institutionen
kalk.	kalkulatorisch
KH	Krankenhaus
KHBV	Krankenhausbuchführungsverordnung
KHG	Krankenhausfinanzierungsgesetz
KHNG	Krankenhausneuordnungsgesetz
Kt.	Konto
LAGA	Länderarbeitsgemeinschaft Abfall
LKA	Leistungs- und Kalkulationsaufstellung
MDC	Major Diagnostic Categories
med.	medizinisch
MTA	Medizinisch Technische Assistenten

NOG	Neuordnungsgesetz
o.J.	ohne Jahresangabe
o.Jg.	ohne Jahrgangsangabe
o.V.	ohne Verfasserangabe
OP	Operationssaal
ÖPNV	Öffentlicher Personennahverkehr
Pflegefachb.	Pflegefachbereiche
PTA	Pharmazeutische Technische Assistenten
RTA	Radiologisch Technische Assistentin
S 1	Schnittstelle 1. Ordnung
S 2	Schnittstelle 2. Ordnung
S 3	Schnittstelle 3. Ordnung
SGGP	Schweiz. Gesellschaft für Gesundheitspolitik
St.	Station
StAnz.	Stadtanzeiger
verb.	verbessert
Vol.	Volume
WiSt	Wirtschaftwissenschaftliches Studium
WISU	Das Wirtschaftsstudium

1. Kapitel: Einleitung

A. Problemstellung

Spätestens seit Anfang der 90er Jahre wird in der Öffentlichkeit das Schlagwort „Kostenexplosion“ mit der finanziellen Situation des Gesundheitswesens verbunden. Allein in den Jahren 1991 bis 1998 sind die Kosten um ca. 1/3 von 173.567 Mio. auf 240.482 Mio. gestiegen. Der Anteil der Krankenhausausgaben hat dabei von 32,9 Prozent auf 35,6 Prozent zugenommen (siehe DKG 2000, S. 72). Vor diesem Hintergrund sieht sich der Gesetzgeber dazu veranlasst, den finanziellen Druck auf die Krankenhäuser zu vergrößern. Auf der einen Seite gibt er Budgets vor, die die Ausgaben begrenzen sollen. Auf der anderen Seite führte er pauschalierte Entgelte ein, die die Verantwortlichen in den Krankenhäusern dazu veranlassen sollen, nicht nur medizinische Gesichtspunkte, sondern auch die dabei entstehenden Kosten zu berücksichtigen.

Die Krankenhäuser haben auf die Einführung der pauschalierten Entgelte mit kostensenkenden Maßnahmen reagiert. Vor allem werden seitdem die Patienten möglichst schnell wieder entlassen (Leititis 2000, S. 898; Brede 2001b, S. 250). In den Jahren 1995 bis 1999 ist für alle Akutkrankenhäuser die Verweildauer durchschnittlich von 12,1 auf 10,4 Tage gesunken (Statistisches Bundesamt 2001, S. 14). Diese Entwicklung wird noch weiter voran getrieben werden, da spätestens ab 2004 sämtliche Krankenhausleistungen mit Pauschalpreisen abgegolten werden (GKV-Gesundheitsreformgesetz 2000 vom 22. Dezember 1999). Das bedeutet, dass zukünftig alle Patienten ohne Zeitverzug mit diagnostischen und therapeutischen Maßnahmen versorgt werden müssen. Dann können Wartezeiten, die z.B. durch fehlgeplante Transport- oder Lagerleistungen entstehen, nicht mehr hingenommen werden.

Krankenhäuser stehen nicht nur unter Kostendruck, sondern auch die Patienten stellen hohe Anforderungen. Sie erwarten, im Krankheitsfall sofort und umfassend behandelt zu werden. Das bedeutet, dass die benötigten Medikamente, medizinischen Produkte und diagnostischen Befunde schnellst möglich zur Verfügung stehen müssen. Patienten zeigen ihre Unzufriedenheit über Wartezeiten, indem sie dann, wenn sie die Wahl haben (beispielsweise bei geplanten Eingriffen), ein anderes Krankenhaus aufsuchen. Krankenhäuser können ihre Existenz aber nur sichern, wenn sie eine hohe Auslastung vorweisen (in den Jahren 1991-1999 sind in Deutschland 159 Krankenhäuser geschlossen worden! (vgl. Statistisches Bundesamt 1999, S. 14)).

Krankenhäuser sind nicht die einzigen, die ihre Kosten senken und den hohen Ansprüchen der Kunden gerecht werden müssen. Unternehmen, die auf konkurrierenden Märkten agieren, wie z.B. die der Automobilindustrie, stehen vor dem gleichen Problem.

Wie empirische Erhebungen zeigen, besteht seit den 80er Jahren ein bedeutender Ansatzpunkt zur Kostensenkung und Erfüllung von Kundenwünschen darin, die Logistik der Unternehmen zu optimieren (siehe z.B. Ihde 1987, S. 706f.; Küpper/Hoffmann 1988, S. 588). Das heißt, dass alle Transport- und Lagerungsprozesse von Gütern und Informationen, die zur Aufrechterhaltung der betrieblichen Funktionen Beschaffung, Produktion und Absatz notwendig sind, bezüglich ihres Kosten- und Serviceniveaus optimiert werden sollten (siehe z.B. zu Definitionen Logistik: Council of logistics management o.J., S. 1f.; Lochthowe 1990, S. 20; Pfohl 1994, S. 4f.; Etlin 1994, S. 22; Bloech 1995, S. 38; Schulte, G. 2001, S. 1; Weber, J./Kummer 1998, S. 15ff.; Tempelmeier 1999, S. 8).

Im Prinzip beschäftigen sich in diesem Sinne die Menschen schon seit vielen Jahrhunderten mit der Logistik, denkt man alleine daran, welche logistischen Probleme beim Bau der Pyramiden gelöst werden mussten (vgl. Schmidt 1993, S. 1). Geprägt wurde der Begriff Logistik allerdings durch das Militär, insbesondere in der Mitte des 19. Jahrhunderts durch General Jomini (1779-1869), der darunter als einen Teil der Kriegsführung die Versorgung und Verteilung der Streitkräfte verstand (Ihde 1997a, S. 549; Bloech 1997a, S. 577). Bezüglich betriebswirtschaftlicher Fragestellungen findet man den Begriff Logistik seit den fünfziger Jahren, im deutschsprachigen Raum sogar erst seit 1970 (Bloech 1997a, S. 578).

Fachleute schätzen, dass mit dem Management der Krankenhauslogistik 2,4 Milliarden DM eingespart werden könnten (O.V. 2001a, S. 20). Es gibt bereits vereinzelt Ansätze, die sich damit beschäftigen, wie die Logistik von Krankenhäusern verbessert werden könnte. Hier werden allerdings immer wieder nur Teilaspekte herausgegriffen, wie z.B. die Beschaffung und Entsorgung (siehe z.B. Kraft 1998; Emmermann/Pieper 1999; Ludes 2001), die Krankenhausapotheke (siehe Kühn 1984; Negele 1993; Amann 2000) oder die Speisenversorgung (Ritter 2000). Was bisher fehlt, obwohl dort die größten Rationalisierungspotenziale zu vermuten sind, ist eine umfassende Auseinandersetzung mit allen Transport- und Lagervorgängen, die im Zuge der Leistungserstellung - also um die Patienten mit medizinischen, pflegerischen und Hotelleistungen zu versorgen - erforderlich sind.

Stellt man sich z.B. vor, dass ein Krankenhaus mit mehr als 600 Betten, mit ca. 14 Fachabteilungen und mit ca. 30 Stationen

- täglich ca. 1.800 Essen zu den Patienten transportieren muss,
- 30 Stationen täglich mit Wäsche ver- und entsorgen muss,
- für 14 verschiedene Fachrichtungen Medikamente lagern muss,
- ca. 200 Patienten täglich zur Diagnostik und Therapie transportieren muss usw.,

dann wird klar, dass gerade bei Krankenhäusern ab dieser Größenordnung (Krankenhäuser der Zentral- und Maximalversorgung) im Bereich der Leistungserstellung sehr viele und sehr verschiedene Logistikleistungen zu erbringen sind. Diese bezüglich ihrer Kosten und des Serviceniveaus zu optimieren, verspricht mehrere Vorteile: Zum einen können kostensenkende Rationalisierungspotenziale erschlossen werden, indem unnötige Transport- und Lagervorgänge und ineffiziente administrative Abläufe aufgedeckt und eliminiert werden. So hat z.B. eine Studie gezeigt, dass sich der Einkaufspreis einer Einwegspritze durch unzureichende Logistik um das 50-fache erhöht (Emmermann/Pieper 1999 zitiert Drauschke (Gesellschaft für ökologische Konzepte und Engineering mbH)). Zum anderen wird mit rationaler Logistik unterbunden, dass aufgrund von Missmanagement diagnostische oder therapeutische Maßnahmen verschoben werden müssen. Außerdem wird die Qualität der Krankenhausleistungen positiv beeinflusst, weil sich z.B. die Transportwege verkürzen oder die benötigten Medikamente für eine sofortige Behandlung zur Verfügung stehen. Dadurch werden die Patienten mit den Krankenhausleistungen zufriedener sein.

Da in Krankenhäusern viele Lager- und Transportleistungen an verschiedenen Objekten und an verschiedenen Orten zu erbringen sind, haben sich komplexe logistische Strukturen und Abläufe herausgebildet. Aus diesem Grund benötigen Krankenhäuser ein Hilfsmittel, das sie in der Führungsaufgabe, die Logistikstrukturen und -abläufe zu optimieren, unterstützt. Für Branchen, in denen diese Probleme in ähnlicher Art und Weise auftreten, haben bereits mehrere Autoren Logistik-Controllingsysteme entwickelt, die diese Unterstützungsaufgabe übernehmen (siehe z.B. Schulte, C. 1992; Küpper 1992; Neumann 1994; Lorenzen 1994; Weber, J. 1995; Hardt 1995; Vermast 1995; Gollwitzer 1998). Dabei koordiniert das Controllingsystem die Teilaufgaben Planung, Kontrolle und Informationsversorgung (Küpper/Weber, J./Zünd 1990, S. 282; Horváth 1998, S. 108f.; Küpper 2001 11f.; siehe zu Controlling als Führungsunterstützung Brede 2001b, S. 72).

Der Gedanke, ein Logistik-Controllingsystem auch in der Krankenhauslogistik einzusetzen, liegt nahe. Da aber die Leistungserstellung von Industrie- und Handelsunternehmen nicht mit der von Krankenhäusern vergleichbar ist, ist zu überprüfen, inwieweit Logistik-Controlling in Krankenhäusern angewendet werden kann. In dieser Arbeit werden die für die Krankenhauslogistik relevanten Elemente von den in der Privatwirtschaft diskutierten Logistik-Controllingsystemen erläutert und auf Anwendungsprobleme hin untersucht. Hierbei ist insbesondere auf das Planungs-, Kontroll- und Informationsinstrumentarium einzugehen, welches vom Logistik-Controlling entwickelt und bereitgestellt wird (vgl. Göpfert 2001, S. 349). Wenn eine Übertragung nicht ohne weiteres möglich ist, dann ist zu überprüfen, welche Anpassungen notwendig sind, um den speziellen Bedürfnissen des Krankenhauses gerecht zu werden. Hierzu

1. wird die Krankenhauslogistik im Bereich der Leistungserstellung analysiert und systematisiert,
2. werden die Aufgaben eines Krankenhauslogistik-Controllingsystems herausgearbeitet,
3. werden die Instrumente erläutert und an die speziellen Bedingungen des Krankenhauses angepasst und
4. wird deren Anwendbarkeit kritisch überprüft.

Die Untersuchung richtet sich vornehmlich auf Krankenhäuser der Zentral- und Maximalversorgung, da sich hier die größten Rationalisierungspotenziale vermuten lassen.

B. Gang der Untersuchung

Zunächst wird im *zweiten Kapitel* das Untersuchungsobjekt Krankenhaus abgegrenzt, indem die wesentlichen Merkmale herausgearbeitet werden. Dabei ist es nicht nur die Aufgabe, diese darzustellen, sondern es werden auch die aus ihnen resultierenden Besonderheiten für die Krankenhausführung analysiert. Führung wird in dieser Untersuchung als eine zielorientierte Gestaltung des Leistungssystems verstanden (vgl. Ulrich 1990, S. 13; Bea/Dichtl/Schweitzer 2001, S. 1). Hierzu gehören sowohl die sachlichen (Unternehmensführung) als auch die sozialen Aspekte (Personalführung) der Führung, die außerdem unter dem Begriff Management zusammengefasst werden können (vgl. Bleicher 1993, Sp. 1272). Daher werden in dieser Arbeit Führung und Management synonym verwandt. Davon wird der Begriff Leitung abgegrenzt, der den organisatorischen Aspekt der Führung beinhaltet. Hierunter sind die Beziehungen zwischen den Vorgesetzten und ihren Mitarbeitern zu verstehen (Dorow 1993, Sp. 2565f.).

Im ersten Teil (Abschnitt A.) werden die Rahmenbedingungen von Krankenhäusern untersucht, die durch den öffentlichen Auftrag, die gesetzlichen Regelungen und die Entgeltgestaltung vorgegeben sind. Außerdem ist es für die weitere Analyse der Logistik erforderlich, die organisatorischen Bedingungen des Krankenhauses zu kennen. Sie werden im zweiten Teil (Abschnitt B.) behandelt. Dazu gehören die nach außen gerichteten rechtlichen Gestaltungsmöglichkeiten (Abschnitt B.I.) und die interne Organisationsstruktur (Abschnitt B.II.). Die interne Organisationsstruktur ergibt sich durch die Zuordnung von Aufgaben zu Aufgabenträgern und den hierarchischen Beziehungen zwischen den Aufgabenträgern. Vor der Analyse der Krankenhauslogistik ist weiterhin zu klären, wodurch sich die von den Krankenhäusern erstellten Leistungen auszeichnen, um Unterschiede zu industriellen Unternehmen deutlich zu machen (Abschnitt C.). Zum einen ist es dafür wichtig, die charakteristischen Merkmale der Krankenhausleistungen herauszustellen (Abschnitt C.I.), zum anderen ist der Frage nachzugehen, welche Rolle die Patienten im Prozess der Leistungserstellung spielen (Abschnitt C.II.).

Das *dritte Kapitel* ist der Analyse der Krankenhauslogistik gewidmet. Zunächst werden hierfür die Grundlagen geschaffen (Abschnitt A.), indem eine für diese Arbeit gültige Definition der Krankenhauslogistik herausgearbeitet wird (Abschnitt A.I.). Daraufhin werden, um für die weitere Untersuchung die Komplexität der Krankenhauslogistik zu reduzieren, im Abschnitt A.II. die drei Dimensionen Verrichtungsobjekte, Leistungssystem und Führungssystem herausgearbeitet. Im Abschnitt B. werden die mit der Krankenhauslogistik verfolgten Formalziele und ihre Beziehungen zu dem Zielsystem der Krankenhäuser untersucht. Neben den Zielen ist es für die später folgende Analyse eines Controllingsystems notwendig, die Faktoren zu kennen, die die Logistik im Krankenhaus beeinflussen. Dazu gehören die Krankenhausorganisation (Abschnitt C.I.), die Krankenhausleistungen (Abschnitt C.II.), die baulichen Gegebenheiten (Abschnitt C.III.) und die technischen Logistikanlagen (Abschnitt C.IV.).

Der Schwerpunkt dieser Arbeit liegt auf dem *vierten Kapitel.* Im ersten Teil werden die Grundlagen eines Logistik-Controllingsystems erläutert (Abschnitt A.). Im zweiten Teil wird untersucht, ob Logistik-Controlling, wie es bereits für die Industrie entwickelt wurde, auf Krankenhäuser übertragen werden kann oder ob es in bestimmten Bereichen modifiziert werden muss. Hierbei werden sowohl die Aufgaben des Logistik-Controlling als auch die Anwendung von Planungs-, Kontroll- und Informationsinstrumenten, die das Logistik-Controlling in Krankenhäusern bereit zu stellen hat, analysiert (Abschnitt B.). Im dritten Teil werden Probleme erörtert, die bei der Einführung auftreten können (Abschnitt C.).

Bevor über den Einsatz eines Logistik-Controllingsystems in Krankenhäusern diskutiert werden kann, ist es erforderlich, den zwar häufig, aber nicht einheitlich verwendeten Begriff Controlling abzugrenzen (Abschnitt A.I.a)) und auf Probleme bei der Anwendung des Controlling im Krankenhaus hinzuweisen (Abschnitt A.I.b)). Der Frage, ob der Einsatz eines auf die Krankenhauslogistik spezialisierten Controlling gerechtfertigt ist, wird im Abschnitt II. nachgegangen. Außerdem werden die Möglichkeiten, die bestehen, um das Logistik-Controlling organisatorisch einzubinden, untersucht (Abschnitt III.).

Da Controlling eng mit den Führungsaufgaben verknüpft ist, befasst sich der Abschnitt B.I. mit drei Teilbereichen der Führung: Planung, Kontrolle und Informationsversorgung. Die beiden Bereiche Planung und Kontrolle werden, weil sie in enger Beziehung zueinander stehen, zusammen betrachtet (Abschnitt B.I.a)). Diese Beziehung wird im Abschnitt B.I.a)2. näher erläutert, und es wird untersucht, wie die Logistikplanung und -kontrolle in das Planungs- und Kontrollsystem des Krankenhauses eingefügt werden kann (Abschnitt B.I.a)3.).

Planung und Kontrolle können sowohl sachlich als auch zeitlich von unterschiedlicher Reichweite sein. Sind sie auf weitreichende Ziele und Zwecke gerichtet, dann befasst sich das strategische Controlling mit ihnen. Die Planungs- und Kontrollaufgaben des Alltags werden vom operativen Controlling bearbeitet (siehe auch Brede 2001b, S. 71). Da zu diesen unterschiedlichen Problemstellungen auch unterschiedliche Instrumente gehören, ist deren Diskussion in die Abschnitte strategisches (Abschnitt B.I.b)) und operatives Controlling (Abschnitt B.I.c)) untergliedert. Die vor allem für industrielle Unternehmen entwickelten Instrumente werden jeweils erläutert. Wenn diese nicht ohne weiteres auf die Krankenhauslogistik übertragen werden können, dann wird untersucht, welche Anpassungen an die speziellen Bedingungen der Krankenhauslogistik vorgenommen werden müssen. Ob sich die modifizierten Instrumente anwenden lassen, wird oftmals anhand von Beispielen überprüft. Auf diese Weise wird ein Logistik-Controllinginstrumentarium für Krankenhäuser entwickelt und kritisch diskutiert. Auf eine detaillierte Beschreibung mathematischer Verfahren und Operation Research Verfahren wird verzichtet, da die Anwendungsproblematik im Vordergrund stehen soll.

Der zweite Teil des Abschnittes B. im vierten Kapitel befasst sich mit dem Logistikinformationssystem. Bevor das Instrumentarium untersucht werden kann, müssen die allgemeinen diesbezüglichen Aufgaben des Controlling aufgezeigt werden (Abschnitt B.II.a)). Hierzu gehört die Koordination des Logistikinformationssystems einerseits mit dem Logistikplanungs- und -kontrollsystem (Abschnitt B.II.a)1.), andererseits mit dem Krankenhausinformationssystem (Abschnitt B.II.a)2.). Außerdem gilt es, das Informationsangebot mit dem Informationsbedarf abzustimmen (Abschnitt B.II.a)3.).

Da die im Abschnitt B.I. diskutierten Planungs- und Kontrollinstrumente zumeist darauf basieren, dass Informationen über Logistikkosten und -leistungen ausgewertet werden, ist es unverzichtbar, sich mit dem Instrument Krankenhauslogistikkosten- und –leistungsrechnung genauer auseinander zu setzen (Abschnitt B.II.b)1.). Bevor die Aufgaben der Krankenhauslogistikkosten- und -leistungsrechnung erläutert werden (Abschnitt B.II.b)1.bb)), sind die Grundzüge einer Krankenhauskosten- und -leistungsrechnung (Abschnitt B.II.b)1.aa)) zu behandeln. Darauf aufbauend werden eine Krankenhauslogistikvollkosten- und -leistungsrechnung aus dem Krankenhausrechnungswesen abgeleitet (Abschnitt B.II.b)1.cc)). Außerdem werden eine Logistik-Teilkostenrechnung (Abschnitt B.II.b)1.dd)) und eine Logistikprozesskostenrechnung (Abschnitt B.II.b)1.ee)) erläutert und an die Krankenhausbedingungen angepasst.

Der zweite Abschnitt der Ausführungen zum Logistikinformationssystem befasst sich mit dem Berichtswesen (Abschnitt B.II.b)2.). Es wird untersucht, wie das krankenhauslogistische Berichtswesen in inhaltlicher, formaler, personeller und zeitlicher Hinsicht aussehen sollte. Da ein Großteil der Berichtsinhalte aus Kennzahlen besteht, werden diese genauer betrachtet. Es wird ein Konzept entworfen, mit dem es ermöglicht wird, entsprechend der spezifischen Anforderungen ein für jedes Krankenhaus individuelles Logistikkennzahlensystem zusammenzustellen.

Im Abschnitt C.I. werden drei Problemfelder, die bei der Einführung eines Logistik-Controllingsystems auftreten können, untersucht. Hierzu gehört zum einen, das Logistik-Controllingsystem auf seine Wirtschaftlichkeit hin zu überprüfen (Abschnitt C.I.). Nur dann ist es gerechtfertig, solch ein System zu installieren. Zum anderen gilt es zu entscheiden, welche Strategie im Einführungsprozess verfolgt werden soll (Abschnitt C.II.). Schließlich ist der Frage nachzugehen, wie mit dem Widerstand von Mitarbeitern, zu dem es bei der Einführung eines Logistik-Controllingsystem kommen kann, umzugehen ist (Abschnitt C.III.).

Die wesentlichen Ergebnisse der Arbeit werden im *fünften Kapitel* zusammengefasst.

2. Kapitel: Grundzüge des Krankenhauses

A. Rahmenbedingungen für die betriebliche Führung im Krankenhaus

I. Öffentlicher Auftrag im Krankenhauswesen

Da das menschliche Leben in unserer Gesellschaft das höchste individuelle und soziale Gut ist (Oettle 1976, S. 101), besteht ein öffentliches Interesse daran, dieses zu erhalten. Die Vertretungskörperschaft nimmt das öffentliche Interesse wahr, indem z.B. Gesetze erlassen werden, die das menschliche Leben beschützen sollen. Auf diese Weise werden staatliche Ziele und Aufgaben zur Sicherung des menschlichen Lebens festgelegt. Ziele beschreiben gewünschte Zustände, die erfüllt werden können, indem darauf ausgerichtete Handlungen, die sogenannten Aufgaben, getätigt werden (Eichhorn/Noll 1983, S. 41; Diederich 1989, Sp. 1856; Brede 1989, Sp. 1867; Brede 2001b, S. 18). Für das Krankenhauswesen besteht die öffentliche Aufgabe darin, den Bedarf der Bevölkerung an Krankenhausversorgung zu decken. Neben den öffentlichen Krankenhäusern wird die öffentliche Aufgabe von gemeinnützigen Trägern, wie Kirchen und Wohlfahrtsverbänden, und privaten Trägern erfüllt. Deren Existenz ist nicht auf dem Prinzip der Bedarfsdeckung begründet, sondern beruht auf humanitären (freigemeinnützige Träger) oder erwerbswirtschaftlichen (private Träger) Gründen (Eichhorn 1979, S. 175). Sowohl öffentliche, gemeinnützige wie auch private Krankenhäuser dienen im Sinne der Instrumentalthese der Erfüllung der öffentlichen Aufgabe (Thiemeyer 1988, S. 25). Zu diesem Zweck erteilt der Gesetzgeber einen „Versorgungsauftrag“ an die Krankenhäuser. Dazu stehen ihm vier Möglichkeiten zur Verfügung: Die Aufnahme des Krankenhauses in den Krankenhausplan des Landes, die Aufnahme in das Hochschulverzeichnis (bei Hochschulkliniken), der Abschluss eines Versorgungsvertrages oder die Standortbestimmung eines medizinisch-technischen Großgerätes (§ 4 BpflV). Bestimmungen des Versorgungsauftrages bezüglich der individuellen „Leistungsstruktur und Leistungsentwicklung“ eines Krankenhauses, die nicht auf Landesebene getroffen werden, sind auf örtlicher Ebene zwischen den Krankenhausträgern und den Krankenkassen zu vereinbaren (Braun 1994, S.146 f.).

Da fast 40 Prozent der Krankenhäuser in öffentlicher Trägerschaft sind (DKG 2000, S. 40), werden diese im Folgendem näher betrachtet. Es wird untersucht, welche Aufgaben sich der Krankenhausbetriebsführung dadurch stellen, dass es sich bei öffentlichen Krankenhäusern um sogenannte „bedarfswirtschaftlich-gemeinnützige Betriebe“ handelt (Eichhorn, S. 1979, S. 175).

Der für das öffentliche Krankenhaus erteilte Auftrag wird in spezifische Ziele umgesetzt. Gegenüber privatwirtschaftlichen Unternehmen besteht bei öffentlichen Krankenhäusern die Besonderheit, dass die Leistungserstellung, in diesem

Fall die stationäre Krankenversorgung, das Hauptziel ist (Eichhorn 1979, S. 175). Es besteht eine „Sachzieldominanz". Dieses Ziel beinhaltet sowohl die quantitativ als auch die qualitativ optimale Versorgung der Bevölkerung mit Krankenhausleistungen (vgl. Adam 1972, S. 19; Maas 1977, S. 89). Daneben gehört das Formalziel, wonach die optimale Versorgung zu minimalen Kosten geschehen soll, seit 1972 mit der Einführung des Krankenhausfinanzierungsgesetzes zu dem Zielsystem der Krankenhäuser (Koch 1988, S. 12f.).

Das Krankenhaus wird in seiner betrieblichen Führung dadurch eingeschränkt, dass die öffentliche Aufgabe erfüllt werden muss, auch wenn sie aus betriebswirtschaftlicher Sicht nicht einträglich ist (Oettle 1976, S. 59). So wird in den Krankenhausplänen der Länder festgelegt, welche Fachabteilungen je nach Versorgungsgrad vorgehalten werden müssen. Der Versorgungsgrad wird in vier Stufen unterteilt: die Grund-, Regel-, Zentral- und Maximalversorgung. Sie unterscheiden sich in der Zahl, Art und Größe von Spezialabteilungen, der Bettenzahl, der Zahl von Patienten, der personellen und apparativen Ausstattung sowie bezüglich des Einzuggebietes. So sieht z.B. das Land Baden-Württemberg in seinem Krankenhausplan folgende Untergliederung vor (Krankenhausplan III -Allgemeiner Teil-des Landes Baden-Württemberg 1989, S. 30ff.):

Krankenhaus der Grundversorgung
- Abteilungen: Innere Medizin, Chirurgie, Gynäkologie
- Bettenzahl: zwischen 80 und 250
- Einzugsbereich: 50.000 Einwohner

Krankenhaus der Regelversorgung
- Abteilungen: Innere Medizin, Chirurgie, Gynäkologie, Anästhesie, Radiologie, Intensivüberwachung
- Bettenzahl: bis 600
- Einzugsbereich: 60.000 - 100.000 Einwohner

Krankenhaus der Zentralversorgung
- Abteilungen: Innere Medizin, Chirurgie (mit Unfall- und Kinderchirurgie), Gynäkologie, Anästhesie, Radiologie, Intensivüberwachung, Hals-Nasen-Ohrenheilkunde, Augenheilkunde, Neurologie, Urologie, Orthopädie, Pädiatrie und Pathologie
- Bettenzahl: bis 1.100
- Einzugsbereich: 200.000 - 600.000 Einwohner

Krankenhaus der Maximalversorgung

- Abteilungen: Es sollen alle Fachgebiete vertreten sein. Zusätzlich können solche Spezialgebiete, die eine aufwendige Diagnostik oder Therapie benötigen, vorhanden sein. Die Intensiveinheiten sind nach Fachgebieten aufzugliedern.
- Bettenzahl: über 1.000
- Einzugsbereich: 1,0 - 1,8 Mio. Einwohner

Die Standorte der jeweiligen Krankenhäuser werden von den Ländern festgelegt. Auf diese Weise soll eine gleichmäßige Versorgung der Bevölkerung sichergestellt werden.

Neben den vorgestellten Allgemeinkrankenhäusern gibt es Fachkrankenhäuser, die sich auf ein Fachgebiet spezialisiert haben (z.B. Lungenfachklinik). Auf diese soll im Weiteren nicht näher eingegangen werden, denn vor allem die Krankenhäuser der Zentral- und Maximalversorgung lassen mit ihren vielen verschiedenen Abteilungen logistische Optimierungspotenziale vermuten.

Im Gegensatz zur Privatwirtschaft kann bei öffentlichen Krankenhäusern die Kapazität nicht optimal ausgelegt werden. Um die Bevölkerung bedarfsgerecht mit Krankenhausleistungen versorgen zu können, müssen Kapazitäten für Spitzenbelastungen vorgehalten werden. Diese Reservekapazitäten führen zu Leerkosten für das Krankenhaus (Oettle 1976, S. 17f.).

Ferner können öffentliche Krankenhäuser sich die Patienten, die sie stationär aufnehmen, nur bedingt aussuchen. Sie sind dazu verpflichtet, jeden Patienten, der die Versorgung in einem Krankenhaus benötigt, zu behandeln. Es besteht Kontrahierungszwang (§ 109 Abs. 4 S. 2 SGB V). Daher können aus wirtschaftlichen Gründen keine Patienten abgewiesen werden, deren Versorgung hohe Kosten verursacht. Die Kosten sind zum Beispiel dann hoch, wenn die Pflege sehr aufwendig ist oder für die Therapie teure Medikamente notwendig sind. Kleinere Krankenhäuser der Grund- oder Regelversorgung versuchen sich dem Kontrahierungszwang zu entziehen, indem sie für besonders kostenintensive Therapien die notwendige fachliche Kompetenz und technische Ausrüstung nicht vorhalten. Krankenhäuser der Maximalversorgung können sich auf diese Weise dem Kontrahierungszwang nicht entziehen. Folglich haben diese vermehrt kostenintensive Patienten zu betreuen. Daher besteht insbesondere in Krankenhäusern der Maximalversorgung ein Interesse daran, kostensenkende Rationalisierungspotenziale auszuschöpfen.

II. Gesetzliche Rahmenbedingungen im Krankenhauswesen

Wie im vorherigen Abschnitt bereits erläutert wurde, handelt es sich bei der Krankenhausversorgung um eine öffentliche Aufgabe. Um die Erfüllung dieser Aufgabe zu sichern, sind vom Gesetzgeber gesetzliche Rahmenbedingungen geschaffen worden. Außerdem hat die besondere Konstellation der Marktteilnehmer den Gesetzgeber dazu veranlasst, das Krankenhauswesen mit gesetzlichen Regeln in seinem Handeln einzuschränken. Die Besonderheit liegt darin, dass Leistungsveranlasser, Leistungsempfänger und Leistungsbezahler nicht in einer Person vereinigt sind (Robert Bosch Stiftung 1987, S. 53). Dem Patienten als Leistungsempfänger fehlt die nötige fachliche Kompetenz, so dass die Leistungsveranlassung vom Arzt übernommen wird. Auf diese Weise hat das Krankenhaus als Anbieter einen großen Einfluss auf die Nachfrageseite (Hoffmann 1985, S. 119). Die empfangene Leistung wiederum wird nicht vom Patienten direkt entlohnt, sondern von der Krankenkasse. Sie erhält von der Bevölkerung Beiträge, die unabhängig von dem individuellen Gesundheitszustand sind. Es fehlt somit der Bezug zwischen Leistung und Entlohnung, wodurch sonst das Marktgeschehen reguliert wird.

Zudem existieren gesetzliche Regelungen, um den finanziellen Rahmen festzustecken, in welchem die gesamte Krankenhausversorgung zu erbringen ist. Auf diese Weise soll vermieden werden, dass die finanzielle Belastung für die Gesellschaft zu groß wird.

Es gibt eine Reihe an Vorschriften, die für Krankenhäuser relevant sind. Neben den krankenhausspezifischen Paragraphen des fünften Buches des Sozialgesetzbuches (SGB V), sind arbeits- und tarifrechtliche Bestimmungen, Arbeitsschutz- und Hygienevorschriften, technische und bauliche Vorschriften sowie Richtlinien zur Abfallentsorgung (siehe ausführlich Juditzki 2001) von Krankenhäusern zu beachten. Außerdem sind Krankenhäuser zur doppelten Buchführung verpflichtet (Krankenhaus-Buchführungsverordnung (KHBV)), da man sich auf diese Weise einen verbesserten Einblick in deren wirtschaftliche Lage erhofft. Ferner wurde ein umfangreiches Krankenhausfinanzierungsrecht geschaffen, dessen Grundlage das im Jahre 1972 erlassene Krankenhausfinanzierungsgesetz (KHG) bildet. Danach wird die Krankenhausfinanzierung mit drei Instrumenten geregelt:

1. *Duale Finanzierung,*
2. *Budgetierung und*
3. *Preise für die stationäre Behandlung (Pflegesätze).*

Zu 1.
Krankenhäuser, die in einem vom Land erstellten Krankenhausplan aufgenommen wurden, werden auf zwei Arten finanziert (*Duale Finanzierung*: § 3 KHG). Die

Anschaffung von Anlagegütern, deren Nutzungsdauer über drei Jahre liegt, tragen die jeweiligen Länder. Die Kosten für Verbrauchs- und Gebrauchsgüter werden über die Pflegesätze abgerechnet und somit von den Krankenkassen übernommen. In der Abgrenzungsverordnung (AbgrV) ist festgelegt, welche Güter vom Land gefördert werden.

Die duale Finanzierung wirkt sich nachteilig auf die Investitionstätigkeit öffentlicher Krankenhäuser aus. So können neue Anlagen nur dann angeschafft werden, wenn die öffentlichen Kassen in der Lage sind, die nötigen Mittel zur Verfügung zu stellen. Da die öffentlichen Kassen zumeist leer sind, verzögern sich oftmals notwendige Ersatzinvestitionen, so dass mit veralteten Geräten gearbeitet werden muss. Diese liefern nicht die gleichen Ergebnisse wie moderne, weiterentwickelte Geräte und sind oftmals belastender für die Patienten. Weiterhin liegen die Betriebskosten bei den älteren Anlagen zumeist höher, da diese einen höheren Energieverbrauch haben und störanfälliger sind.

Zu 2.
Seit der Änderung des KHGs durch das Krankenhaus-Neuordnungsgesetz (KHNG) werden nicht mehr alle Selbstkosten der Krankenhäuser erstattet, sondern nur noch die vorauskalkulierten Kosten. Auf diese Weise werden den Krankenhäusern *Budgets* vorgegeben. Diese dienen dazu, die Krankenhauskosten zu begrenzen und die Krankenhäuser zu mehr Wirtschaftlichkeit anzureizen. Dies geschah auf unterschiedliche Weise: Zum einen wurden die Budgets pauschal um 1% gekürzt (Beitragsentlastungsgesetz (BeitrEntlG)). Zum anderen wurden sie unabhängig von der tatsächlichen Leistungsmenge fixiert (festes Budget) (Gesundheitsstrukturgesetz (GSG)) oder so flexibel gestaltet, dass z.B. Mehrerlöse den Krankenkassen zurückerstattet werden mussten, Mindererlöse aber nur teilweise ausgeglichen wurden (Gesetz zur Stabilisierung der Krankenhausausgaben (GSK)).

Zu 3.
Das dritte Instrument, mit dem die Krankenhausfinanzierung geregelt wird, sind die *Preise für die stationäre Behandlung*. Gesetzliche Grundlage für die Preisbildung ist die Bundespflegesatzverordnung von 1995, die zuletzt durch das GKV-Gesundheitsreformgesetz im Dezember 1999 geändert wurde. 1995 wurde ein Mischsystem von Pflegesätzen eingeführt, das die tagesgleichen Pflegesätze ablöste (Tuschen/Quaas 2001, S. 81). Dieses System zeichnet sich dadurch aus, dass nebeneinander verschiedene Entgeltarten existieren, die auf unterschiedlichen Ebenen verhandelt werden. Zum einen handelt es sich um pauschalierte Entgelte, die sogenannten Fallpauschalen und Sonderentgelte (§ 11 BPflV), zum anderen um tagesgleiche Pflegesätze, die sogenannten Abteilungs- und Basispflegesätze. Neben diesen vollstationären Pflegesätzen existieren teilstationäre Pflegesätze

(§ 13 BPflV) (siehe zusammenfassende Darstellung der Preise in Brede 2001b, S. 244ff.).

Mit der *Fallpauschale* wird ein Behandlungsfall vollständig vergütet. Unabhängig von dem einzelnen Patienten und den Leistungen, die dieser erhält, werden mit der Fallpauschale alle ärztlichen, pflegerischen, Hotel- (z.B. Küche und Wäscherei) und Sekundärleistungen (z.B. Verwaltung, Transportdienste, Laborleistungen) abgegolten. Bundeseinheitlich gilt für jeden Fall eine bestimmte Anzahl von Punkten. Um die Höhe des Entgeltes zu errechnen, wird die Punktzahl mit dem Punktwert, welcher auf Landesebene bestimmt wird, multipliziert. Lediglich Zu- und Abschläge können krankenhausindividuell vereinbart werden (§ 11 Abs. 3-7 BPflV). Mit Zuschlägen können z. B. die „baulichen Gegebenheiten" oder qualitätssichernde Maßnahmen abgegolten werden, während Abschläge z.B. aufgrund eines engen Leistungsspektrums erfolgen können.

Mit *Sonderentgelten* werden die Leistungen vergütet, die im Operationssaal bei der Durchführung einer Operation erbracht werden. Dazu gehören die ärztlichen und pflegerischen Leistungen, die Leistungen des medizinisch-technischen Dienstes und des medizinischen Funktionsdienstes sowie der Bedarf an medizinischen Gebrauchsgütern (§ 11 Abs. 2 BPflV). Sonderentgelte werden dann abgerechnet, wenn zusätzlich zu den Leistungen der Fallpauschale eine Operation notwendig wird oder die Leistung noch nicht im Fallpauschalenkatalog aufgenommen wurde. In diesem Fall werden die Leistungen außerhalb des Operationssaals mit dem Abteilungspflegesatz und dem Basispflegesatz abgegolten.

Abteilungspflegesätze, Basispflegesätze und *teilstationäre Pflegesätze* werden krankenhausindividuell zwischen den Vertretern der Krankenkassen und dem Krankenhaus verhandelt. Dabei ist jedoch der allgemeine Grundsatz zu beachten, dass Krankenhausvergleiche als Orientierungsgrößen dienen (§ 3 Abs. 2 BPflV). Der Abteilungspflegesatz umfasst die „ärztliche und pflegerische Tätigkeit und die durch diese veranlassten Leistungen" (§ 13 Abs. 2 BPflV). Der Basispflegesatz gilt einheitlich für das ganze Krankenhaus und erfasst alle Leistungen, die nicht medizinisch sind, wie z.B. Hotelleistungen. Für Leistungen, die nur stundenweise erbracht werden (z.B. Dialyse), werden teilstationäre Pflegesätze mit den Krankenkassen vereinbart (§ 13 Abs. 4 BPflV).

Ab dem 1. Januar 2004 soll dieses Mischsystem von Pflegesätzen durch ein einheitliches System abgelöst werden, indem alle voll- und teilstationären Leistungen durch Fallpauschalen abgerechnet werden (GKV-Gesundheitsreformgesetz). Die GKV-Spitzenverbände, die private Krankenversicherung und die Deutsche Krankenhausgesellschaft haben sich darauf geeinigt, das australische System der Refined Diagnosis Related Groups (AR-DRG) zu übernehmen (Clade 2000, S. 340).

In diesem System werden alle Behandlungsfälle in drei Hauptkategorien aufgeteilt. Diese Major Diagnostic Categories (MDC) unterscheiden chirurgische, medizinische und sonstige Fälle (nicht operationssaalgebundene diagnostische oder therapeutische Eingriffe). Daraus ergeben sich 409 Basis-AR-DRGs. Diese wiederum werden je nach Nebendiagnose und Ressourcenintensität in fünf Schweregradstufen differenziert. Zur Abrechnung allerdings werden sie teilweise zusammengefasst, so dass 661 AR-DRGs die Krankenhauspreise bilden werden (Fischer 2000; Roeder/Rochell/Scheld 2000, S. 344).

III. Der Einfluss der Krankenhauspreise auf die betriebliche Führung

Die Abkehr von tagesgleichen Pflegesätzen und die Verwendung von pauschalierten Entgelten verändern die Anforderungen an die betriebliche Führung von Krankenhäusern. Denn durch die von außen vorgegebenen Preise entsteht ein großer Druck auf die Kosten. Nur wenn die Kosten für die erbrachten Leistungen unterhalb der Preise liegen, kann ein dauerhaftes Bestehen des Krankenhauses gewährleistet werden (Leititis 2000, S. 898). Aus diesem Grund ist es notwendig, dass sich im Führungsverhalten der Krankenhäuser ein Wandel vollzieht. Das „reaktive Verwaltungshandeln" muss abgelöst werden durch „proaktives Management" (Eichhorn, S. 1995, S. 27). Das bedeutet, dass zielgerichtet in das Leistungsgeschehen eingegriffen werden muss. Dazu gehören strategisches Management, die Leistungsplanung, das Aufdecken von Rationalisierungspotenzialen und die Qualitätssicherung. Im Folgenden wird kurz beschrieben, was darunter zu verstehen ist:

Die Durchführung eines strategischen Management
Die Krankenhausleitung muss den kurzfristigen Zeithorizont der nächsten Pflegesatzperiode verlassen und langfristige Erfolgspotenziale aufbauen (Eichhorn, S. 1995, S. 29). Hierzu gehören z.B. personalwirtschaftliche und organisatorische Maßnahmen sowie technologische und bauliche Investitionen. Die Planungen und Entscheidungen sollten aber auf keinen Fall in Eigenregie der Verwaltung geschehen. Vielmehr ist es notwendig, die Kenntnisse und Erfahrungen der Ärzte und Pflegekräfte in den Prozess mit einzubinden (Braun 1994, S. 142). Diese Aussage ist noch zu erweitern, denn auch die Fachkompetenzen der Abteilungen Küche, Wäscherei, Logistik usw. sollten bei den betreffenden Sachverhalten mit einbezogen werden. Daher ist es sinnvoll, auch in diesen Bereichen strategisch zu planen. Aus diesem Grund hat ein Logistik-Controllingsystem für die Krankenhauslogistik ein strategisches Planungssystem zu entwickeln und einzuführen (siehe Kap. 4.B.I.b)).

Die Durchführung einer differenzierten Leistungsplanung im Rahmen des Versorgungsauftrages
Die Planung der medizinischen Leistungen muss in kurz- und langfristiger Sicht erfolgen (Schmidt-Rettig 1995, S. 143). Ziel ist es, die eigenen Stärken auszubauen. Außerdem ist der Bedarf der Bevölkerung zu ermitteln, damit auch die medizinischen Leistungen erkannt und angeboten werden, bei denen Versorgungslücken bestehen. Die Planung basiert größtenteils auf Zahlen der Kostenrechnung, auf Stärken- und Schwächenanalysen und auf demographischen Daten. Aus der Planung der medizinischen Leistungen sind die Planungen der Sekundärleistungen, wie z.B. Logistikleistungen, abzuleiten. Welche Planungsinstrumente das Logistik-Controlling dafür bereitstellen kann und sollte, wird im vierten Kapitel untersucht.

Die Aufdeckung von Rationalisierungspotenzialen
Hierbei sind insbesondere die organisatorischen Strukturen zu überprüfen (Schmidt-Rettig 1995, S. 143). Sowohl die Aufbauorganisation als auch die Ablauforganisation sind zu analysieren und zu optimieren. Bei der Aufbauorganisation ist darauf zu achten, dass die Kompetenzen der einzelnen Bereiche voneinander abgegrenzt werden. Im Bereich der Ablauforganisation gilt das besondere Augenmerk dem Schnittstellen- und Koordinierungsmanagement. Unter anderem ist es das Ziel, bei Patienten mit geplanten Operationen schon vorab sicherzustellen, dass sie zum richtigen Zeitpunkt den diagnostischen Maßnahmen zugeführt werden. Auf diese Weise können die Verweildauern verkürzt werden (Leititis 2000, S. 900). Eine wichtige Voraussetzung hierfür ist, dass die Logistikleistungen optimiert werden.

Der Einsatz von qualitätssichernden Maßnahmen
Ohne gegensteuernde Maßnahmen kann der kostensenkende Druck dazu führen, dass sich die Qualität der Patientenversorgung verschlechtert (Schmidt-Rettig 1995, S. 143). Das hätte negative Auswirkungen auf die Wettbewerbsposition des Krankenhauses und auf die Erfüllung der öffentlichen Aufgabe. Daher ist es für die Krankenhausleitung unumgänglich geworden, die Qualität der Krankenhausleistungen zu sichern. Hierzu gehört beispielsweise, dass die notwendigen Medikamente oder Hilfsmittel rechtzeitig die Patienten erreichen und die Patienten ohne lange Wartezeiten behandelt werden.

Nachdem die Rahmenbedingungen der Krankenhäuser und die daraus resultierenden Anforderungen an das Krankenhausmanagement kurz skizziert wurden, wird im folgenden Abschnitt das Krankenhaus bezüglich seines organisatorischen Aufbaus untersucht.

B. Organisatorische Gestaltung von Krankenhäusern

I. Rechtsformen der Krankenhäuser

Die Krankenhausorganisation und die betriebliche Führung der Krankenhäuser werden durch die Rechtsform bestimmt. Welche Rechtsformen für öffentliche Krankenhäuser überhaupt in Frage kommen, ist auf Landesebene gesetzlich geregelt. Prinzipiell stehen im Bereich des öffentlichen Rechts der Regiebetrieb, der Eigenbetrieb, der Zweckverband, die Anstalt des öffentlichen Rechts und die Stiftung zur Verfügung. Die GmbH und AG kommen als private Rechtsformen in Frage (Eichhorn, P. 1987, S. 105f. ; Hansen 1989, Sp. 839; Gitter 1990, S. 656, 658).

Um sicher zu stellen, dass der Bedarf an Krankenhausleistungen gedeckt wird, wurden in der Vergangenheit Krankenhäuser sehr eng an die Verwaltung gebunden. Wird der Krankenhausbereich nur organisatorisch ausgegrenzt, handelt es sich um einen Regiebetrieb. In diesem Fall wird das Krankenhaus weiterhin vom Träger verwaltet, wobei Kompetenzen auf die Krankenhausleitung übertragen werden können (Lorenser 1976, S. 371; Lorenser 1987, S. 107f.). Mehr Eigenständigkeit erhalten Krankenhäuser, wenn sie als Eigenbetriebe geführt werden. Es wird ein Sondervermögen gebildet, und die Führung des Krankenhauses wird auf die verschiedenen Organe Krankenhausleitung, Krankenhausausschuss, Gemeinderat (bzw. Kreistag, Stadtrat, Bezirkstag usw.) und Bürgermeister (bzw. Landrat, Bezirkstagspräsident usw.) verteilt (Lorenser 1987, S. 108; Pfohl/Pfaffeneder 1992, S. 651f.).

Fraglich ist, ob der direkte Einfluss des Trägers auch heute noch sinnvoll ist, um die Erfüllung der öffentlichen Aufgabe sicherzustellen. Krankenhäuser haben sich zu hochspezialisierten Dienstleistungszentren entwickelt. Von den Verantwortlichen werden ein hohes Maß an Fachkompetenz und flexible Handlungsweisen verlangt. EICHHORN weist in diesem Zusammenhang darauf hin, dass aufgrund der Rahmenbedingungen und der Aufgaben Krankenhäuser nicht mit Verwaltungen gleichzusetzen sind, sondern als Unternehmen betrachtet werden müssen (Eichhorn, P. 1987, S. 105). Aus diesem Grund muss den Verantwortlichen eine gewisse Eigenständigkeit gegeben werden, um erfolgreich wirtschaften zu können. Solange die „Vorgabe langfristiger Ziele, die Beschlussfassung über grundsätzliche Organisations- und Personalangelegenheiten und über die Finanzplanung sowie Geschäfte von grundsätzlicher Bedeutung und Kontrollaufgaben" in den Aufgabenbereich des Krankenhausausschusses gehören (Pfohl/Pfaffeneder 1992, S. 652), werden sich Veränderungen in den angesprochenen Bereichen nur sehr zögerlich durchsetzen lassen. Zum einen fehlen einem Gremium außerhalb der Klinik die notwendigen Kenntnisse über den Betriebsablauf, zum anderen werden die Entscheidungen von politischen Überlegungen beeinflusst (z.B. Stimmenmaximierung; Quaas 1992, S. 59).

Der rechtliche Rahmen für Krankenhäuser sollte so gestaltet sein, dass die „bedarfsgerechte Versorgung mit leistungsfähigen, eigenverantwortlich wirtschaftenden Krankenhäusern" erfüllt werden kann (KHG §1). Die gesetzlichen Vorgaben und die tatsächlichen Bedingungen führen vermehrt zu den Bestrebungen, Krankenhäuser mit eigener Rechtspersönlichkeit auszustatten (Quaas 1992, S. 59). Das Land Baden-Württemberg hat zum Beispiel seine Universitätskliniken in „rechtsfähige Anstalten des öffentlichen Rechts" umgewandelt (Reumann 1997, S. 16; Hohmann 1998, S. 16). Eine weitere Alternative besteht darin, Krankenhäuser formal zu privatisieren. Bevorzugt wird hierbei eine Gesellschaft mit beschränkter Haftung, da im Gesellschaftsvertrag eine öffentliche Zweckbindung festgelegt werden kann und über den Aufsichtsrat der Einfluss des Trägers gewahrt bleibt (Quaas 1992, S. 60). Ziel ist es, die Entscheidungswege zu verkürzen, indem die Krankenhausleitung in ein organisatorisch selbständiges Management überführt wird und somit auf die veränderten Umweltbedingungen flexibel reagieren kann (Gitter 1990, S. 658). Um zusätzlich neue Wege der Finanzierung zu öffnen, können Krankenhäuser in Aktiengesellschaften umgewandelt werden, wie z.B. im Landkreis Dachau geschehen (o.V. 2001b, S. 411).

Die Tendenzen gehen dahin, den Krankenhäusern durch die gewählte Rechtsform mehr Eigenständigkeit in der betrieblichen Führung zu geben. Folglich benötigen Krankenhäuser Instrumente, mit deren Hilfe die angestiegenen Anforderungen an die Krankenhausführung erfüllt werden können. In dieser Arbeit wird analysiert, inwieweit ein Logistik-Controllingsystem dazu eingesetzt werden kann, Krankenhäuser in ihren Führungsaufgaben zu unterstützen.

II. Darstellung der Aufbauorganisation

a) Aufgabenanalyse und Aufgabensynthese

Die Aufbauorganisation stellt die statischen Strukturen zwischen den einzelnen Stellen einer Organisation dar. Die Stellen werden gebildet, indem das Sachziel oder die Sachziele einer Organisation in einzelne Aufgaben untergliedert und Aufgabenträgern (Stellen) zugeordnet werden. Auf diese Weise werden „Kompetenzen, Aufgaben und Verantwortung" definiert (Hörmann 1988, S. 32).

Das Sachziel die „stationäre Krankenversorgung" lässt sich nur durch eine Vielzahl von Teilaufgaben erfüllen (Eichhorn, S. 1976, S. 36). Um einen Überblick über die vielen verschiedenen Aufgaben zu erhalten, ist es sinnvoll, sie nach bestimmten Kriterien zu bündeln. HOFER unterscheidet zwischen den Aufgaben des Versorgungsbereiches und des Vollzugsbereiches (Hofer 1987, S. 6), ähnlich wie RÖHRIG, der nach der direkten und indirekten Patientenversorgung differenziert (Röhrig 1993, S. 35ff.). Welche Aufgaben zusammengefasst werden, zeigt die Abbildung 1.

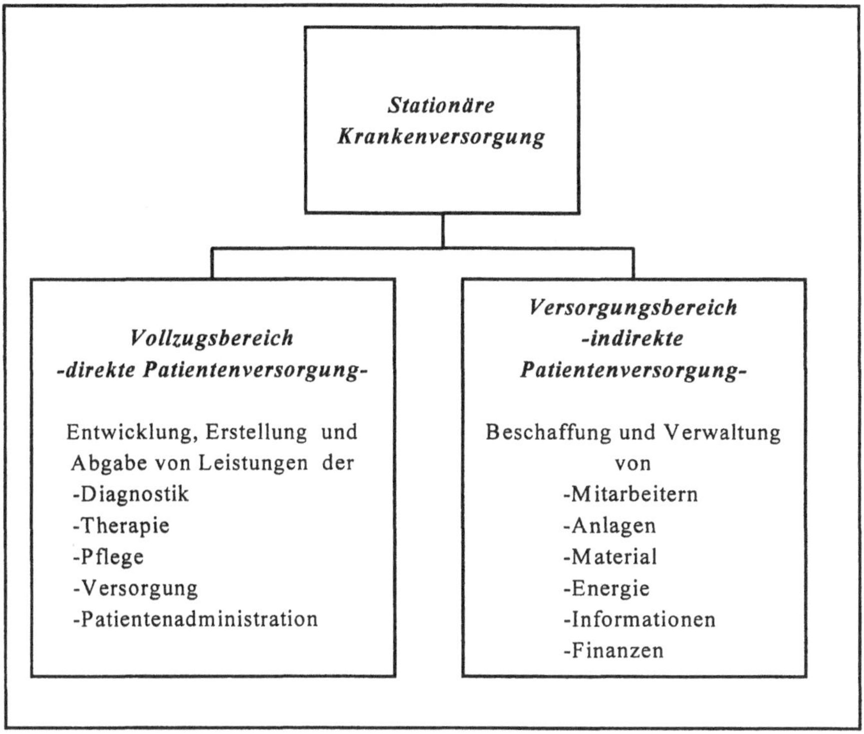

Abbildung 1: Untergliederung der Krankenhausaufgaben. Quelle: In Anlehnung an Hofer 1987; S. 6; Ulrich/Sidler 1977, S. 36; Röhrig 1993, S. 35ff.

Der Vollzugsbereich umfasst die Tätigkeiten, die im direkten Zusammenhang mit der Krankenversorgung stehen. Dazu gehören diagnostische, therapeutische und pflegerische Leistungen, die in der weiteren Untersuchung zu medizinischen Leistungen zusammengefasst werden. Ferner gehören dazu die Versorgung mit Speisen und Getränken sowie die Patientenaufnahme und -entlassung. Der Versorgungsbereich stellt die dafür notwendigen Mittel in Form von Mitarbeitern,

Anlagen, Material, Energie, Informationen und Finanzen bereit und wirkt somit unterstützend für den Vollzugsbereich.

In der Praxis ist die Trennung allerdings nicht in der Schärfe vorzufinden. Um die Versorgung der Patienten in kürzester Zeit zu ermöglichen, müssen auch im Vollzugsbereich (z.B. auf den Stationen) Medikamente und medizinische Gebrauchsgüter bereit gehalten werden. Diese Versorgungsaufgaben zählen aber nicht zu den Hauptaufgaben des Vollzugsbereiches. Daher werden im Folgenden der Vollzugs- und der Versorgungsbereich getrennt betrachtet, da sich auf diese Weise die komplexe Krankenhausorganisation übersichtlich darstellen lässt.

Die Teilaufgaben der beiden Bereiche werden organisatorischen Einheiten zugeordnet. Hierbei kann entweder nach dem Prinzip der Dezentralisation oder der Zentralisation vorgegangen werden. Unter dezentral ist in diesem Fall zu verstehen, dass gleichartige Aufgaben in *verschiedenen* Organisationseinheiten erfüllt werden. Zentral bedeutet, dass gleichartige Aufgaben in nur *einer* Organisationseinheit durchgeführt werden (Kosiol 1962, S. 81; Eichhorn, S. 1976, S. 37). In Krankenhäusern sind die Tätigkeiten der direkten Patientenversorgung überwiegend dezentral organisiert. Diese werden auf den verschiedenen Krankenstationen in „dezentralen operationellen Einheiten" erbracht (Hofer 1987, S. 8). Lediglich die Tätigkeiten der Diagnostik und Therapie, die nur mit Hilfe technischer Großgeräte möglich sind (z.B. Röntgenabteilung), werden zu zentralen Diensten zusammengefasst. Ferner werden die Aufgaben des Versorgungsbereiches (Ulrich/Sidler 1977, S. 35) in zentralen Organisationseinheiten vollzogen. Beispielsweise werden medizinische Gebrauchsgüter zentral in einem Lager gelagert.

Allein die Unterscheidung in zentrale und dezentrale Einheiten genügt nicht, um die Struktur einer Krankenhausorganisation hinreichend zu erfassen. Bei genauerer Betrachtung ist festzustellen, dass das Krankenhaus außerdem im Vollzugs- und Versorgungsbereich nach verschiedenen Kriterien organisiert ist.

Die Besonderheit des *Vollzugbereiches* wird durch zwei Faktoren hervorgerufen: Zum einen durch die verschiedenen Berufsgruppen, die den Patienten versorgen. Zum anderen durch die Spezialisierung des Personals im Bereich der Krankenversorgung (Hofer 1987, S. 34f.):

Beteiligung unterschiedlicher Berufsgruppen an der Patientenversorgung
Die einzelnen Berufsgruppen sind durch ihre intensive Ausbildung Experten auf ihrem Fachgebiet. Aus diesem Grund werden auf den jeweiligen Gebieten Entscheidungen autonom getroffen. Diese Entscheidungen sind von Angehörigen einer anderen Berufsgruppe nicht beeinflussbar. Aus diesem Grund ist der medizinische Bereich nach Berufsgruppen untergliedert und untersteht nicht einer einheitlichen Führung. Negative Folgen hat dieser Umstand zum einen für die Patien-

ten, da es zu widersprüchlichen Entscheidungen bezüglich der Therapie kommen kann, zum anderen für den Betriebsablauf, da es oftmals an Absprachen zwischen den Berufsgruppen mangelt.

Spezialisierung des Personals
Durch den medizinischen und technischen Fortschritt bedingt, verlangt die Patientenversorgung, dass sich nicht nur das ärztliche und pflegerische Krankenhauspersonal, sondern zum Beispiel auch die Laborassistenten oder Krankengymnasten, auf Teilgebiete spezialisieren. Die medizinischen Geräte haben sich zu hochtechnischen Apparaturen entwickelt, und die Therapien für die verschiedenen Krankheitsbilder werden immer zahlreicher. Daher ist es unumgänglich geworden, dass ein Patient von vielen verschiedenen Spezialisten betreut wird.

Die Krankenhausorganisation ist nach den Berufsgruppen und der Spezialisierung überlappend gegliedert, so dass ein mehrdimensionaler Aufbau entsteht. Um eine übersichtliche Darstellung zu erreichen, wird im Folgenden der Organisationsaufbau in den einzelnen Dimensionen dargestellt (siehe Abb. 2):

1. Dimension

In der ersten Dimension wird entsprechend der Spezialisierung zwischen den verschiedenen Fachdisziplinen, wie Chirurgie (CHIR), Innere Medizin (INN), Gynäkologie (GYN) usw. (vgl. Abschnitt 2.A.I) unterschieden (vgl. Abb. 2). Innerhalb dieser Fachdisziplinen werden insbesondere in Häusern der Maximalversorgung, in denen die Spezialisierung sehr weit fortgeschritten ist, noch weitere Subdisziplinen gebildet. So gibt es zum Beispiel im Fachbereich der Chirurgie Abteilungen der Bauch-, Gefäß-, Thorax-, Unfall- oder Kinderchirurgie (Keisers 1993, S. 58.).

2. Dimension

In der zweiten Dimension wird in den einzelnen Fachdisziplinen entsprechend der Berufsgruppen zwischen dem ärztlichen und pflegerischen Dienst unterschieden (vgl. Abb. 2). Auf diese Weise entstehen, wie in einer Matrix, Schnittstellen zwischen den Berufsgruppen.

3. Dimension

Die dritte Dimension betrifft die Organisation der jeweiligen Fachdisziplinen. Vor allem in Häusern der Maximalversorgung handelt es sich um große Bereiche, die in funktionstüchtige kleine Organisationseinheiten untergliedert werden müssen.

Hierbei stehen verschiedene Kriterien zur Verfügung, die nebeneinander verwendet werden:

- Versorgung: stationär, ambulant
- Bettenzahl
- Geschlecht der Patienten
- Pflegeintensität: Normalpflege, Intensivpflege
- Aseptisch, Septisch

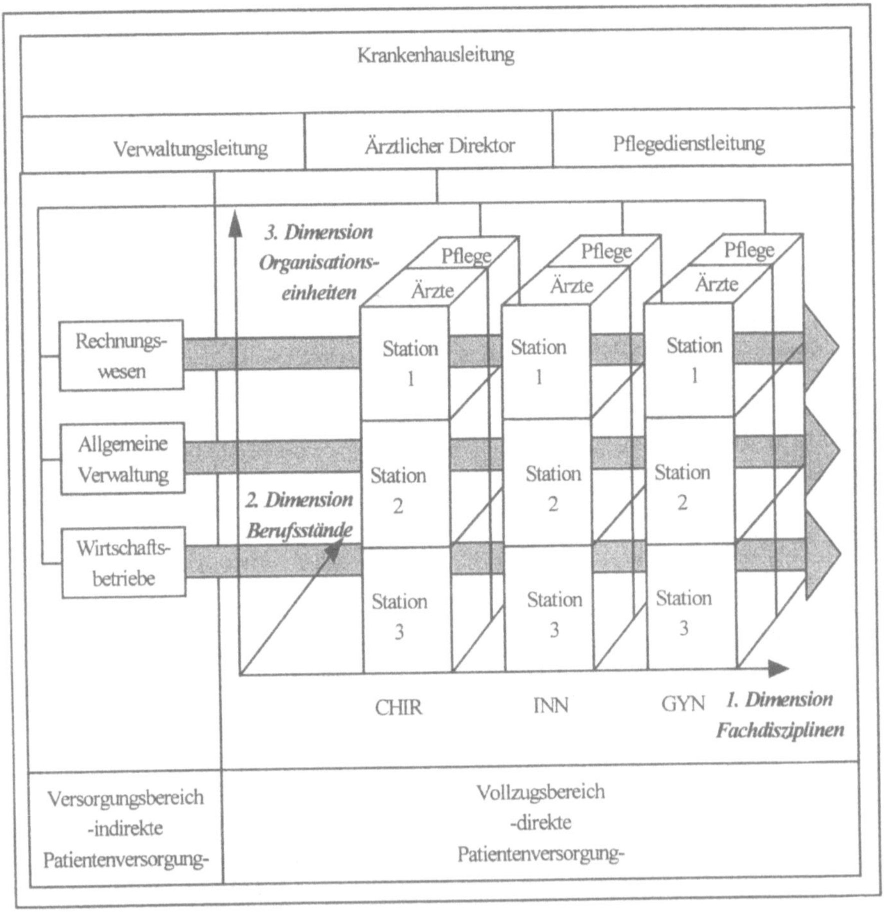

Abbildung 2: Aufbauorganisation im Krankenhaus. Eigene Darstellung.

Die Trennung in einen stationären und einen ambulanten Teil betrifft vor allem das Pflegepersonal, während die Ärzte beide Bereiche versorgen. Die stationäre Versorgung wird in Pflegestationen untergliedert. Hierzu können die Anzahl der Betten (z.B. 20 Betten), das Geschlecht der Patienten (Frauen-, Männerstation), die Pflegeintensität oder die Unterscheidung in aseptische und septische Stationen als Kriterien dienen.

Die Strukturierung des *Versorgungsbereiches* ist mit der eines Industriebetriebes vergleichbar. Hier werden gleichartige Verrichtungen zu Abteilungen zusammengefasst. Man spricht bei dieser Form der Gliederung von einer Funktionalorganisation (Lochstampfer 1980, Sp. 756f.; Schanz 1994, S. 113). Diese sieht von Krankenhaus zu Krankenhaus verschieden aus. Hierbei sind die Größe des jeweiligen Hauses und die Rechtsform, welche die Art und den Umfang der Aufgaben beeinflussen, maßgeblich (Eichhorn, S. 1980, Sp. 1144). Zum Beispiel könnten die drei Abteilungen Rechnungswesen, allgemeine Verwaltung (Personal- und Hausverwaltung) und Wirtschaftsbetrieb (Küche, Apotheke, Wäscherei, Lager, Einkauf) gebildet werden (siehe Abb. 2).

Diese komplexe Organisationsstruktur hat zur Folge, dass Bereichs- und Berufsständeegoismen aufgebaut werden. Sie wirken sich in der Weise negativ aus, dass separat Entscheidungen getroffen und Handlungen durchgeführt werden, ohne Konsequenzen auf die anderen Bereiche zu berücksichtigen.

b) Die Leitungsstruktur

Wurde im vorherigen Abschnitt dargestellt, wie zur Erfüllung der Gesamtaufgabe des Krankenhauses einzelne Kompetenzbereiche geschaffen werden, wird nun zu untersuchen sein, wie die hierarchischen Beziehungen zwischen ihnen aussehen.

Wenn die Stellen neben den Ausführungsaufgaben Leitungsaufgaben inne haben, werden sie als Instanzen bezeichnet. Grundsätzlich ist zu unterscheiden zwischen denen, die dauerhaft in der Organisation verankert sind, und denen, die nur zeitweilig, zum Beispiel in Form von Ausschüssen oder Projekten, auftreten (Staerkle 1992, Sp. 1229ff.). Da im Krankenhaus vor allem die Ersteren anzutreffen sind, werden diese im Folgenden erläutert.

Drei Formen von dauerhaften Instanzen können unterschieden werden: Die Krankenhausleitung als Spitze des Leitungssystems, die Linieninstanzen, die unterhalb der Krankenhausleitung angesiedelt sind, und die Leitungshilfsstellen. Bei den Leitungshilfsstellen handelt es sich um subsidiäre bzw. derivative Leitungsstellen, die der Krankenhausleitung oder den Linieninstanzen beigeordnet werden, um diese in fachlicher Hinsicht zu unterstützen und sie in ihren Leitungsaufgaben zu entlasten (Staerkle 1992, Sp. 1230f.).

Die Leitungsstrukturen können zwischen den Instanzen entweder im Einlinien- oder im Mehrliniensystem organisiert sein (Rühli 1980, Sp. 1211f.; Staerkle 1992, Sp. 1232f.). Im Einliniensystem hat jeder Untergebene nur einen Vorgesetzten, von dem er Anweisungen erhält. Grundlage ist das Prinzip der „Einheit des Auftragsempfanges“, welches auf FAYOL zurückzuführen ist (Fayol 1929). Dieses System ist das am häufigsten angewandte, da die Beziehungen klar geregelt sind. Nachteilig ist allerdings, dass der Dienstweg sehr lang ist, da nur vertikale Kommunikationsbeziehungen bestehen. Dadurch sind die Vorgesetzten überlastet, vor allem dann, wenn ein hohes Maß an Spezialwissen benötigt wird. In diesem Fall bietet sich das Mehrliniensystem an. Hierbei hat jeder Untergebene für jedes Spezialgebiet ein anderen Vorgesetzten, womit ein höherer Koordinationsaufwand verbunden ist. Werden Leitungshilfsstellen, die auch als Stabsstellen bezeichnet werden, den Instanzen beigeordnet, dann wird von einer Stab-Linien-Organisation gesprochen.

Die Krankenhausleitung in öffentlichen Krankenhäusern weist die Besonderheit auf, dass sie zumeist aus einem kollegialem Gremium besteht (siehe Abb. 3). Ihr gehört der Ärztliche Direktor, die Pflegedienstleitung und die Verwaltungsleitung an. In ihr vereinigen sich die ansonsten parallel nebeneinander nach Berufsständen orientierten Leitungsstrukturen (Hofer 1987, S. 33; Keisers 1993, S. 59). Durch eine kollegiale Führung wird dafür gesorgt, dass die betriebswirtschaftliche Orientierung weder überbetont noch vernachlässigt wird.

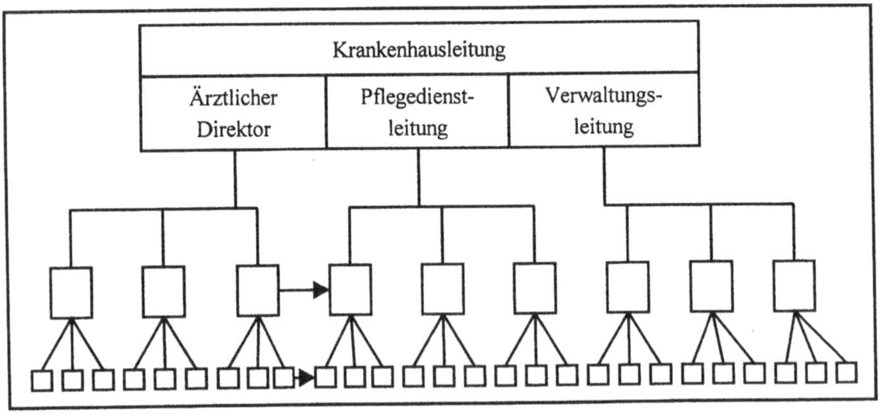

Abbildung 3: Leitungsstrukturen im Krankenhaus. Eigene Darstellung.

Die Leitungsstrukturen des Ärztlichen Dienstes entsprechen denen des Einliniensystems. Jeder Fachdisziplin steht ein Chefarzt vor, welchem die Oberärzte und denen wiederum die Assistenzärzte unterstellt sind. Das Bindeglied zwischen den Fachdisziplinen ist der Ärztliche Direktor in der Krankenhausleitung, der unter den Chefärzten der einzelnen Disziplinen ausgewählt wird und die Tätigkeit des Ärztlichen Direktors nebenberuflich ausübt (Laux 1992, Sp. 1182). Desgleichen gilt für den Verwaltungsdienst. Die einzelnen Funktionsabteilungen des Versorgungsbereiches sind im Einliniensystem organisiert, das Bindeglied ist der Verwaltungsdirektor. Der Pflegedienst an sich ist ebenfalls im Einliniensystem organisiert. Es besteht aber eine Querverbindung zum Ärztlichen Dienst. In Fragen der Behandlungspflege haben die Ärzte eine Anweisungsbefugnis gegenüber dem Pflegepersonal. Das Pflegepersonal ist somit, entsprechend dem Mehrliniensystem, sowohl dem Vorgesetzten des Pflegedienstes als auch in speziellen Fachgebieten dem Arzt fachlich und disziplinarisch unterstellt (Keisers 1993, S. 61). Hier spiegelt sich die organisatorische Struktur der Matrix wider (vgl. Kapitel 2.B.II.a), S. 37).

Zusammenfassend ist zu sagen (siehe Abb. 3), dass die Leitungsstruktur von Krankenhäusern aus drei nebeneinander existierenden eigenständigen Säulen besteht. Koordination und Kooperation zwischen der Verwaltung (Versorgungsbereich) und der Medizin (Vollzugsbereich) wird allein über die Krankenhausleitung erbracht (Eichhorn, S. 1980, Sp. 1145; Keisers 1984, S. 82).

Da der eben beschriebene hierarchische Aufbau mit seinen langen Kommunikationswegen für die Patientenversorgung oft nicht schnell und flexibel genug ist, besteht neben der formalen eine informelle Organisation. Diese lässt sich im Organigramm nicht festschreiben, sondern entsteht spontan. Mit ihr wird versucht, die Schwächen der formalen Organisation zu überbrücken. Die informelle Organisation beruht sowohl auf den persönlichen Beziehungen zwischen den Mitarbeitern, auch Beziehungswirtschaft genannt (Brede 2001a, S. 88), als auch auf den individuellen Motiven und Erwartungen der einzelnen Mitarbeiter (Grün 1980, Sp. 881). Indem bei der informellen Organisation der „kleine Dienstweg“ benutzt wird, können die Patientenversorgung und die Wirtschaftlichkeit verbessert werden. Allerdings kann es zu Störungen im Betriebsablauf kommen, da nicht alle Mitarbeiter den „kleinen Dienstweg“ kennen.

Nachdem in diesem Abschnitt die Besonderheiten der Krankenhausorganisation herausgearbeitet wurden, wobei insbesondere die aufbauorganisatorische Gliederung nach den Berufsständen und nach der Spezialisierung der Mitarbeiter sowie die drei eigenständigen parallelen Leitungsstrukturen hervorzuheben sind, werden im nächsten Abschnitt die Leistungen und die Rolle der Leistungsempfänger untersucht.

C. Das Krankenhaus als Dienstleistungsunternehmen

I. Charakterisierung der Dienstleistungen

Von der Art der Leistungen her gehören Krankenhäuser zu den Dienstleistungsunternehmen (Eichhorn, S. 1977, S. 123). Unter Dienstleistungen werden, geht man von einem ergebnisorientierten Dienstleistungsbegriff aus (Corsten 2001, S. 22f.), Tätigkeiten oder Leistungen verstanden, die einer anderen Person angeboten werden, ohne dass sich direkte Veränderungen in den Eigentums- oder Besitzverhältnissen ergeben. Die Leistungen an sich sind immaterieller Natur, können aber im Zusammenhang mit einem Sachgut erbracht werden (Kotler/Bliemel 2001, S. 772).

Sachgüter und Dienstleistungen können als zwei extreme Formen von Leistungen verstanden werden, zwischen denen sich drei weitere Formen unterscheiden lassen (Kotler/Bliemel 2001, S. 772f.). Entweder dominiert das Sachgut, welches lediglich durch eine Dienstleistung angereichert wird, oder zu einer Leistung gehören in gleichen Teilen eine Dienstleistung und ein Sachgut. Die dritte Möglichkeit besteht darin, dass eine zentrale Dienstleistung angeboten wird, welche zusammen mit Hilfsgütern und -diensten erbracht wird.

Werden die Dienstleistungen des Krankenhauses in diese Kategorien eingeordnet, so gehören sie zu der letzteren. Die zentrale Dienstleistung besteht in der „Gesundheitsleistung“ (Seelos 1998, S. 107). Dazu sind medizinisch-technische Geräte notwendig, und es werden Hilfsdienste, wie zum Beispiel die Versorgung mit Speisen, erbracht.

„Gesundheitsleistung“ ist ein sehr allgemeiner Begriff, welcher einer näheren Charakterisierung bedarf (siehe Abb. 4). EICHHORN bezeichnet als Primärleistung des Krankenhauses die „Veränderung des Gesundheits- oder auch Krankheitszustandes des Patienten“ (Eichhorn, S. 1977, S. 123f.). Besser wäre es in diesem Zusammenhang vom Outcome einschließlich dem Impact, also der Auswirkung auf den Gesundheitszustand von Menschen zu sprechen (vgl. Mildner 1987, S. 665). Die dafür notwendigen Einzelleistungen, wie z.B. ärztliche und pflegerische Leistungen, die Versorgung mit Arznei-, Heil- und Hilfsmitteln sowie Hotelleistungen, sind der Output. Diese Leistungen können im Gegensatz zu den Primärleistungen als Sekundärleistungen bezeichnet werden. Damit der Patient die auf seinen Krankheitsverlauf abgestimmte „Gesundheitsleistung“ empfangen kann, müssen viele einzelne Leistungen, für die spezifische Inputs notwendig sind, von verschiedenen Personen in diversen organisatorischen Bereichen erbracht werden. Aus dieser Tatsache erwächst ein immenser Koordinierungsbedarf. Zu beachten ist, dass in die Leistungen nicht nur Inputs seitens des Krankenhauses einfließen, sondern auch die Patienten einen Teil, z.B. die Befolgung ärztlicher Ratschläge, zu den Leistungen selber beitragen müssen.

Weil wesentliche Einflussfaktoren, vor allem die seitens der Patienten, vom Krankenhaus nicht beeinflusst werden können, ist nicht garantiert, dass das Ziel, die Gesundheit zu fördern und Leiden zu lindern, erreicht werden kann. Außerdem ist es schwierig, objektiv festzustellen, ob sich der Gesundheitszustand verändert hat.

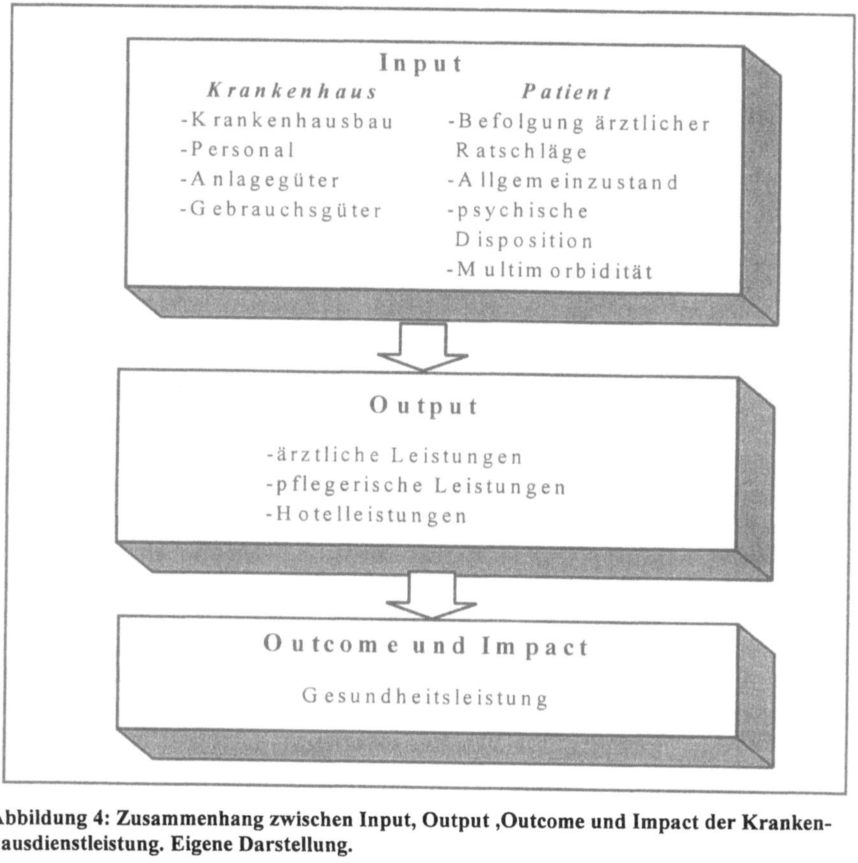

Abbildung 4: Zusammenhang zwischen Input, Output ,Outcome und Impact der Krankenhausdienstleistung. Eigene Darstellung.

Zum einen gibt es keine einheitliche Definition des Begriffes Gesundheit (siehe Überblick bei van Spijk 1994). Beispielsweise bezeichnet die Weltgesundheitsorganisation Gesundheit als einen „Zustand des vollständigen körperlichen, geistigen und sozialen Wohlbefindens und nicht nur des Freiseins von Krankheit und Gebrechen“ (WHO 1946). Wird Gesundheit nur auf die funktionelle Aktivität abgestellt, ist schon derjenige gesund, der handlungsfähig ist (van Spijk 1994, S. 83f.).

Zum anderen müssen, um den Gesundheitszustand vor und nach dem Krankenhausaufenthalt messen zu können, neben den objektiven Kriterien (z.B. Laborwerte) auch subjektive Kriterien (z.B. Schmerzen der Patienten) in die Beurteilung einbezogen werden. Dadurch ist eine eindeutige Messung nicht möglich (Greiling 1998, S. 23). Darüber hinaus kann nur schwer abgegrenzt werden, inwieweit die Veränderung des Gesundheitszustandes auf Leistungen des Krankenhauses oder auf die der Patienten zurückzuführen ist (Morra 1996, S. 39).

Da es problematisch ist, den Outcome und Impact zu messen, werden in der Praxis als Hilfsgrößen die Outputs verwendet. Üblicherweise gibt die Zahl der Pflegetage, der Fallpauschalen oder der Einzelleistungen von Diagnostik, Therapie, Pflege und Hotelversorgung Auskunft über die erbrachten Leistungen (WIBERA 1989, S. 4).

Es ist nicht nur schwierig, das Ergebnis der Krankenhausdienstleistungen zu messen, sondern die Dienstleistungen selber haben spezifische Merkmale, wodurch besondere Anforderungen an die betriebliche Führung von Krankenhäusern bestehen. Diese werden im Folgenden erläutert:

Keine vorherige Bestimmbarkeit der Leistungen und keine Lagerfähigkeit der Leistungen
Da der Umfang der zu erbringenden Leistungen bei Aufnahme des Patienten noch nicht bestimmt werden kann, besteht im Krankenhaus Planungsunsicherheit bezüglich der Quantität und Qualität der Abgabemenge. Außerdem sind die Leistungen nicht lagerfähig. Das heißt, dass Zeitpunkt der Produktion und des Konsums zusammenfallen (Morra 1996, S. 29). Hierdurch bedingt müssen ausreichend Kapazitäten an Personal und Sachmitteln vorgehalten werden, um Engpässe in der Versorgung der Patienten zu vermeiden. Ferner ist es erforderlich, dass Arznei- und Hilfsmittel schnell erreichbar sind, damit die Patienten sofort versorgt werden können. Folglich ist die Lagerhaltung von medizinischen Gütern im Krankenhaus für die Patientenversorgung von hoher Wichtigkeit.

Persönliche Dienste
Entsprechend einer Untergliederung der Dienstleistungen nach RIEGER gehören die Leistungen des Gesundheitswesens zu den „persönlichen Diensten“ (Rieger 1983, S. 155). Das bedeutet, dass die Leistungserbringung nur in gleichzeitiger Anwesenheit von Erbringer und Empfänger erfolgen kann (uno-actu-Prinzip) (Müller/Simon 1994, S. 351). Aufgrund der notwendigen Anwesenheit des Erbringers sind Rationalisierungen durch Maschinen nur sehr begrenzt möglich. Ein

hoher Personalbestand mit Bereitschaftsdiensten rund um die Uhr ist die Folge. Daraus ergeben sich ein hoher Personalplanungsaufwand und hohe Personalkosten.

Da die Anwesenheit der Patienten bei der medizinischen Leistungserbringung notwendig ist, kann das Krankenhaus als „kundenpräsenzbedingter Dienstleistungsbetrieb“ bezeichnet werden (Eichhorn, S. 1977, S. 123). Dieser Sachverhalt führt zu Problemen in der Ablaufplanung. Die einzelnen Leistungen müssen untereinander abgestimmt werden, da der Patient nicht an mehreren Stellen gleichzeitig zur Verfügung stehen kann. Ferner entstehen logistische Probleme. Entweder müssen die Patienten transportiert werden, wie zum Beispiel in den OP oder zu diagnostischen Maßnahmen, oder es müssen Speisen, Hilfsmittel oder Arzneimittel zu den Patienten transportiert werden.

Patientenbeteiligung an der Leistungserstellung
Eine weitere Besonderheit besteht darin, dass, wie erwähnt, der Patient an der Leistungserstellung beteiligt ist (Morra 1996, S. 29). Folglich können die Leistungen kaum standardisiert werden. Es muss immer ein gewisser Grad an Flexibilität bestehen bleiben, um individuell auf den einzelnen Patienten eingehen zu können. Hierin besteht vor allem für große Krankenhäuser ein Problem. Um einen reibungslosen Ablauf zu gewährleisten, können die individuellen Wünsche oftmals nicht berücksichtigt werden. Verzögert sich beispielsweise wegen der Bedürfnisse des Patienten ein Transport zu einer diagnostischen Maßnahme, kommt es zu Leerzeiten am Untersuchungsgerät und zu Wartezeiten für die anderen Patienten. In Schweden ist versucht worden, Krankenhäuser wie Fabriken zu führen. Es wurde ein zentrales Management eingeführt und Vorgänge, z.B. in der Personalpolitik oder in der Logistik, wurden standardisiert. Dieser Versuch ist fehlgeschlagen, da die Individualität der Patienten nicht berücksichtigt wurde (Normann 1987, S. 16).

Die Ausführungen haben gezeigt, dass der Patient einen bedeutenden Einfluss darauf hat, wie die Leistungen im Krankenhaus auszusehen haben. Dieser Einfluss bezieht sich nicht nur auf die medizinischen Leistungen, sondern auch auf Transport- (z.B. Patiententransporte) und Lagerleistungen (z.B. die Lagerung von Medikamenten). Daher befasst sich der nächste Abschnitt mit den Patienten als Kunden des Krankenhauses.

II. Der Patient als Kunde des Krankenhauses

Im medizinischen Sektor besteht die Besonderheit, dass die Leistungsnehmer nicht, wie sonst üblich, als Kunden, sondern als Patienten bezeichnet werden. Der

Begriff „Patient“ stammt aus dem Lateinischen und bedeutet soviel wie „erdulden“ und „erleiden“. Es handelt sich um den Kranken, der sich in ärztliche Behandlung begibt (Brockhaus Enzyklopädie 1998, S. 634). Der „Kunde“ hingegen ist der „Kundige“ und „Eingeweihte“, der „(potenzielle) Käufer von Waren und Dienstleistungen“ (Brockhaus Enzyklopädie 1997, S. 630). Diese Definitionen und deren jeweiliger Gebrauch machen bereits deutlich, wie unterschiedlich die Vorstellungen über Patienten und Kunden sind und wie unterschiedlich, zumeist unbewusst, mit den Personen umgegangen wird. Wie die folgenden Ausführungen aber zeigen, sind auch Krankenhäuser heutzutage dazu veranlasst, ihre Patienten als Kunden zu betrachten.

Bis 1996 mussten sich Krankenhäuser nicht darum sorgen, genügend Patienten zu bekommen. Notfalls wurde die Auslastung verbessert, indem die Verweildauer verlängert wurde. Dadurch, dass nach tagesgleichen Pflegesätzen abgerechnet wurde, gab es keine finanziellen Einbußen. Patientenorientierung wurde nicht zu einer allgemeinen Verpflichtung, sondern entstand aus einer moralischen Verpflichtung und aus persönlichen Motiven des Personals. Die notwendigen Maßnahmen wurden in der Form durchgeführt, wie sie in den Krankenhausablauf passten oder aus medizinischer Sicht rational erschienen (Schulze 1989, S. 173), der Patient hatte zu „erdulden“.

Die Ansprüche der Patienten haben sich geändert (Kalitta 1997, S. 104). Die veränderten Sozialisationsbedingungen, die sich unter anderem durch materiellen Wohlstand, einem hohen Bildungsniveau (Schanz 2000, S. 232) und einer intensiven Versorgung mit Informationen durch die Medien Zeitung, Fernsehen, Radio und Internet auszeichnen, haben zu veränderten Wertvorstellungen in der Gesellschaft geführt. Pflicht- und Akzeptanzwerte verlieren ihre Bedeutung, während Selbstentfaltungsstreben und Hedonismus, verbunden mit Materialismus, zunehmend die Denk- und Verhaltensweisen prägen (Herbert 1991, S. 58). Der Patient akzeptiert nicht mehr, wenn seine Bedürfnisse unbeachtet bleiben und er im Krankenhaus Abstriche gegenüber seinem Lebensstandard im häuslichen Bereich machen muss. Außerdem sind in den letzten Jahren immer wieder die Beiträge für die Krankenkassen gestiegen, was dazu führt, dass der Anteil des Nettogehaltes am Bruttogehalt sinkt. Zwar besteht für den Patienten kein direkter Zusammenhang zwischen dem Krankenhausaufenthalt und dem Krankenkassenbeitrag, doch möchte er, wenn ein Krankenhausaufenthalt notwendig wird, für seine monatlichen Einbußen eine Gegenleistung erfahren.

Ein weiterer Grund dafür, dass Krankenhäuser im Umgang mit den Patienten umdenken müssen, ist der zunehmende Wettbewerb auf dem Krankenhausmarkt. Einerseits ist vermehrte Konkurrenz durch die staatliche Förderung des ambulanten Sektors aufgetreten. Andererseits ist die Konkurrenz zwischen den Häusern gestiegen (Pföhler 1998, S. 434). Ursachen dafür sind, dass die Patienten mobiler geworden sind und somit bei geplanten Eingriffen die Nähe zum Heimatort als Hauptauswahlkriterium an Bedeutung verliert. Ferner ist der Bettenbedarf durch die kürzeren Verweildauern gesunken. Demzufolge muss um die Gunst der Patienten geworben werden, um der Gefahr, dass eine Abteilung oder sogar das ganze Krankenhaus geschlossen wird, entgegen zu wirken.

Wie diese Ausführungen zeigen, besteht für Krankenhäuser in mehrfacher Hinsicht die Veranlassung, „Patienten zu Kunden zu machen“. Im Folgenden wird dargestellt, wo Mängel im Umgang mit den Patienten liegen und wo ein Umdenken im Hinblick auf die Behandlung der Patienten als Kunden des Krankenhauses wichtig wäre.

Wie eine Leserumfrage der Stiftung Warentest ergeben hat, mangelt es in den Krankenhäusern an der menschlichen Zuwendung (o.V. 1995, S. 101). Lediglich 35 Prozent waren mit der Anteilnahme, die sie erfahren haben, zufrieden. Dieser Umstand ist sicherlich auf Defizite in der Aus- und Weiterbildung, aber auch in der Personalauswahl zurückzuführen. Es sollten verstärkt soziale Kompetenzen gefördert und berücksichtigt werden. Ferner verbringt das Personal einen Großteil seiner Zeit mit patientenfernen Tätigkeiten, wie z.B. Krankenakten suchen, Medikamente besorgen oder Patiententransporte organisieren. Besonders gravierend wirkt sich dieser Gesichtspunkt aus, da die Personaldecke bereits dünn ist. Somit kann der Zeitverlust nur auf Kosten der Patienten ausgeglichen werden.

Eng im Zusammenhang mit der Problematik der mangelnden Zuwendung steht, dass sich die Patienten schlecht informiert fühlen. Nur 40 Prozent der Befragten fühlten sich ausreichend über ihre Erkrankung und die durchgeführten Maßnahmen aufgeklärt (o.V. 1995, S. 101f.). Hierzu zählen auch Informationen über zeitliche Abläufe und notwendige Wartezeiten. Gerade die Informationsversorgung macht einen großen Teil der Patientenzufriedenheit aus (Born 2001, S. 276). Sicherlich sind dafür zumeist die bereits erwähnten Probleme verantwortlich. Hervorzuheben sind hier aber auch Schwachstellen in der Informationsversorgung, wie zum Beispiel nicht auffindbare Krankenakten oder Röntgenbilder, verloren gegangene Befunde oder mangelnder Informationsaustausch zwischen den einzelnen Fachdisziplinen.

Bei der Betrachtung des Arbeitsablaufes in einem Krankenhaus ist festzustellen, dass dieser zumeist nicht auf die Bedürfnisse der Patienten zugeschnitten ist. So kann es vorkommen, dass Patienten vor Behandlungen lange Wartezeiten auf dem Flur in Kauf nehmen müssen oder schon um 17.00 Uhr ihr Abendbrot bekommen. Ursachen sind oftmals Mängel in der Transportplanung und der Leistungsabstimmung zwischen den Abteilungen. Die Abstimmung, wenn sie überhaupt stattfindet, orientiert sich bisher selten an den Patienten, sondern an personellen, technischen und baulichen Gegebenheiten des Krankenhauses.

Zusammenfassend ist zu diesem Kapitel festzuhalten, dass die Rahmenbedingungen, die organisatorischen Bedingungen, die Leistungen und der Patient hohe Anforderungen an die Verantwortlichen, die das Krankenhaus zu gestalten und zu führen haben, stellen. Wie die Ausführungen zeigen, ist es unter anderem erforderlich, die logistischen Leistungen zu optimieren. Welche Leistungen dazu gehören, wird im folgenden Kapitel untersucht.

3. Kapitel: Analyse der Krankenhauslogistik

A. Begriffliche Grundlagen und Analyse des Leistungs- und Führungssystems der Krankenhauslogistik

I. Begriffliche Grundlagen

In der betriebswirtschaftlichen Literatur wird Logistik auf der Basis dreier verschiedener Ansätze untersucht. Hierbei handelt es sich um den systemorientierten-, den flussorientierten- und den funktionsorientierten Ansatz (Schulte, C. 1999, S. 3).

Der *systemtheoretische Ansatz* bedient sich dem theoretischen Konstrukt „System", um die Logistik zu erfassen. Ein System zeichnet sich dadurch aus, dass es aus Elementen besteht, welche individuelle Eigenschaften haben und die durch Beziehungen untereinander eine Struktur bilden (Grochla/Lehmann 1980, Sp. 2209; Hill/Fehlbaum/Ulrich 1994, S. 20f.). Systeme können in eine hierarchische Ordnung gebracht werden, wobei das übergeordnete System das Supersystem und das untergeordnete System das Subsystem bilden. Um ein offenes System handelt es sich, wenn Beziehungen zur Umwelt oder zu anderen Systemen bestehen (Grochla/Lehmann 1980, Sp. 2210). Da die Logistik Beziehungen zu Lieferanten, Entsorgern und den verschiedenen Leistungsbereichen eines Unternehmens, beziehungsweise eines Krankenhauses, unterhält, handelt es sich um ein offenes System. Das Logistiksystem kann in Subsysteme wie z.B. Beschaffung, Leistungserstellung und Entsorgung unterteilt werden. Das Supersystem ist das gesamte Krankenhaus. Werden Entscheidungen in den einzelnen Subsystemen getroffen, dann sind Auswirkungen auf die anderen Subsysteme und auf das Supersystem zu berücksichtigen. Ziel ist es, das Gesamtsystem zu optimieren (Lambert u.a. 1998, S. 9f.; Pfohl 2000, S. 28). Beispielsweise kann die Entscheidung, die Lagerkosten durch einen geringeren Lagerbestand zu senken, dazu führen, dass aufgrund von Zeitverzögerungen die Kosten in der Leistungserstellung steigen. Diese Entscheidung ist nur dann sinnvoll, wenn bei der Betrachtung des Gesamtsystems sich herausstellt, dass die Einsparungen im Subsystem Lagerung die Mehraufwendungen im Subsystem Leistungserstellung übertreffen.

Der *flussorientierte Ansatz* basiert auf den betrieblichen Abläufen, den sogenannten Prozessen. Für die Logistik sind im allgemeinen die Güter- und Informationsflüsse relevant (siehe Günther/Tempelmeier 1997, S. 8; Ihde 1997a, S. 549; Weber, J./Kummer 1998, S. 21ff.; Schulte, C. 1999, S. 1; Schönsleben 2000, S. 7; Definitionserweiterung für das Krankenhaus siehe S. 51). Betrachtet werden die Güter- und Informationsflüsse über den gesamten Leistungserstellungsprozess von der Beschaffung, über die Leistungserstellung bis zur Entsorgung (Kieschoweit 1998, S. 18). Diese Flüsse ergeben die Logistikkette oder den Logistikprozess

(Baumgarten/Wiegand 1997a, S. 588). Der logistische Flussgedanke resultiert aus der Tatsache, dass räumliche Differenzen, die im Zuge der Arbeitsteilung an Bedeutung gewonnen haben, ausgeglichen werden müssen. So wird zum Beispiel das Essen für die Patienten nicht auf den Stationen gekocht, sondern in der Zentralküche für das ganze Krankenhaus. Diese räumliche Distanz muss überbrückt werden. Zudem werden der Güter- und der Informationsfluss durch zeitliche Anforderungen der Leistungserstellung geprägt. Hier ist z.B. an einen medizinischen Notfall zu denken, in dem die lebensrettenden Medikamente sekundenschnell verfügbar sein müssen. Eine weitere Komponente der Logistikkette ist die art- und mengenmäßige Zusammensetzung der Güter und Informationen (Ihde 1997a, S. 549). Entsprechend des flussorientierten Ansatzes ist somit unter Logistik zu verstehen, dass die Güter- und Informationsflüsse über Bereichsgrenzen hinweg betrachtet werden.

Der *funktionsorientierte Ansatz* beruht auf der Tatsache, dass in Krankenhäusern, ebenso wie in Unternehmen, es zumeist üblich ist, die Komplexität der Leistungsaufgabe zu beherrschen, indem mehrere Teilaufgaben gebildet werden. Dadurch entstehen Leistungsbereiche, die sich auf bestimmte Aufgaben spezialisieren (siehe Aufbauorganisation Krankenhaus Kap. 2.B.II.). Auf diese Weise können Effizienzvorteile ausgenutzt werden. Nachteilig ist, dass zwischen den Leistungsbereichen Schnittstellen entstehen, die den Leistungsprozess unterbrechen (Weber, J. 1992a, S. 879; Weber, J./Kummer 1998, S. 15f.; weitere Ausführungen zu den Schnittstellen im Krankenhaus siehe Kap. 3.C.I.). Dadurch kann es z.B. zu Zeitverzögerungen oder Doppelarbeiten kommen. Nach dem funktionsorientierten Ansatz ist der Logistik als Querschnittsfunktion zugedacht, die Schnittstellen zu überwinden, die durch die Trennung in die Hauptfunktionen (Beschaffung, Leistungserstellung, Absatz) entstehen.

Jeder der drei Ansätze bietet Vorteile, um die Problematik der Logistik zu erfassen. Aus diesem Grund wird in dieser Arbeit darauf verzichtet, die Untersuchung nur auf Basis eines Ansatzes durchzuführen. Im Weiteren ist dementsprechend davon auszugehen, dass es sich bei der Logistik einerseits um ein System mit mehreren Subsystemen handelt, andererseits mit Hilfe der Logistik der Güter- und Informationsfluss gesichert wird und außerdem es sich bei der Logistik um eine Querschnittsfunktion handelt.

Somit ist festgelegt, wie Logistik in dieser Arbeit verstanden wird. Da sich die Untersuchung aber nur auf ein Teilgebiet, auf die Krankenhauslogistik, konzentriert, muss diese institutionell abgegrenzt werden. Hierfür ist zwischen der Makro-, Meta- und Mikrologistik zu unterscheiden (Pfohl 2000, S. 14f.).

Die Makrologistik umfasst logistische Aktivitäten auf gesamtwirtschaftlicher Ebene (Ihde 1997b, S. 683f.). Dabei handelt es sich um Transferleistungen, die zwischen dem Sektor der Güterbereitstellung und dem Sektor der Güterverwendung erbracht werden. Dagegen gehören die Logistiksysteme der Einzelwirtschaften (Unternehmen, private Haushalte und die öffentlichen Verwaltungen) in den Bereich der Mikrologistik (Bloech 1997b, S. 719f.). Logistikleistungen, die zwischen den Einzelwirtschaften erbracht werden, zumeist von darauf spezialisierten Logistikunternehmen, zeichnen die Metalogistik aus (Wolf 1997, S. 716).

Die Krankenhauslogistik ist dem Bereich der Mikrologistik zuzuordnen. Da es sich dabei um eine Logistik handelt, die auf Krankenhäuser spezialisiert ist, bedarf es einer eigenen Definition. In diese Definition ist das den Krankenhäusern eigene Sachziel, die stationäre Krankenversorgung, einzubeziehen. Das hat zur Folge, dass neben dem Informations- und Güterfluss die Patientenversorgung zu berücksichtigen ist (vgl. auch Adam 1997, S. 460):

> *Krankenhauslogistik ist im Gesamtsystem Krankenhaus ein System, welches als Querschnittsfunktion bereichsübergreifend den Güter- und Informationsfluss sowie die Patientenversorgung koordiniert. Ermöglicht wird dieses durch Lagerungs- und Transportvorgänge sowie durch die dafür erforderlichen Planungs-, Kontroll- und Steuerungsprozesse (in Anlehnung an Council of logistics management o.J., S. 1f.; Hörmann 1988, S. 135; Lochthowe 1990, S. 20; Etlin 1994, S. 22; Bloech 1995, S. 38; Adam 1997, S. 459; Brettel 1999, S. 765).*

Um die Aufgabenbereiche der Logistik abzugrenzen, sind zwei Vorgehensweisen üblich (Schwegler 1995, S. 123f.). Die erste Variante basiert auf den funktionellen Bereichen Beschaffung, Produktion und Absatz, in denen die Logistikaktivitäten ausfindig gemacht werden. Die zweite Variante verzichtet darauf, zwischen den verschiedenen Funktionen zu unterscheiden. Stattdessen wird innerhalb der logistischen Aufgaben in der Weise differenziert, dass operative, dispositive, administrative und politische Tätigkeiten unterschieden werden. Aus diesen beiden Vorgehensweisen lassen sich die Aufgabenbereiche des Logistiksystems im Krankenhaus ableiten, indem gesondert das Leistungs- und das Führungssystem betrachtet werden.

Operative Tätigkeiten können dem *Leistungssystem* zugeordnet werden. Hierbei handelt es sich um das Transportieren (einschließlich Kommissionieren) und Lagern von Patienten, Gütern und Informationen. Diese Tätigkeiten werden im gesamten Leistungsprozess des Krankenhauses (Beschaffung, Leistungserstellung und Entsorgung) erbracht. Dispositive, administrative und politische Tätigkeiten, die der zielgerechten Steuerung dienen, gehören zu den Aufgaben des *Führungs-*

systems. Diese Tätigkeiten lassen sich in die Aufgabenbereiche Planung, Kontrolle, Information, Organisation und Personalführung differenzieren.

In Anlehnung an die Darstellung des Controllingsystems von KÜPPER kann das Logistiksystem folgendermaßen abgebildet werden (Küpper 2001, S. 15):

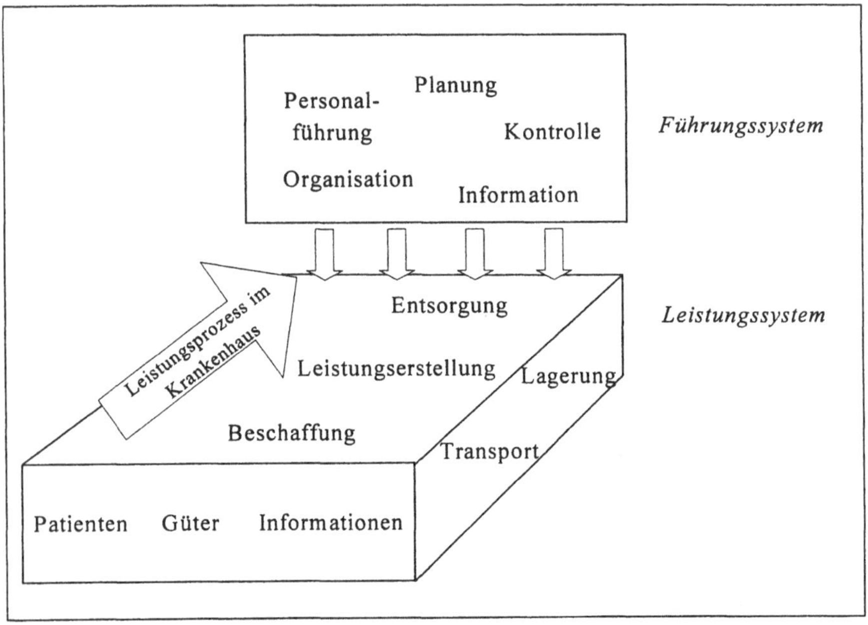

Abbildung 5: Das Logistiksystem im Krankenhaus. Eigene Darstellung, in Anlehnung an die Darstellung des Controllingsystems von Küpper (Küpper 2001, S. 15).

Wie bereits in der Einleitung erläutert, hat sich diese Arbeit zur Aufgabe gemacht, Logistik im Bereich der Leistungserstellung des Krankenhauses zu untersuchen. Im Folgenden werden daher logistische Fragestellungen der Beschaffung und Entsorgung außen vorgelassen. Es wird das logistische *Leistungssystem* mit seinen Logistikobjekten (Patienten, Güter und Informationen) und Logistikverrichtungen (Transport und Lagerung) im Bereich der krankenhausinternen Leistungserstellung analysiert. Ferner wird das dazugehörige logistische *Führungssystem*, mit den auf diesen Bereich spezialisierten Führungsaufgaben, näher beleuchtet.

II. Analyse des Leistungs- und Führungssystems der Krankenhauslogistik

a) Das Leistungssystem der Krankenhauslogistik

1. Die Verrichtungsobjekte der Krankenhauslogistik

Wie bereits dargestellt, handelt es sich bei den für die Krankenhauslogistik relevanten Verrichtungsobjekten um Patienten, Güter und Informationen. Jede dieser Objektgruppen weist spezifische logistische Probleme auf, die im Weiteren genauer betrachtet werden.

Die große Gruppe der *Patienten* ist sehr inhomogen, hier muss differenziert vorgegangen werden. Aus Sicht der Logistik sind vor allem von Belang, wie mobil die Patienten sind und welche Betreuung der Einzelne benötigt.

Betreuungsintensität / **Mobilitätsgrad**	**Patient benötigt Begleitung**	**Patient benötigt intensive Betreuung**
Fußgänger	Ia	IIa
Rollstuhlfahrer	Ib	IIb
Bettlägerige Patienten	Ic	IIc

Abbildung 6: Mobilitätsgrad und Betreuungsintensität von Patienten. Eigene Darstellung.

In der Abbildung 6 werden zwei Arten von Betreuungsintensität und drei unterschiedliche Gruppen von Mobilitätsgraden in einer Matrix dargestellt. Auf diese Weise können die Patienten in Kategorien eingeteilt werden, wobei unterschiedliche Kategorien verschiedene logistische Aktivitäten bedingen. Zum Beispiel benötigen Patienten der ersten Kategorie Personal, das sie begleitet, weil sie entweder aufgrund einer Gehbehinderung (Kategorie Ib) oder verordneter Bettruhe (Kategorie Ic) in ihrer Mobilität eingeschränkt sind. Oder Patienten benötigen Begleitung, da sie geistig verwirrt oder sehbehindert sind (Kategorie Ia). Müssen bei einem Transport z.B. Infusionen oder der Kreislauf beobachtet werden, dann bedarf der Patient einer intensiven Betreuung (Kategorie II). Je nachdem, ob der Transport zu Fuß, im Rollstuhl oder im Bett erfolgt, kann zwischen den Kategorien IIa, IIb, oder IIc unterschieden werden.

In dieser Arbeit wird der Begriff *Güter* weit gefasst und beinhaltet alle Güter und Materialien, die im medizinischen Leistungserstellungsprozess anfallen oder benötigt werden. Um die Übersichtlichkeit zu wahren, wird darauf verzichtet, Speisen und Müll gesondert zu betrachten (Jüttemann hingegen unterscheidet zwischen Speisen, Güter und Müll (Jüttemann 1976, S. 130)). Konsequenzen für die Logistik ergeben sich vor allem dadurch, dass der Güterfluss nicht linear strukturiert ist (Kühn 1984, S. 108). In Industriebetrieben ist anhand von Stücklisten im Voraus feststellbar, welche Materialien wann im Produktionsprozess benötigt werden. Bei der Patientenversorgung hingegen können die benötigten Güter aufgrund des nicht vorhersehbaren Krankheitsverlaufes nur mittels der Wahrscheinlichkeitsrechnung ungefähr geplant werden. Außerdem ist die Logistik von Gütern sehr komplex, da viele Leistungseinheiten miteinander in Beziehung stehen und Güter austauschen. Ein weiteres Problem besteht darin, dass Hygienevorschriften eingehalten werden müssen (Stoldt 1993, S. 46), um die Ausbreitung von Krankheiten zu verhindern. Das hat zur Folge, dass Transporte und Lagerungen von reinen und unreinen Gütern logistisch unterschiedlich behandelt werden müssen.

Außerdem zählen zu den Gütern Wasser, Gase und Energien. Hierbei handelt es sich um leitungsgebundene Güter, wodurch Besonderheiten bezüglich des Transportes auftreten. Durch die unterschiedlichen Beschaffenheiten dieser Güter müssen auch Besonderheiten in der Lagerung beachtet werden (z.B. Gasflaschen). Da die Logistik dieser Güter größtenteils durch technische Vorgaben festgelegt ist, werden sie in dieser betriebswirtschaftlichen Untersuchung nicht weiter betrachtet.

Informationen unterscheiden sich danach, welchen Zweck sie erfüllen. Sie können daher als „zweckorientiertes Wissen“ definiert werden (Wittmann 1959, S. 14). Informationsflüsse sind einerseits an die Güterflüsse gekoppelt, andererseits werden sie im Leistungserstellungsprozess gewonnen (Jünemann/Beyer 1998, S. 11). Während in industriellen Unternehmen die an die Güter gekoppelten Informationsflüsse in der Überzahl sind, gehört es in Dienstleistungsunternehmen oftmals zu den Aufgaben, Informationen zu produzieren. Da sich der Outcome von Krankenhäusern aus vielen Einzelprozessen zusammensetzt, müssen die in den einzelnen Prozessen gewonnenen Informationen für andere Prozesse zur Verfügung stehen. Zum Beispiel müssen für Pflegeleistungen Informationen über diagnostische Maßnahmen vorhanden sein. Zu den Aufgaben der Logistik gehört es, die Informationsströme so zu gestalten, dass dem Einzelnen zur gewünschten Zeit die für die Leistungserstellung notwendigen Informationen zur Verfügung stehen (Etlin 1994, S. 45). In Krankenhäusern ist diese Aufgabe von großer Bedeutung, da die für einen Patienten notwendigen Informationen in verschiedenen organisatorischen Bereichen erstellt werden. So liefert z.B. das Labor die Laborwerte und die Röntgenabteilung die Röntgenbilder. Wird ein Patient von verschiedenen Fachabteilungen betreut, sind Informationen zwischen diesen Fachabteilungen auszutauschen (Hardt 1996, S. 90). Darüber hinaus sind nicht nur für den Leistungserstellungsprozess, sondern auch für das Führungssystem, z.B. zur Planung, Informationen bereitzustellen (Simoneit 1998, S. 57).

Außerdem werden die -mit industriellen Unternehmen vergleichbaren- gekoppelten Informationsflüsse von der Krankenhauslogistik gestaltet. Hierbei handelt es sich zum einen um Informationen, die an den Güterstrom gebunden sind. Werden beispielsweise von einer Station Medikamente benötigt, muss zuvor eine Bestellung an die Apotheke gesandt werden. Zum anderen sind im Krankenhaus die Informationen zu berücksichtigen, die die Patientenversorgung begleiten. Zum Beispiel ist bei einer Verlegung in eine andere Fachabteilung daran zu denken, dass wichtige Informationen in Form eines Verlegungsberichtes mitgegeben werden.

Im folgenden Abschnitt werden die logistischen Verrichtungen im Krankenhaus, die an den Patienten, Gütern und Informationen getätigt werden, untersucht.

2. Die Verrichtungen der Krankenhauslogistik

Zu den wesentlichen Verrichtungen der Krankenhauslogistik gehören die Lagerhaltung und die Transportleistungen (vgl. Weber, J./Kummer 1998, S. 41).

Die *Lagerhaltung* dient dem Ausgleich von zeitlichen und quantitativen Differenzen (Bogaschewsky 1997, S. 482; Pfohl 2000, S. 98). Nicht nur die Ausgleichsfunktion führt im Krankenhaus zum Aufbau von Lagerbeständen, sondern darüber hinaus können Sicherungsmotive die Ursache sein (Schulte, C. 1999, S. 178f.). Da der Bedarf an stationärer Krankenversorgung Schwankungen unterliegt und nicht genau zu planen ist, werden, um in jedem Fall die Versorgung der Patienten sicherzustellen, hohe Lagerbestände gehalten. Insgesamt dient die Lagerhaltung dazu, Unterschiede zwischen Verbrauch und Beschaffung auszugleichen (Eichhorn, S. 1975, S. 312).

Lager können in die verschiedensten Lagerarten klassifiziert werden (vgl. Schulte, C. 1999, S. 178; Schulte, G. 2001, S. 251). Im Folgenden werden lediglich die für Krankenhäuser relevanten Lagerarten vorgestellt: So gibt es Lagerarten, die sich zum einem entsprechend der betrieblichen Funktionsbereiche des Leistungserstellungsprozesses (Eingangslager und Zwischenlager) und zum anderem aufgrund des Zentralisationsgrades (zentrale und dezentrale Lager) unterscheiden. Im Krankenhaus existieren für einige Güter sowohl ein zentrales wie auch mehrere dezentrale Lager. Es handelt sich um ein mehrstufiges Lagersystem (Adam 1997, S. 460). Dezentrale Lager auf den Stationen oder in den Funktionsabteilungen gewährleisten, dass der Bedarf an Gütern für die Patientenversorgung schnell gedeckt werden kann. Diese „Handlager“ sorgen dafür, dass die Leistungserstellung nicht durch bürokratische Bestellvorgänge und Transportzeiten unterbrochen wird (Schulte, G. 2001, S. 260). Jedoch besteht die Gefahr, dass die „Handlager“ heimlich aufgebaut werden, was zur Folge hat, dass der Lagerbestand unnötig hoch gehalten wird (Eichhorn, S. 1975, S. 313; Kühn 1984, S. 64f.). Dadurch entstehen vermehrt Kosten. Die dezentralen Lager werden von den zentralen Lagern versorgt. Ein Beispiel für die Aufteilung in ein zentrales Lager und mehrere dezentrale Lager ist die Medikamentenlagerung in einer Zentralapotheke und auf den Pflegestationen.

Transporte dienen zum einen dazu, räumliche Differenzen von Logistikobjekten zu überbrücken (Pfohl 2000, S. 162). Zum anderen ist der zeitliche Faktor zu berücksichtigen: „Transportation is also a factor in time utility; it determines how fast and how consistently a product moves from one point to another“ (Lambert u.a. 1998, S. 217). Im Krankenhaus dienen Transporte der Beförderung von Patienten, Gütern und Informationen. Sie lassen sich nach ihrer Häufigkeit unterscheiden (unregelmäßig, regelmäßig). Zusätzlich können Gütertransporte nach ihrem Volumen differenziert werden. Gestaltungsparameter der Transporte sind Fördermittel, Transportwege und die zeitliche Abfolge. Wie diese für die Patienten, Gütern und Informationen aussehen, wird im Folgenden dargestellt. Außerdem wird die Lagerhaltung am Beispiel der einzelnen Logistikobjekte erörtert.

Von Lagerhaltung in bezug auf die *Patienten* zu sprechen, erscheint etwas absurd. Aber im übertragenen Sinn werden auch Patienten „gelagert“, insbesondere um zeitliche Differenzen zu überbrücken. Wartezeiten können vor Untersuchungen entstehen oder wenn bei der Aufnahme des Patienten das Bett noch nicht frei ist. Daher können die Warteräume für die Patienten auch als „Lager“ bezeichnet werden. Außerdem benötigt der Patient während der gesamten Krankenhausbehandlung ein Zimmer und ein Bett, in dem er sich aufhalten kann. In einem anderem Zusammenhang würde man von einem Zwischenlager sprechen. In der vorliegenden Untersuchung werden vorrangig die Wartezeiten der Patienten berücksichtigt. Da das Aussehen und die Größe der Warteräume und Patientenzimmer hauptsächlich von medizinischen, sozialen oder krankenhauspolitischen Gesichtspunkten beeinflusst werden, werden diese im Weiteren nicht näher beleuchtet.

Patiententransporte sind, wie bereits im Kapitel 3.A.II.a)1. gezeigt wurde, vor allem vom Mobilitätsgrad und der Betreuungsintensität der Patienten abhängig (vgl. S. 53). Bei den Fördermitteln für die Patiententransporte handelt es sich um Personen, die die Patienten begleiten oder das Bett schieben. Außerdem gehören zu den Fördermitteln Personenaufzüge. Die Transportwege entsprechen dem Flur-, Tunnel- und Aufzugsystem des Krankenhauses. Die zeitliche Abfolge der Patiententransporte ist unregelmäßig, da sie sich nach dem jeweiligen Krankheitsverlauf richtet.

Die Lagerhaltung von *Gütern* ist in Krankenhäusern besonders wichtig, da sie dazu dient, die Versorgung der Patienten zu sichern, indem der Bedarf an Gütern schnellst möglich gedeckt wird (Hörmann 1988, S. 111). Hier besteht ein Spannungsverhältnis: Auf der einen Seite müssen Lager aufgebaut werden, um die Sicherungsfunktion zu erfüllen, auf der anderen Seite ist aus wirtschaftlichen Gründen die Lagerhaltung auf ein Mindestmaß zu halten, um Kosten einzusparen (Kühn 1984, S 87f.; Morf 1997, S. 108; Adam 1997, S. 460). Eingangslager befinden sich vor allem in dem Versorgungsbereich, dazu gehören z.B. Lebensmittellager in der Küche oder Medikamentenlager in der Apotheke. Medikamente, medizinische Gebrauchsgüter, Wäsche usw. werden vor ihrer Verwendung zumeist nochmals patientennah auf den Pflegestationen oder in den diagnostischen und therapeutischen Abteilungen gelagert. Nach der Klassifizierung von SCHULTE handelt es sich um Zwischenlager (Schulte, C. 1999, S. 179).

Neben der Lagerhaltung ist es notwendig, durch Transportleistungen dafür zu sorgen, dass die Güter zur richtigen Zeit am richtigen Ort sind. Die Ausgangsorte (Quellen) und Zielorte (Senken) der Transporte können in Leistungs-, Bedarfs- und Müllsammelstellen untergliedert werden. Zu den Leistungsstellen gehören die Küche, Wäscherei, Desinfektion, Geräteeinigung (Sterilisation), Apotheke und Labore (Jüttemann 1976, S. 129). Bedarfsstellen sind die Pflegestationen oder diagnostischen und therapeutischen Abteilungen. Bei den Müllsammelstellen handelt es sich um die Entsorgungslager. Voneinander getrennt werden müssen die reinen und unreinen Gütertransporte (vgl. Kap. 3.A.II.a)1., S. 54). Wie weit verzweigt das Gütertransportsystem ist, zeigt die Abbildung 7. In diesem Beispiel haben, wie im Krankenhausbereich häufig anzutreffen, sowohl der diagnostische wie auch der pflegerische Bereich (Pflegestationen) jeweils einen eigenen Versorgungs- und Entsorgungsstützpunkt.

Von sogenannten Transportkreisläufen wird dann gesprochen, wenn auf den Hin- und Rücktransporten gleich große Mengen, wie bei Wäschetransporten, transportiert werden (Stoldt 1993, S. 46).

Die Fördermittel der Gütertransporte werden in Stetigförderer (sie werden bei einem kontinuierlichen Güterfluss eingesetzt) und Unstetigförderer (die Güter zu unterschiedlichen Zeiten und Mengen transportieren) untergliedert (Weber, J./Kummer 1998, S. 35). Krankenhäuser benötigen Unstetigförderer, die je nach Automatisierungsgrad und Technik ganz unterschiedlich aussehen können (z.B. Personen, Aufzüge, Automatische-Warentransport-Anlagen (AWT-Anlagen) oder Regalbedienungsgeräte). Außerdem gehören zu den Fördermitteln Rohre und Leitungen, die Wasser, Gase und Strom transportieren.

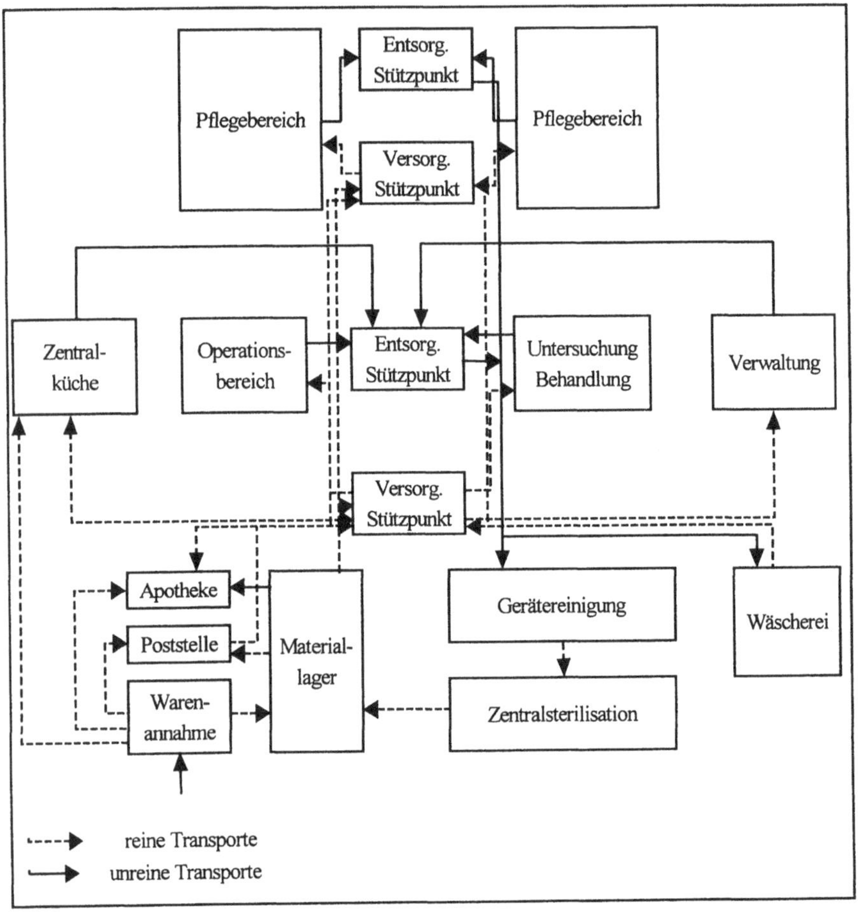

Abbildung 7: Güterfluss im Krankenhaus. Quelle: Lange 1976, S. 54.

Die Transportwege richten sich nach den baulichen Gegebenheiten des Krankenhauses und den Fördermitteln. Sie können unterirdisch, entlang der Flure oder auch außerhalb des Gebäudes verlaufen.

Die zeitliche Abfolge der Gütertransporte wird sowohl durch die Eigenschaften der Güter als auch durch die Leistungserstellung bestimmt. Einerseits finden Gütertransporte regelmäßig (z.B. Wäschetransporte einmal pro Tag, wobei der genaue Zeitpunkt nicht relevant ist) statt oder regelmäßig zu bestimmten Zeiten (z.B. Essenstransporte). Andererseits werden unregelmäßige Transporte nach Anforderung (z.B Medikamententransporte) benötigt. Diese unregelmäßigen Transporte sind zumeist kleinvolumig, während die großvolumigen Transporte regelmäßig stattfinden (Minder 1976, S. 36).

Im Krankenhaus besteht aus Haftungsgründen und der Darlegungspflicht gegenüber den Krankenkassen eine umfassende Dokumentationspflicht. Sowohl das ärztliche als auch das pflegerische Personal verbringen bis zu 50 Prozent ihrer Arbeitszeit mit der Informationsverarbeitung und der Dokumentation (Engelbrecht/Schlaefer 1986, S. 27). Diese *Informationen* sind Grundlage für die Behandlung, die Qualitätssicherung sowie die Abrechnung von Leistungen und dienen als Beweismittel im Haftungsfall. Die Lagerung dieser Daten hat verschiedenen Anforderungen zu genügen. Bezüglich der Patientenakten müssen Aufbewahrungsfristen gemäß der allgemeinen Haftungsbestimmungen des BGB eingehalten werden (Riedel 1997, S. 479). Ferner unterliegen nicht nur die Personalakten, sondern auch die Patientenakten dem Datenschutz. Zudem müssen die patientenbezogenen Informationen dem behandelnden Arzt schnell zur Verfügung stehen, damit der Patient medizinisch versorgt werden kann. Fehlende Patientenakten haben zur Folge, dass Untersuchungen nochmals durchgeführt werden, was zum einen den Patienten belastet oder gar gefährdet, zum anderen unnötig Kosten verursacht. Für Patientendaten bietet es sich daher an, diese in einem Zentralarchiv zu lagern. Dadurch können der Personaleinsatz und der Raumbedarf minimiert werden. Außerdem sind die Akten, wenn sie systematisch abgelegt werden, schnell aufzufinden (Riedel 1997, S. 480).

Der Transport von Informationen kann mit dem Begriff Kommunikation umschrieben werden. Kommunikation bedeutet, dass Informationen von einem Sender an einen Empfänger übertragen werden (Simoneit 1998, S. 40). Krankenhausintern ist das Kommunikationsnetz entsprechend der Aufbauorganisation (vgl. Kap.2.B.II.) sehr komplex. Elemente des Kommunikationsnetzes sind die Funktionsträger (z.B. Ärzte, Pflege- oder Verwaltungskräfte). Aus deren Funktionen bestimmen sich die Art der Informationen, die Informationsträger und die Informationskanäle (Engelbrecht/Schlaefer 1986, S. 28f.). Informationsträger können Dokumente, das gesprochene Wort oder elektronische Daten sein. Die Form des Informationsträgers bestimmt den Kanal:

Dokumente $\Rightarrow$ Rohrpostanlage, Liftanlage, Transportdienst
gesprochene Worte $\Rightarrow$ Telefon
elektronische Daten $\Rightarrow$ elektronisches Netzwerk

Das Kommunikationsnetz ist so aufgebaut, dass die Funktionsträger durch Kommunikationskanäle verbunden sind. Die Kanäle, die die Informationen transportieren, werden in ihrer Richtung, Häufigkeit, Schnelligkeit und angewandter Technik durch die Funktionen und die Informationsträger determiniert. Aufgrund der rasanten Entwicklung werden in Zukunft hauptsächlich mit Hilfe von Telekommunikations- und Informationstechnologien (Telematik) Informationen übertragen werden. Dadurch können Termine besser geplant und abgestimmt sowie Daten an mehreren Stellen gleichzeitig abgerufen werden (Zipperer 2001, S. 122; Herrmann 2001, S. 129).

b) Das Führungssystem der Krankenhauslogistik

Logistik nach heutiger Auffassung umfasst nicht allein die Leistungsaufgaben, sondern ist durch die „führungsorientierte integrierte Betrachtung aller Logistikprozesse" gekennzeichnet (Lochthowe 1990, S. 36). Diese Auffassung schlägt sich in der Logistik-Definition nieder, in der auf Planungs- und Kontrollaktivitäten explizit hingewiesen wird (vgl. Kap. 3.A.I., S. 51). Zu den Führungsaufgaben gehören neben der Planung und Kontrolle die Personalführung, Organisation und das Informationssystem (Küpper 2001, S. 15).

Planung bedeutet, mit Hilfe aller zur Verfügung stehenden Informationen zukünftige Handlungsmöglichkeiten rational zu durchdenken, auf ihre Auswirkungen hin zu untersuchen und sich für die zielverwirklichenden Alternativen zu entscheiden (Hahn 1993, Sp. 3185f.; Weber, J./Kummer 1998, S. 49; Küpper 2001, S. 63). Hierbei handelt es sich um ein Verständnis der Planung i.w.S., da das Fällen der Entscheidungen mit in den Planungsprozess einbezogen wird. Der gesamte Planungsprozess wird üblicherweise in die Phasen Zielbildung, Problemfeststellung und -analyse, Alternativensuche, Prognose, Bewertung und Entscheidung untergliedert (Wild 1974, S. 46ff.; Küpper 2001, S. 63f.).

Zu den Planungsaufgaben der Logistik gehören die Bereitstellungsplanung (Lagerbestandsplanung oder die Planung der Größe und Struktur eines Transportsystems) und die Ablaufplanung (die Nutzung der bereitgestellten Kapazitäten) (Weber, J./Kummer 1999, S. 51f.). Logistikplanung kann auf strategischer und operativer Ebene erfolgen: Die strategische Planung dient der langfristigen Sicherung von Erfolgspotenzialen (Pfohl 1997, S. 630). Aufgabe ist es, schon frühzeitig Handlungsbedarf zu erkennen und Maßnahmen zu entwickeln. Hierzu gehört z.B. die Entscheidung, ob die Lagerhaltung von Medikamenten an eine Fremdfirma vergeben wird. Die operative Planung betrifft die kurzfristige (bis zu 1 Jahr) Maßnahmenplanung bei gegebenen Kapazitäten (Hahn 1993, Sp. 3191; Küpper 2001, S. 69). Für die operative Planung stehen verschiedene Planungsmodelle, wie Lagerhaltungs- und Transportmodelle, zur Verfügung. Die einzelnen Planungsverfahren werden im Kapitel 4.B.I.b) näher beleuchtet.

Die *Kontrolle* dient dem Vergleich von zu prüfenden Größen mit Normgrößen, wobei Differenzen zwischen diesen Größen erkannt und analysiert werden (Brede 1975, Sp. 2218). Im Einzelnen umfasst die Kontrolle Abweichungsfeststellung, Ursachenanalyse, Entwicklung von Korrekturmaßnahmen und die Entscheidung für Korrekturen (Serfling 1992, S. 341). Es besteht eine enge Verbindung zum Planungsprozess, da die durch Kontrollen gewonnenen Informationen wiederum in die Planung eingehen. Der Kontrolle können Ist-Größen, Wird (Prognose)-Größen und Soll-Größen unterworfen werden (Küpper 2001, S. 175). Je nachdem welche Größen miteinander verglichen werden, kann zwischen der Zielkontrolle (Soll-Soll-Vergleich), der Planfortschrittskontrolle (Soll-Wird-Vergleich), der Prognosekontrolle (Wird-Wird-Vergleich), der Ergebniskontrolle (Soll-Ist-Vergleich) und der Prämissenkontrolle (Wird-Ist-Vergleich) unterschieden werden (Sierke 1997 S. 589; Schäffer 2001, S. 224). Außerdem sollten bei den jeweiligen Kontrollen Wäre Größen, bei denen davon ausgegangen wird, dass alles beim Alten bleibt, und Sollte-Größen, die den Idealzustand beschreiben, berücksichtigt werden. Kontrollen können vergangenheitsorientiert („feedback") oder zukunftsorientiert („feed forward") sein (Hahn 1993, Sp. 3188).

Führung ist eng damit gekoppelt, welche *Informationen* an wen weitergegeben werden, da auf diese Weise das Verhalten der Mitarbeiter beeinflusst werden kann. Indirekt wirken Informationen auch über die anderen Führungsinstrumente, da diese ohne Informationen nicht eingesetzt werden können. Das Informationssystem kann aus diesem Grund als „Basissystem" innerhalb des Führungssystems bezeichnet werden (Küpper 2001, S. 109). Für die Logistik relevante Informationen können aus der Kosten- und Leistungsrechnung (Neumann 1994, S. 6), der Dokumentation von Bestell- und Lagervorgängen oder der Istaufnahme von krankenhausinternen Vorgängen stammen. Durch eine Wirkungsrechnung lassen sich Informationen über den Outcome der Krankenhauslogistik ermitteln (zu den Problemen der Wirkungsrechnung, siehe Brede 2001b, S. 209f.). Die führungsrelevanten Informationen werden im Berichtswesen zusammengefasst (siehe zum Berichtswesen Kap. 4B.II.b)2.).

Direkt gelenkt wird das Mitarbeiterverhalten durch die *Personalführung*. Personalführung kann mit der „zielorientierten Beeinflussung des Mitarbeiterverhaltens" umschrieben werden (Drumm 1993, Sp. 3099). KÜPPER vergleicht die Rolle der Personalführung im Führungssystem mit der eines „Katalysators" (Küpper 2001, S. 195). Dieser Vergleich ist sehr treffend, da der Erfolg der anderen Führungsteilsysteme oftmals davon abhängt, wie die Führungspersonen es verstehen, auf das Verhalten ihrer Mitarbeiter einzuwirken. In der Logistik hat die Personalführung eine besondere Bedeutung: Es ist zumeist nicht möglich, durch feststehende Pläne zu steuern, da verschiedene Bereiche auf die Patientenversorgung und die Güter- und Informationsflüsse einwirken. Daher wird Flexibilität und Problemlösungsverständnis von den Mitarbeitern verlangt (vgl. Weber, J. 1994, S. 87). Für die Krankenhauslogistik gilt dies in besonderem Maße, weil keine feststehenden Produktionsabläufe vorliegen, sondern die Leistungsmengen und -arten bei jedem Patient unterschiedlich sind. Diese besondere Problematik der Krankenhauslogistik bedingt, dass ein kooperativer Führungsstil, also die Einbindung der Mitarbeiter in Entscheidungen, notwendig ist. Eine weitere Möglichkeit ist, durch Anreizsysteme, indem z.B. Entgeltbestandteile an Leistungen gekoppelt werden, auf das Mitarbeiterverhalten zielorientiert einzuwirken. Hierbei ist einschränkend darauf hinzuweisen, dass die engen finanziellen und rechtlichen Rahmenbedingungen der Krankenhäuser diesem Instrument der Personalführung zur Zeit noch geringe Bedeutung zukommen lassen (siehe auch Kap. 4.B.I.c)3., S. 161). Gezielt logistische Fähigkeiten der Mitarbeiter durch Personalentwicklungsmaßnahmen zu fördern, ist eine weitere Maßnahme im Sinne der Personalführung.

Wird *Organisation* als ein Führungsteilsystem betrachtet, so liegt dieser Auffassung der instrumentale Organisationsbegriff zugrunde. Die Führungsaufgaben sind darin zu sehen, dass zielgerichtet „arbeitsteilige Subsysteme“ gebildet werden (Hoffmann 1980b, Sp. 1428). Es findet eine Koordination von Aufgaben und Aufgabenträgern statt. Organisatorisch ist zu klären, wie die Logistikaufgaben in der Krankenhausorganisation verteilt werden und welche Beziehungen zu vorhandenen Abteilungen bestehen sollen. Ferner gilt es zu entscheiden, wie das Beziehungsgeflecht innerhalb des Logistikbereiches auszusehen hat (Fieten 1997, S. 556).

In der Praxis wurde die organisatorische Einbindung der Logistik in die Krankenhausorganisation bisher kaum beachtet. Die logistischen Aufgaben werden von verschiedenen Abteilungen wahrgenommen: Abteilungen der Materialwirtschaft übernehmen Aufgaben der Güterbeschaffung und -lagerhaltung, technische Abteilungen sind für Rohr- und Transportsysteme zuständig, und Patiententransporte gehören in den Aufgabenbereich der Pflegestationen. Problematisch ist diese Situation in dreierlei Hinsicht:

1. Ressortegoismen verhindern, dass das Logistiksystem gesamtoptimal gestaltet wird.

2. Logistikaufgaben werden neben den Hauptaufgaben einer Organisationseinheit nur als zweitrangig betrachtet. Zum Beispiel ist es für die Krankenschwester auf der Station wichtiger, dass der Patient pflegerisch gut versorgt wird. Lange

Wartezeiten der Patienten vor Untersuchungen auf Fluren werden als notwendiges Übel hingenommen.

3. Kommunikationsprobleme zwischen den Abteilungen rufen Ineffizienzen bezüglich der Patientenversorgung und der Güter- und Informationsflüsse hervor (vgl. Pfohl 1992, Sp. 1257).

Aus diesen Gründen erscheint es sinnvoll, im Krankenhaus die logistischen Aufgaben in einer eigenständigen Organisationseinheit unter einer Verantwortung zusammenzufassen (vgl. Pfohl 1980, S. 1207). Daraus ergibt sich die Frage, wie im Krankenhaus so eine logistische Organisationseinheit eingebunden werden sollte.

TSCHIERSWITZ spricht sich dafür aus, im Krankenhausmanagement eine eigene logistische Abteilung einzurichten (Tschierswitz 1985, S. 705). Diese Aussage ist unpräzise, da mehrere Möglichkeiten der Eingliederung bestehen. Denkbar ist, in dem funktional gegliederten Bereich Verwaltung eine Abteilung Logistik zu schaffen. Dies kann sinnvoll sein, da ein Teil der Aufgaben, die Lagerung von Gütern und die technische Betreuung der Transporte, bereits von Abteilungen der Verwaltung erfüllt werden (vgl. Abb. 8). Mit nur einem geringen Maß an Autonomie ist die Logistikabteilung dann ausgestattet, wenn sie als ein Sachgebiet z.B. der Abteilung Materialwirtschaft angegliedert wird. Diesem Sachgebiet werden alle logistischen Aufgaben zugeordnet (Stölzle 1999, S. 576).

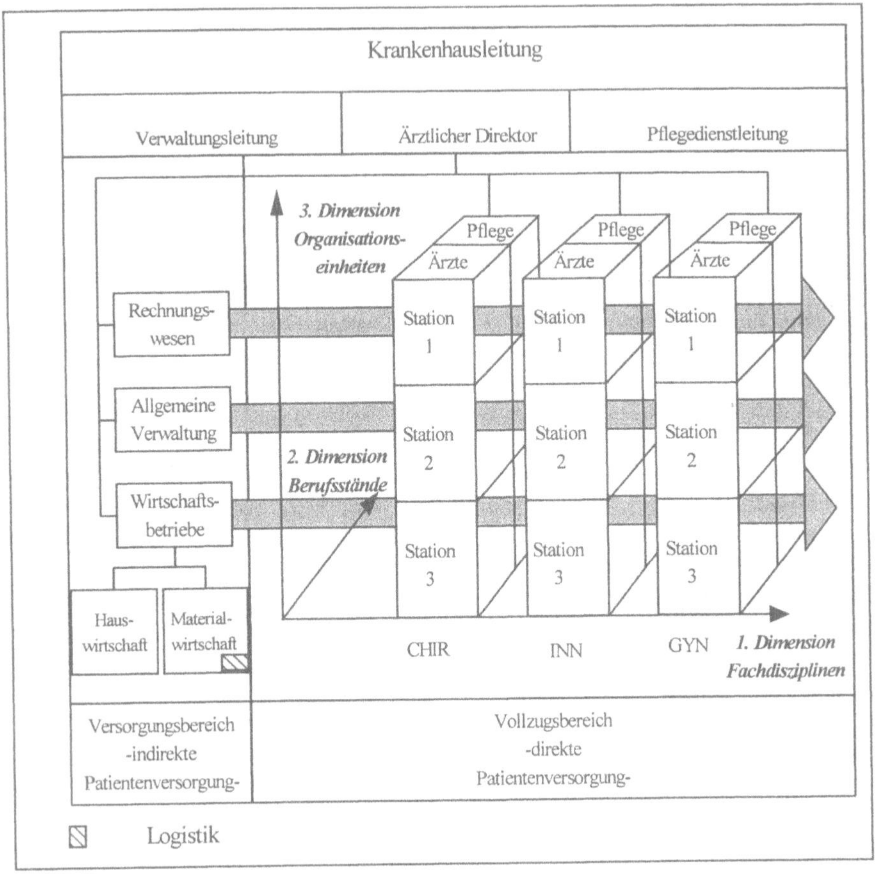

Abbildung 8: Eingliederung eines Sachgebietes Logistik in die Abteilung Wirtschaftsbetriebe der Krankenhausverwaltung. Eigene Darstellung.

Damit alle Bereiche der Krankenhauslogistik gleichermaßen berücksichtigt werden, ist es sinnvoller, die Logistikaufgaben nicht unter den direkten Einfluss einer Abteilung zu stellen. Möglich ist dies, indem eine neue Abteilung Logistik geschaffen wird, die krankenhausweit die Logistikaufgaben wahrnimmt (Abb. 9; integrierte Lösung, vgl. Hilgenfeldt 1995, S. 91):

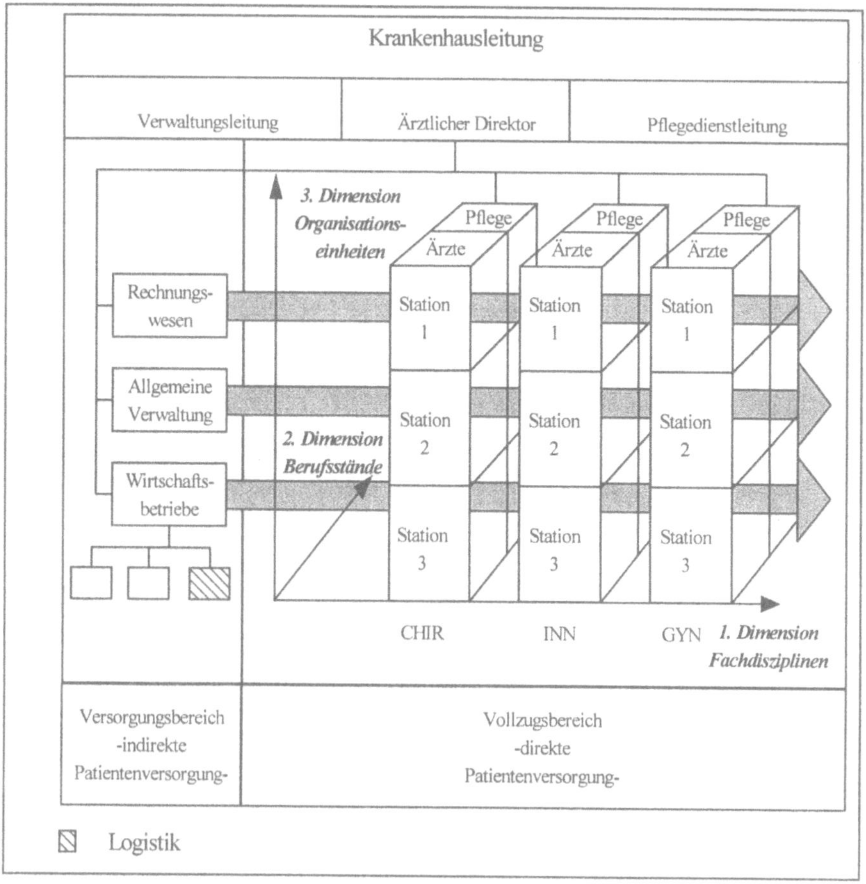

Abbildung 9: Eingliederung einer Abteilung Logistik in die Krankenhausverwaltung. Eigene Darstellung.

Eine Logistikabteilung muss nicht hierarchisch eingegliedert sein, sondern sie kann als Stabsstelle, ohne formelles Weisungsrecht, den Logistikaufgaben nachkommen (Hilgenfeldt 1995, S. 99; Weber, J./Kummer 1998, S. 282). Diese Stabsstelle wäre möglichst hoch anzusiedeln, z.B. an die Krankenhausleitung, damit alle Berufsgruppen und Fachabteilungen umfasst werden (vgl. Abb.10). Problematisch bei dieser organisatorischen Variante ist, dass sich Maßnahmen nur schwer realisieren lassen, da keine formelle Weisungsbefugnis gegenüber den Linieninstanzen besteht. Das Problem resultiert aus der Tatsache, dass die verschiedenen

Interessengruppen, die sich in der Krankenhausleitung wiederfinden (Medizin, Pflege und Verwaltung), ihre Standpunkte durchsetzen möchten.

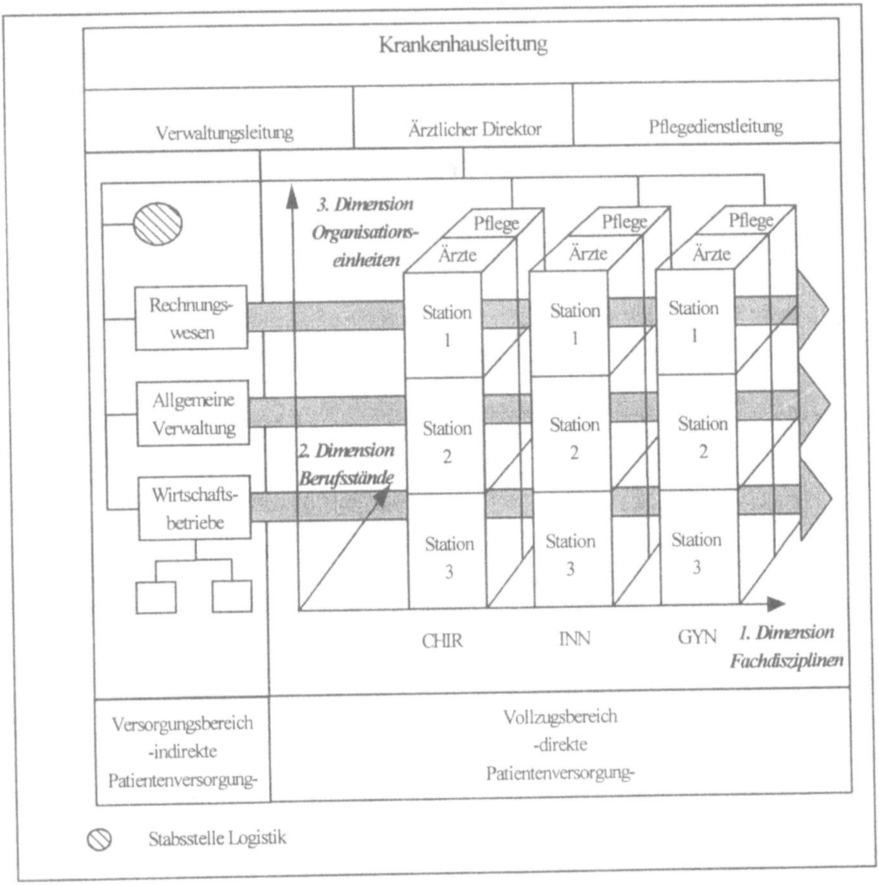

Abbildung 10: Eingliederung einer Logistikstabsstelle in die Krankenhausorganisation. Eigene Darstellung.

Für die interne Organisation einer Logistikabteilung im Krankenhaus gibt es mehrere Möglichkeiten. Es ist denkbar, wie es häufig in Industrieunternehmen geschieht, in die Bereiche Beschaffungs-, Leistungserstellungs- und Entsorgungslogistik zu unterscheiden. Hierdurch werden Schnittstellen geschaffen, die die Koordinierung der Patientenversorgung und den Güter- und Informationsfluss stören können. Eine weitere Möglichkeit besteht darin, in die Bereiche „Transport", „Lagerung" und „Zentrale Fragen" funktional zu untergliedern (vgl. Weber, J./Kummer 1998, S. 280f.). Da sich aber die Aufgaben bezüglich der Lagerung und des Transportes im Krankenhaus bei den verschiedenen Logistikobjekten wesentlich voneinander unterscheiden, kann auch diese Alternative als nicht sinnvoll erachtet werden. Vorteilhafter ist es, entsprechend der Logistikobjekte Patienten, Güter und Informationen zu untergliedern (vgl. Abb. 11). In diesen drei Bereichen werden jeweils alle Transport- und Lagerleistungen zusammengefasst.

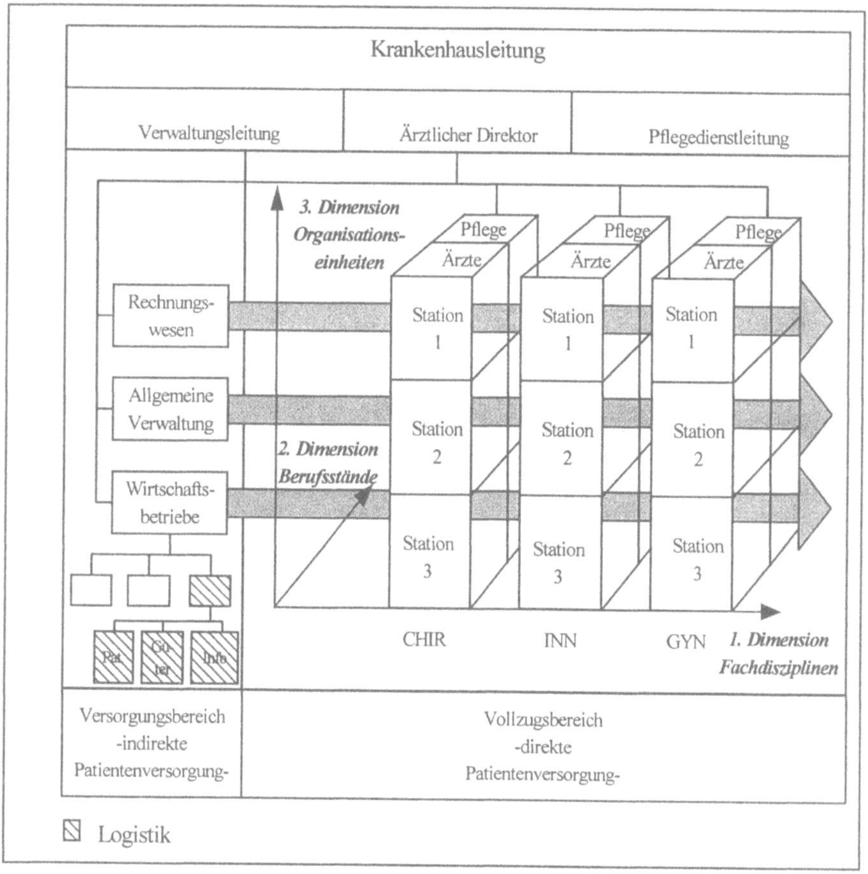

Abbildung 11: Organisation einer Logistikabteilung im Krankenhaus. Eigene Darstellung.

Ein weiterer Bestandteil des Führungssystems ist das Zielsystem. Um das Führungssystem überschaubar zu halten, kann die Zielsetzung dem Aufgabengebiet der Planung zugerechnet werden (Küpper 2001, S. 15). In dieser Arbeit wird aber die Zielsetzung der Krankenhauslogistik im nächsten Kapitel gesondert untersucht, denn sie wird für besonders bedeutsam gehalten. Da Unterschiede zwischen den Zielen der Krankenhäuser und den der erwerbswirtschaftlichen Unternehmen (z.B. Industrieunternehmen) bestehen, wird außerdem dargestellt, wie sich logistische Ziele in die Krankenhausziele einbinden lassen.

B. Formalziele der Krankenhauslogistik und ihre Einbindung in die Krankenhausziele

I. Vorbemerkungen

Wie bereits LOCHTHOWE 1990 festgestellt hat, ist bei der Durchsicht der Literatur zur Logistik und speziell zur Krankenhauslogistik auch heute noch festzustellen, dass die Zielproblematik wenig untersucht wird (Lochthowe 1990, S. 64f.). Desgleichen gilt für die Praxis. In Unternehmen werden Logistikziele zumeist nicht bestimmt (Weber, J. 1995, S. 26). Im Folgenden werden unterschiedliche Vorgehensweisen, Logistikziele festzulegen, vorgestellt:

Oftmals wird die Zielproblematik auf die Formel der „vier R`s" reduziert. Ziele der Logistik sind, dass die **r**ichtige Menge und Sorte von Gütern, im **r**ichtigen Zustand zur **r**ichtigen Zeit am **r**ichtigen Ort sind (Feierabend 1987, S. 56; Jünemann/Beyer 1998, S. 18; Pfohl 2000, S. 12). Als Leitbild eignet sich diese Formel zwar, aber als Orientierungsgröße für die logistischen Aufgaben ist sie nicht ausreichend (Weber, J. 1995, S. 26f.).

Für KIRSCH, BAMBERGER, GABELE UND KLEIN handelt es sich bei den Logistikzielen um das Serviceniveau und die Kosten (Kirsch/Bamberger/Gabele/Klein 1973, S. 288ff.). Das Serviceniveau ist bezüglich der Lieferung von Beschaffungsgütern und der Distribution von Fertigprodukten zu bestimmen. Dies wird ermöglicht, indem die Servicezeit und die Zuverlässigkeit der Logistikleistungen ermittelt werden. Die Kosten entstehen durch logistische Leistungen und hängen in ihrer Höhe von dem Serviceniveau ab. Einen ähnlichen Ansatz verfolgt ADAM in seinem Aufsatz zur Krankenhauslogistik, indem er „eine hohe Qualität der Leistungen bei geringem Zeitbedarf und niedrigen Kosten" als Logistikziele definiert (Adam 1997, S. 459). Erweitert wird diese Vorgehensweise, wenn die genannten Ziele bezüglich ihrer sachlichen und zeitlichen Reichweite in strategische und operative Ziele unterschieden werden (Lochthowe 1990, S. 5f.). Dieser Ansatz wird in dieser Arbeit verfolgt. Zunächst wird erläutert (Kap. 3.B.II.), wie leistungs- und kostenorientierte Ziele und ihre Kombination, in Form der Wirtschaftlichkeit, in der Krankenhauslogistik aussehen. Im vierten Kapitel werden die zur Erreichung dieser Ziele erforderlichen Planungs- und Kontrollaufgaben im

Rahmen des Controlling unter strategischen und operativen Gesichtspunkten betrachtet.

II. Die Formalziele der Krankenhauslogistik

a) Leistungsorientierte Formalziele

In diesem Abschnitt werden zunächst die leistungsorientierten Formalziele untersucht. Üblicherweise handelt es sich bei den leistungsorientierten Formalzielen um Größen wie Erlöse oder Rentabilität. Für die Krankenhauslogistik haben diese Formalziele eine geringere Bedeutung, da mit logistischen Leistungen keine eigenen Erlöse erzielt werden. Sie werden nicht einzeln, sondern pauschal über den Basispflegesatz oder die Fallpauschale entlohnt. Entscheidend ist das Serviceniveau der Leistungen, welches durch die Kriterien Zeit, Zuverlässigkeit und Flexibilität ausgedrückt werden kann (vgl. Coyle u.a. 1996, S. 114ff.).

Die Optimierung der *Zeiten* ist in Krankenhäusern in zweierlei Hinsicht von Bedeutung. Einerseits sind die Durchlaufzeiten der Güter und Informationen, andererseits ist die Verweildauer der Patienten zu optimieren (Eichhorn, S. 1975, S. 317). Dafür ist es unter anderem erforderlich, dass die Transport- und Lagerzeiten und ihre zeitliche Anpassung an den Leistungserstellungsprozess optimiert werden. Als schwierig kann es sich erweisen, die Zeiten logistischer Prozesse von denen der Patientenbehandlung abzugrenzen. Bei den logistischen Zeiten handelt es sich z.B. um den Zeitraum

- von der Anforderung eines Patiententransportes bis zum Ende der Durchführung, einschließlich der Wartezeiten,
- von der Anforderung eines Gutes bis zum Erhalt oder
- von der Anforderung von Informationen bis zu ihrem Erhalt.

Anzustreben ist, die Zeiten zu minimieren, wobei Restriktionen, die durch die Patienten oder durch die zur Verfügung stehende Infrastruktur bestehen, berücksichtigt werden müssen.

Im Krankenhaus ist von großer Bedeutung, wie *zuverlässig* Zeitvorgaben eingehalten werden. Zeitvorgaben, z.B. von der Anforderung bis zur Lieferung eines Medikamentes, wirken sich auf das Verhalten der Mitarbeiter im Leistungsprozess aus. Werden sie nicht zuverlässig eingehalten, dann werden hohe Lagerbestände auf den Pflegestationen aufgebaut, um negative Auswirkungen auf den Leistungsprozess zu verhindern. Die Logistikzuverlässigkeit in einer Periode (Z_t) kann durch die Relation der Zahl der Logistikleistungen zu den termingerecht erfüllten Leistungen quantifiziert werden (vgl. Lochthowe 1990, S. 116):

$$Z_t = \frac{\text{termingerechte Erfüllung der Logistikleistungen}}{\text{Zahl der Logistikleistungen}}$$

Angestrebt wird die Maximierung der Zuverlässigkeit, das bedeutet eine Zuverlässigkeit von 1.

Das dritte Kriterium der Logistikqualität ist die *Flexibilität*. Flexibilität beschreibt die „Fähigkeit eines Systems, sich an veränderte Umweltbedingungen anzupassen“ (Günther/Tempelmeier 1997, S. 3; Zäpfel 1997, S. 287f.). Für die Krankenhauslogistik ist als Umweltbedingung vor allem die direkte Patientenversorgung relevant. Dadurch wird ein hohes Maß an Flexibilität gefordert, da die Krankheitsverläufe ganz unterschiedlich aussehen können. Ferner verändern sich die Umweltbedingungen der Krankenhauslogistik durch den medizinischen Fortschritt und die technischen Entwicklungen. Anpassungen müssen außerdem bezüglich der Logistikobjekte geschehen. Die individuellen Wünsche und Bedürfnisse der Patienten wechseln sehr stark, Transport- und Lagerbedingungen für Medikamente und medizinische Gebrauchsgüter und die veränderten Anforderungen an die Informationslogistik müssen berücksichtigt werden. Des Weiteren ist Flexibilität gegenüber der krankenhausexternen Umwelt gefordert. Veränderte Bedingungen der Lieferanten oder Gesetzesänderungen müssen von der Krankenhauslogistik berücksichtigt werden. Es sind die Zahl, der Umfang und die Art der Transport- und Lagerleistungen an die Bedingungen anzupassen. Problematisch ist es, für die Flexibilität eine quantifizierbare Zielgröße festzulegen (Pfohl 2000, S. 41). Eine mögliche Zielgröße wäre, die Anpassungsdauer zu minimieren. Dieses ist der Zeitraum von dem Eintreten der Veränderung bis zur Anpassung der Logistikleistungen. Soll z.B. das Mittagessen schon um 12 Uhr statt um 13 Uhr auf die Pflegestationen transportiert werden, da sich der Tagesablauf in der Küche oder auf den Pflegestationen geändert hat, so wäre das größtmögliche Maß an Flexibilität erreicht, wenn diese Umstellung sofort möglich ist.

Abweichend von Industriebetrieben wird neben den erläuterten Kriterien das Serviceniveau in Krankenhäusern durch eine weitere Komponente bestimmt. Da es unter anderem die Aufgabe der Logistik ist, die Patientenversorgung zu koordinieren, erscheint es notwendig, die Individualität der *Patienten* als eigenes Kriterium zu berücksichtigen. Wie bereits im Abschnitt 2.C.II. ausgeführt wurde, ist es für Krankenhäuser unerlässlich, sich an den Bedürfnissen der Patienten zu orientieren. Natürlich gilt dies für alle Leistungsbereiche, somit auch für die Logistik, hier insbesondere für die Patiententransporte. Es sollte darauf geachtet werden, dass die Patienten rechtzeitig darüber informiert werden, wann sie wohin transportiert werden. Außerdem sollten die Patienten nicht lange ohne Betreuung auf den Fluren stehen. Oftmals wird mangelnde Patientenorientierung mit der fehlenden Zeit begründet. Damit würde das Ziel der Patientenorientierung im Konflikt mit dem Ziel, die Zeiten logistischer Leistungen zu minimieren, stehen. Dies muss nicht der Fall sein. Es kann z.B. Transportzeit eingespart werden, wenn der Patient rechtzeitig weiß, wann er zu einer Untersuchung gefahren wird. In diesem Fall könnte der Transport sofort beginnen, da der Patient sich vorbereiten konnte und zum Termin abfahrbereit ist.

b) Kostenorientierte Formalziele

Da der Begriff „Kosten" in der betriebswirtschaftlichen Literatur nicht einheitlich verwendet wird, ist zunächst zu klären, was darunter zu verstehen ist. Die beiden häufigsten Definitionen sind der pagatorische und der wertmäßige Kostenbegriff. Der pagatorische Kostenbegriff erfasst als reale Kosten nur den Verbrauch von Produktionsfaktoren, die auf Zahlungsvorgängen beruhen (Koch 1998, S. 651; siehe auch zu Kostenbegriffen Hummel/Männel 1986, S. 73ff.). Kalkulatorische Kosten werden als fiktive Kosten angesehen, die angesetzt werden können, wenn entsprechende Hypothesen gebildet werden (Zimmermann 2001, S. 14f.). Der wertmäßige Kostenbegriff lässt sich auf SCHMALENBACH zurückführen (Schmalenbach 1963, S. 5ff.). Demnach werden Kosten definiert als der „bewertete Verbrauch von Produktionsfaktoren für die Herstellung und den Absatz der betrieblichen Erzeugnisse und die Aufrechterhaltung der hierfür erforderlichen Kapazitäten" (Kilger 1987, S. 23). Diese Definition umfasst auch kalkulatorische Kosten, wie z.B. kalkulatorische Miete. Dadurch können Unternehmen bezüglich ihrer Kostensituation vergleichbar gemacht werden. Für die Krankenhauslogistik sind beide Begriffsdefinitionen relevant, wie im Abschnitt 4.B.II.b) ausgelegt wird.

Zu den Logistikkosten gehören die bewerteten Produktionsfaktoren, die benötigt werden, um Logistikleistungen zu erbringen. Das bedeutet, dass alle Kosten, die aufgrund von Transport- und Lagervorgängen anfallen, zu erfassen sind (Weber, H.K. 1997, S. 590). In dieser Arbeit werden darunter auch die Kosten verstanden, die durch Transport- und Lagerleistungen in anderen Bereichen entstehen. Dazu gehören z.B. Kosten, die aufgrund einer fehlenden Medikamentenlieferung bei der Patientenversorgung hervorgerufen werden. Werden die Logistikkosten gesondert betrachtet, dann besteht das Ziel darin, sie zu minimieren.

LAMBERT u.a. haben 6 Einflussfaktoren der Logistikkosten festgemacht: „Customer service, inventory carrying costs, lot quantity costs (material handling, procurement), order processing and information costs, warehousing costs and transportation costs“ (Lambert u.a. 1998, S. 15f.). Sollen die Logistikkosten in ihrer Höhe verändert werden, so müssen Veränderungen in diesen Bereichen vorgenommen werden. Welche Folgen daraus resultieren können, wird im Folgenden beispielhaft für die Krankenhauslogistik am Patientenservice sowie an den Transport- und Lagerleistungen aufgezeigt.

Es ist nicht immer davon auszugehen, dass es möglich und auch sinnvoll ist, die Kosten zu senken. So muss z.B. damit gerechnet werden, dass ein verbesserter *Patientenservice* oftmals nur durch höhere Kosten erzielt werden kann (vgl. Kirsch/Bamberger/Gabele/Klein 1973, S. 292f.). Dies ist dann der Fall, wenn sich das Serviceniveau und das Kostenniveau in einem pareto-optimalen Gleichgewicht befinden (vgl. Neumann 1994, S. 25). Oftmals können aber zugleich Kosten gesenkt und das Serviceniveau verbessert werden, indem z.B. durch organisatorische Verbesserungen unnötige Doppelarbeiten unterbunden werden.

Außerdem ist zu berücksichtigen, dass zwischen den *Transport- und Lagerkosten* Interdependenzen bestehen (Kirsch/Bamberger/Gabele/Klein 1973, S. 292; Pfohl 2000, S. 30). Entscheidungen, die dazu führen, dass auf der einen Seite Kosten für Transporte gesenkt werden, können auf der anderen Seite zu erhöhten Lagerkosten führen. Werden z.B. im Krankenhaus die Kosten für Medikamententransporte dadurch gesenkt, dass die dezentralen Lager auf den Stationen vergrößert werden, dann steigen im gleichen Zug die Lagerkosten. Graphisch wird der Zusammenhang in Abbildung 12 dargestellt.

Wird die Menge der Transportleistungen gesenkt (in der Graphik eine Bewegung von rechts nach links), dann sinken die Transportkosten. Um aber ein bestimmtes Versorgungsniveau halten zu können, müssen bei reduzierten Transportleistungen die Lagerbestände erhöht werden. Das bedeutet, dass im gleichen Zuge die Lagerkosten steigen. Befindet man sich in der Ausgangssituation rechts vom Minimum der Gesamtkosten, dann können die Logistikkosten bei gleichbleibendem Versorgungsniveau insgesamt gesenkt werden. Werden die Transportleistungen allerdings über das Minimum hinaus reduziert, dann steigen die Kosten wieder an. Befindet sich die Ausgangssituation links vom Minimum, dann ist es zweckmäßig, die Lagerbestände zu senken und die Leistungsstellen bei Bedarf zu versorgen, was eine Zunahme der Transportleistungen bedeutet. Es ist davon auszugehen, dass sich die derzeitige Situation in den Krankenhäusern links vom Optimum befindet. In Anbetracht der Tatsache, dass Medikamente und medizinische Gebrauchsgüter im Bedarfsfall nicht schnell genug geliefert werden können, wird das Personal dazu veranlasst, große Lagerbestände aufzubauen (vgl. Kap.3.A.II.a)2., S. 57).

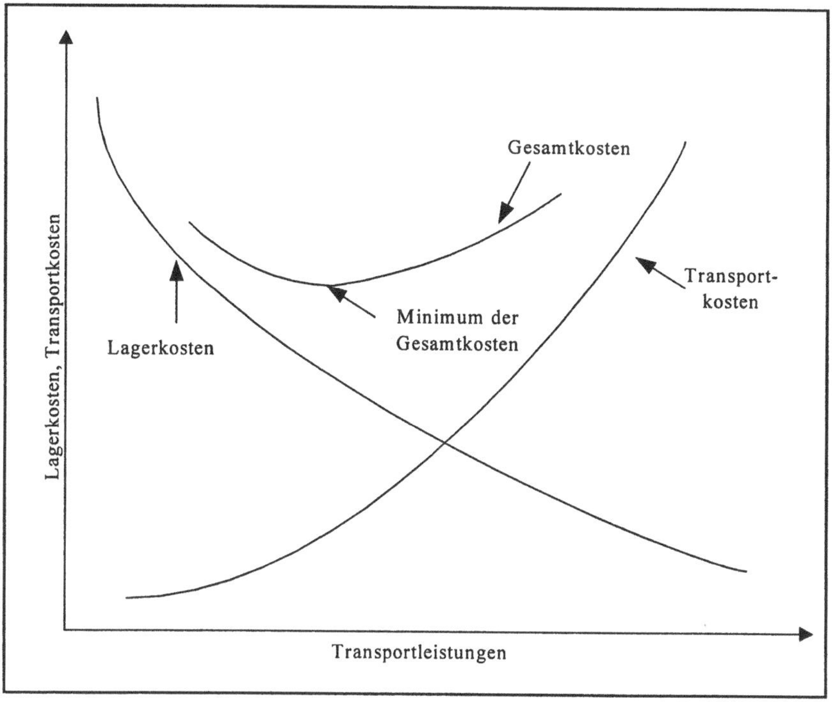

Abbildung 12: Interdependenz zwischen Lager- und Transportkosten. Quelle: in Anlehnung an Pfohl 2000, S. 33.

Es ist wenig sinnvoll, die Minimierung der Logistikkosten als alleiniges Ziel anzustreben. Vielmehr gilt es, die Logistikkosten in Relation zu den Logistikleistungen zu betrachten. Aus diesem Grund beschäftigt sich der nächste Abschnitt mit der Wirtschaftlichkeit von Logistikleistungen.

c) Quintessenz: Die Wirtschaftlichkeit von Logistikleistungen

Wirtschaftlichkeit stellt das Verhältnis von Ressourceneinsatz und Handlungsergebnis dar. Entweder soll bei festgelegtem Ressourceneinsatz das maximal erreichbare Ergebnis erzielt werden, oder ein vorgegebenes Ergebnis ist mit minimalem Ressourceneinsatz zu erreichen (siehe zu Wirtschaftlichkeit z.B. Brede 1968, S. 56; Eichhorn, P. 1989, Sp. 1797). Übertragen auf die Krankenhauslogistik bedeutet das, dass entweder die Kosten vorgegeben werden, z.B. durch Festlegung eines Budgets, und somit das Logistiksystem, welches dem maximalen Serviceniveau am nächsten kommt, am wirtschaftlichsten ist. Oder es wird ein Standard für das Serviceniveau festgelegt, und das Logistiksystem, welches den geringsten Ressourceneinsatz benötigt, ist am wirtschaftlichsten.

Die Wirtschaftlichkeit der Krankenhauslogistik zu messen, ist in zweierlei Hinsicht problematisch:

Zum einen ist es sehr aufwendig, das Serviceniveau zu bestimmen, da die drei Kriterien (Zeit, Zuverlässigkeit und Flexibilität) nicht in einer einheitlichen Dimension gemessen werden. Das hat zur Folge, dass das Serviceniveau nicht durch einen Wert ausgedrückt werden kann. Außerdem ist es sehr aufwendig, die Zeiten der einzelnen Logistikleistungen zu messen. Besonders schwierig wird es, die Flexibilität zu erfassen, da Veränderungen oftmals plötzlich auftreten.

Zum anderen ist es problematisch, den Logistikleistungen entsprechende Logistikkosten zuzurechnen, wenn keine Logistikkostenrechnung durchgeführt wird (vgl. Pfohl 2000, S. 42).

Um trotz dieser Probleme feststellen zu können, wie wirtschaftlich die Krankenhauslogistik ist, erscheint es sinnvoll, einen Standard vorzugeben, z.B. durch Zeitvorgaben, welcher mit den niedrigst möglichen Kosten zu erreichen ist.

Da die Logistik ein Subsystem im Krankenhaussystem ist, kann sie nicht unabhängig betrachtet werden. Es stellt sich die Frage, ob es für das Erreichen der Gesamtziele von Krankenhäusern sinnvoll ist, den Logistikzielerreichungsgrad zu verbessern. Aus diesem Grund wird im folgenden Abschnitt untersucht, welche Beziehungen zwischen den Logistikzielen und den Krankenhauszielen bestehen.

III. Einordnung der Krankenhauslogistikziele in das Zielsystem von Krankenhäusern

Das Zielsystem der Krankenhäuser besteht aus der quantitativ und qualitativ optimalen Versorgung der Bevölkerung mit Krankenhausleistungen, wobei die Nebenbedingung heißt, dass diese zu minimalen Kosten geschehen soll (siehe zu den Krankenhauszielen Kap. 2.A.I., S. 25f.). Die Beziehungen zwischen den Kranken-haus- und Logistikzielen können konfliktär, komplementär und indifferent sein (vgl. Ehrmann 2001, S. 60).

Daraufhin wird das logistische Ziel der maximalen Wirtschaftlichkeit, welches darin besteht,

die Kosten zu minimieren,
unter Einhaltung von Zeitvorgaben,
unter Erreichung eines vorgegebenen Grades der Zuverlässigkeit,
unter Erreichung eines vorgegebenen Grades der Flexibilität und
unter Berücksichtigung der Patientenbedürfnisse,

im Folgenden untersucht.

Zwischen den Vorhaben, die *Kosten* im Bereich der Logistik, als einen Teil der Krankenhauskosten, und im gesamten Krankenhaus möglichst gering zu halten, besteht Übereinstimmung. Allerdings ist dabei zu berücksichtigen, dass sowohl die quantitative als auch die qualitative Versorgung der Bevölkerung mit Krankenhausleistungen leiden kann. Dies kann z.B. der Fall sein, wenn die Logistikkosten durch einen reduzierten Personalbestand gesenkt werden. Dadurch kann es zu Wartezeiten bei den Patiententransporten und folglich bei den medizinischen Maßnahmen kommen.

Da Logistikleistungen unter Berücksichtigung von *Zeitvorgaben* erstellt werden, können Zeitverzögerungen bei der Patientenversorgung unterbunden werden. In diesem Fall stehen z.B. Informationen (Patientenakten, Laborwerte, Röntgenbilder, usw.) oder medizinische Gebrauchsgüter (Urinkatheter, Venenkatheter, Verbandmaterialien usw.) schnell zur Verfügung. Dadurch können unter anderem die Verweildauern der Patienten verkürzt werden. Auf diese Weise werden Bettenkapazitäten frei, die es ermöglichen, die Bevölkerung quantitativ besser mit Krankenhausleistungen zu versorgen. Es besteht somit eine komplementäre Zielbeziehung zwischen Logistik- und Krankenhauszielen. Das Gleiche gilt für die Beziehung zur qualitativen Versorgung. Die Qualität der Patientenversorgung steigt, wenn z.B. Informationen schnell verfügbar sind oder das Essen noch warm ist. Die Beziehung zwischen den Zielen, Zeitvorgaben bei den Logistikleistungen einzuhalten und die Krankenhauskosten möglichst gering zu halten, können komplementär oder konfliktär sein. Das hängt davon ab, ob Kostensenkungspotenziale ausgeschöpft sind. Sind sie bereits ausgeschöpft, können Zeitverkürzungen nur durch investive Maßnahmen, z.B. durch die Anschaffung schnellerer Transportanlagen, erreicht werden. In diesem Fall ist die Beziehung konfliktär.

Die Einhaltung eines bestimmten Grades der *Zuverlässigkeit* von Logistikleistungen wirkt sich positiv auf die Qualität und Quantität der Versorgung mit Krankenhausleistungen aus, da die für den Dienstleistungserstellungsprozess notwendigen Dienstleistungen termingerecht erfüllt werden. Außerdem können sie die Kosten senken, weil z.B. durch geringere Medikamentenbestände auf den Pflegestationen weniger Kapital gebunden wird oder keine Leerkapazitäten an den Geräten entstehen. Allerdings können die Kosten steigen, wenn sich zuverlässige Logistikleistungen nur durch zusätzliches Personal oder neue Anlagen ermöglichen lassen.

Sind die Logistikleistungen *flexibel*, dann werden Veränderungen, die zu einer qualitativ besseren Versorgung führen und sich auf Transport- und Lagerleistungen auswirken, schnell durchgeführt. Daher kann von einem positiven Einfluss auf die Qualität der Patientenversorgung ausgegangen werden. Außerdem wird dadurch ausgeschlossen, dass sich die Patientenversorgung durch nicht angepasste Logistikleistungen verzögert. Hierdurch wird wiederum eine Verkürzung der Verweildauern erreicht, womit die quantitative Versorgung der Patienten verbessert werden kann (siehe oben). Flexible Logistikleistungen führen zudem zu sinkenden Therapiekosten, indem z.B. neue Medikamente oder medizinische Güter schnell verfügbar sind, und somit Komplikationen im Krankheitsverlauf vermieden werden können. Andererseits ist es bei ausgeschöpften Rationalisierungsreserven nicht mehr möglich, einen hohen Flexibilitätsgrad zu erreichen, indem Leerzeiten des Personals genutzt werden. In diesem Fall muss eine quantitative Anpassung erfolgen, das heißt, es muss neues Personal eingestellt werden. Somit sind mit einem höheren Flexibilitätsgrad steigende Kosten verbunden (siehe zum Kostenverlauf bei quantitativer Anpassung Bloech/Lücke 1982, S 174f.; Gutenberg 1983, S. 379f.) Daher kann nur fallbezogen bestimmt werden, ob die Beziehung konfliktär oder komplementär ist.

Die Berücksichtigung der *Patientenbedürfnisse* bei der Erstellung der Logistikleistungen wirkt sich positiv auf die Qualität der Patientenversorgung aus. Ein direkter Zusammenhang zwischen der quantitativen Versorgung der Bevölkerung mit Krankenhausleistungen und der Berücksichtigung der Patientenbedürfnisse bei Transport- und Lagerleistungen lässt sich nicht ausmachen. Fraglich ist zudem, ob die Kosten, z.B. durch zusätzliches Personal, steigen. Hier kann keine generelle Aussage getroffen werden.

Eine Zusammenfassung der Zielbeziehungen zwischen der Krankenhauslogistik und dem Krankenhaus als Ganzes zeigt die Abbildung 13. Es ist festzustellen, dass sich ein Bestreben, den Zielerreichungsgrad der Logistik zu verbessern, positiv auf die Gesamtziele des Krankenhauses auswirkt. Das bedeutet, dass es für Krankenhäuser durchaus vorteilhaft ist, ihre Logistik zielorientiert zu führen. Dieser Gedanke ist Grundlage des 4. Kapitels, im welchem ein Logistik-Controllingsystem untersucht wird. Inwiefern sich die krankenhausspezifischen Bedingungen auf eine zielorientierte Führung der Krankenhauslogistik auswirken, wird in den folgenden Abschnitten untersucht.

Krankenhausziele / Logistikziele	quantitative Versorgung mit Krankenhausleistungen	qualitative Versorgung mit Krankenhausleistungen	Quantitative und qualitative Versorgung mit Krankenhausleistungen bei geringen Kosten
Kostenminimierung	komplementär/ konfliktär	komplementär/ konfliktär	komplementär
Einhaltung von Zeitvorgaben	komplementär	komplementär	komplementär/ konfliktär
Erreichung eines vorgegebenen Grades der Zuverlässigkeit	komplementär	komplementär	komplementär/ konfliktär
Erreichung eines vorgegebenen Grades der Flexibilität	komplementär	komplementär	komplementär/ konfliktär
Berücksichtigung der Patientenbedürfnisse	indifferent	komplementär	komplementär/ konfliktär

Abbildung 13: Beziehungen zwischen Krankenhaus- und Logistikzielen. Eigene Darstellung.

C. Einflussfaktoren auf die zielorientierte Führung der Krankenhauslogistik

I. Die Bereichsschnittstellen der Krankenhausorganisation

Wie bereits im Abschnitt 2.B.II. erläutert, zeichnet sich die Krankenhausorganisation durch viele verschiedene spezialisierte Abteilungen aus. In solchen Organisationen tritt die Schnittstellenproblematik in besonderem Maße auf, wie im Folgenden gezeigt wird (Köhler/Görgen 1991, S. 527).

Als Schnittstellen werden die Berührungspunkte zwischen den organisatorisch selbständigen Bereichen (Hardt 1995, S. 16), an denen Interaktionen stattfinden (Brockhoff/Hauschild 1993, S. 399), bezeichnet. Mit Hilfe der Krankenhauslogistik als Querschnittsfunktion, die die Patientenversorgung und den Güter- und Informationsfluss bereichsübergreifend steuert (vgl. Abschnitt 3.A.I.), sollen die Schnittstellen zwischen den Bereichen überwunden werden. Auf diese Weise werden Effizienzverluste, die aufgrund der Bereichsegoismen und der Zielkonflikte zwischen den Bereichen bestehen, gemindert (Weber, J./Kummer 1998, S. 16).

Drei unterschiedliche Formen von Schnittstellen können identifiziert werden (Feierabend 1987, S. 57f.; Pfohl 2000, S. 310). Die Schnittstellen 1. Ordnung (S1) sind jene zwischen den verschiedenen Logistiksystemen (z.B. Transport- und Lagerung). Die Schnittstellen 2. Ordnung (S2) befinden sich zwischen Logistiksystemen und Subsystemen des Krankenhauses (z.B. zu den Bereichen Beschaffung, Leistungserstellung und Entsorgung). Die dritte Form von Schnittstellen (S3) stellen die Berührungspunkte mit anderen Unternehmen (z.B. Lieferanten) dar. Auf die zuletzt genannten Schnittstellen konzentriert sich das Supply Chain Management. Da Gegenstand dieser Arbeit die Logistik im Bereich der Leistungserstellung ist, werden sie im Weiteren nicht näher untersucht.

Abstimmungsbedarf der Schnittstellen 1. Ordnung besteht vor allem darin, die Lager- und Transportsysteme, die Planungsverfahren und die Logistikverwaltung (z.B. Bedarfs- und Bestandsmeldungen) aufeinander abzustimmen (Feierabend 1987, S. 59). Hierin unterscheiden sich die Aufgaben in Krankenhäusern nicht wesentlich von denen in Industrieunternehmen. Schnittstellen 2. Ordnung gibt es in Krankenhäusern in einer großen Zahl, da die Leistungserstellung nicht in einem homogenen Funktionsbereich stattfindet, sondern die vielen Sekundärleistungen, die letztendlich den Output ausmachen, in verschiedenen organisatorisch selbständigen Bereichen erbracht werden (vgl. Kap. 2.C.I., S. 42). In der Abbildung 14 werden verschiedene Schnittstellen an einem einfachen Beispiel verdeutlicht. Es werden die Abläufe dargestellt, die notwendig sind, um die Patienten mit Essen zu versorgen (siehe Beispiel zur Gebrauchsgüterversorgung Henning/Meyer 2000, S. 425). Um die Übersichtlichkeit zu bewahren, wurden die in diesem Zusammenhang bestehenden Informationsflüsse außer acht gelassen. Lediglich der Gütertransport ist dargestellt. Allein bei diesem einfachen Vorgang müssen fünf Schnittstellen zwischen Logistikbereichen und Leistungsbereichen überwunden werden. Zudem sind zweimal Transport- und Lagerleistungen innerhalb des Logistiksystems abzusprechen.

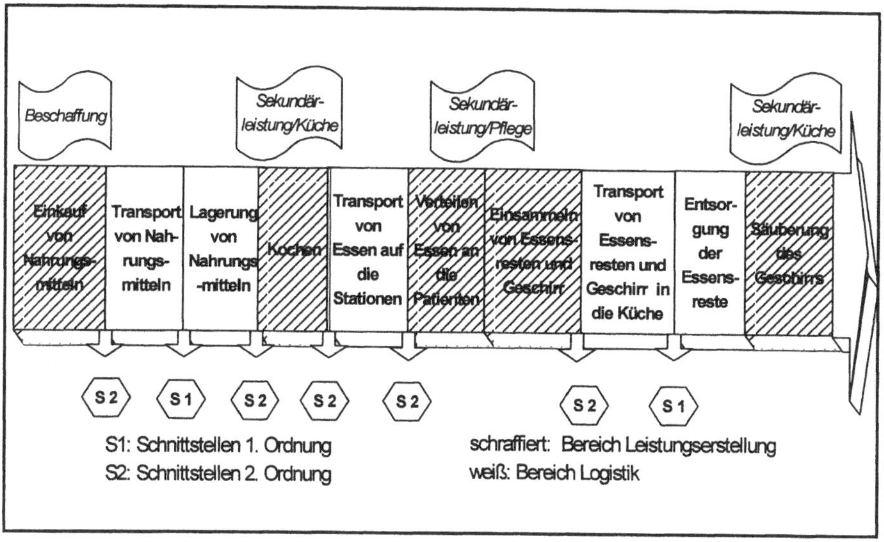

Abbildung 14: Schnittstellenproblematik bei der Versorgung der Patienten mit Essen. Eigene Darstellung.

In ähnlicher Weise können Schnittstellen dargestellt werden, die sich bei der Patientenversorgung, den Informations- und anderen Güterflüssen, wie den Medikamenten oder den medizinischen Gebrauchsgütern, ergeben. Aber dieses Beispiel macht bereits deutlich, dass für die Krankenhauslogistik eine große Menge an Schnittstellen relevant ist. Die daraus resultierenden Abstimmungsleistungen erschweren die zielorientierten Handlungen des logistischen Führungssystems (siehe zum logistischen Führungssystem Kap. 3.A.II.b)). Aus diesem Grund wäre es vorteilhaft, wenn der Logistikführung jemand unterstützend beiseite gestellt werden würde, der koordinierend wirkt. Inwieweit bei dieser Problematik Abhilfe geschaffen werden kann, damit beschäftigt sich das 4. Kapitel.

II. Die Unterschiede der Logistikaufgaben in Abhängigkeit vom Leistungsspektrum der Krankenhäuser

In der Einleitung wurde bereits darauf hingewiesen, dass vor allem Krankenhäuser der Maximalversorgung sehr viele und sehr verschiedene Logistikleistungen erbringen müssen (vgl. Kap.1., S. 19).

In diesem Abschnitt werden medizinische Leistungen der Patientenversorgung differenzierter bezüglich ihrer Auswirkungen auf die Logistik untersucht. Zwei Gesichtspunkte sind hierbei von Bedeutung:

1. Die Anzahl verschiedener medizinischer Leistungen und
2. der Grad der Spezialisierung medizinischer Leistungen.

Kombinationen dieser Leistungsmerkmale können in einem Portfolio dargestellt werden (vgl. Weber, J./Kummer 1998, S. 191f.). Es lassen sich vier medizinische Leistungsgruppen abbilden, die unterschiedliche Anforderungen an die Logistikleistungen stellen. Können die Art und Menge der Logistikleistungen nicht vorab geplant werden oder werden so unterschiedliche Transport- und Lagerleistungen gefordert, dass sie nicht standardisiert werden können, dann handelt es sich um „logistikintensive" medizinische Leistungen. Bei den „logistisch unbedeutenden" medizinischen Leistungen hingegen ist schon vorab bekannt, welche Logistikleistungen benötigt werden, und da es immer die gleichen sind, lassen sie sich standardisieren (vgl. Abb. 15).

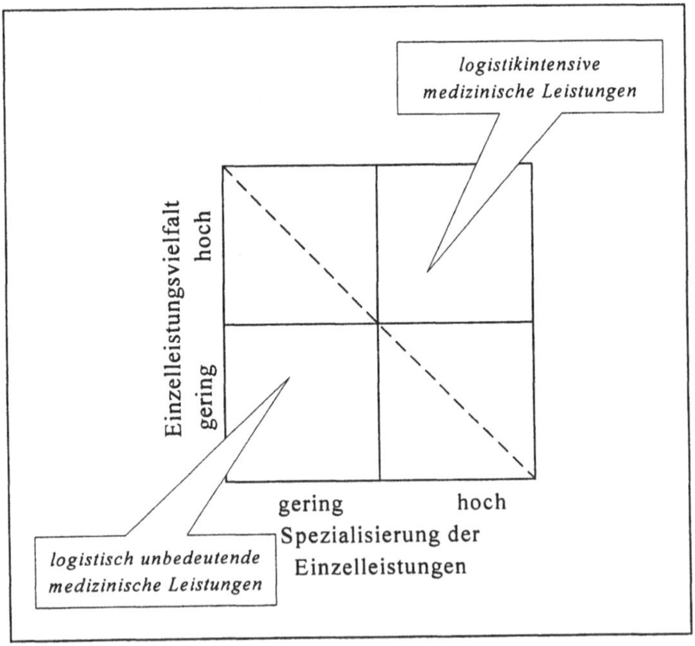

Abbildung 15: Bestimmung der Logistikintensivität von Krankenhausleistungen. In Anlehnung an Weber, J./Kummer 1998, S. 192.

An Beispielen werden im Folgenden die vier medizinischen Leistungsgruppen verdeutlicht:

Geringe Einzelleistungsvielfalt / Geringe Spezialisierung der Einzelleistungen
Diese Leistungsgruppe umfasst medizinische Leistungen, die durch Routineeingriffe entstehen. Hierbei handelt es sich um Operationen, die häufig vorgenommen werden und eine niedrige Komplikationsrate haben. Außerdem gehören in diese Gruppe Patienten, die bei medizinischen Eingriffen ein geringes Risikopotenzial besitzen, weil sie keine weiteren Erkrankungen haben und deren Allgemeinzustand gut ist. Hierzu gehören beispielsweise die Appendektomie oder die normale Geburt. Es sind wenige standardisierte diagnostische und therapeutische Maßnahmen notwendig (z.B. Ultraschall, Routinelaboruntersuchungen, Thoraxröntgen oder EKG). Für die Logistik stellen diese Routineeingriffe keine große Herausforderung dar. Die Menge und Art logistischer Leistungen kann gut prognostiziert werden, da die Eingriffe regelmäßig vorgenommen werden. Bei geplanten Eingriffen können sie sogar vorher festgelegt werden.

Hohe Einzelleistungsvielfalt / Geringe Spezialisierung der Einzelleistungen
In diese Gruppe gehören Leistungen an Patienten mit einem Krankheitsbild, welches umfangreicher diagnostischer und therapeutischer Maßnahmen bedarf, wobei aber keine speziellen Untersuchungen oder Behandlungen notwendig sind. Ein Beispiel hierfür sind häufig vorkommende Krebsleiden. Die vielen unterschiedlichen Einzelleistungen haben zur Folge, dass hohe Anforderungen an die Logistikleistungen bestehen, so z.B. häufige Patiententransporte zu den verschiedenen Untersuchungen, Weiterleitung der Untersuchungsergebnisse oder Bevorratung der unterschiedlichen Medikamente. Da es sich aber nicht um spezialisierte Leistungen handelt, besteht die Möglichkeit, durch Standardisierung den Aufgabenumfang für die Logistik in Grenzen zu halten. Allerdings lässt sich die Menge und Art der logistischen Leistungen nur bedingt vorausplanen, da es sich weder um alltägliche Routineeingriffe noch um geplante Leistungen handelt.

Geringe Einzelleistungsvielfalt / Hohe Spezialisierung der Einzelleistungen
Zu dieser Leistungsgruppe gehören Leistungen, die sich bei Krankheitsbildern ergeben, die nur mit speziellen Untersuchungsmethoden diagnostiziert werden können oder für deren Therapie besonders aufwendige Operationen notwendig sind. Es werden zwar nicht viele verschiedene medizinische Einzelleistungen erbracht, aber diejenigen, die erbracht werden, sind nur speziell bei diesem Krankheitsbild anwendbar. Beispielsweise gehören dazu psychisch erkrankte oder verwirrte Patienten, die jeweils einer individuellen Behandlung bedürfen. Obwohl die wenigen medizinischen Einzelleistungen nicht viele Logistikleistungen nach sich ziehen, ist es nicht einfach die Logistik zielorientiert zu führen. Dieser Umstand resultiert aus der Tatsache, dass die Logistikleistungen sich aufgrund der speziel-

len medizinischen Leistungen nur bedingt standardisieren lassen und die Menge der Transport- und Lagerleistungen sich nur bedingt voraussagen lässt.

Hohe Einzelleistungsvielfalt / Hohe Spezialisierung der Einzelleistungen
Die letzte Leistungsgruppe zeichnet sich durch Leistungen an intensivmedizinisch versorgten Patienten aus, die z.B. ein Polytrauma haben oder denen ein Organ transplantiert wird. Es sind viele verschiedene spezielle Einzelleistungen notwendig, um die Patienten zu versorgen. Dadurch sind die notwendigen Logistikleistungen nicht zu standardisieren und in der Menge vorab planbar.

Wie aufgezeigt, wirkt sich die Art der medizinischen Leistungen, die in Krankenhäusern erbracht werden, auf die Art und Menge logistischer Leistungen aus. Das hat zur Folge, dass Handlungen des logistischen Führungssystems nicht unabhängig von den medizinischen Bereichen des Krankenhauses durchgeführt werden können. Diese Tatsache ist bei der Entwicklung eines logistischen Controllingsystems (4. Kapitel) zu berücksichtigen.

III. Die bauliche Krankenhausstruktur als Determinante der Logistik

In diesem Abschnitt werden unterschiedliche Krankenhausbautypen und bauliche Merkmale daraufhin untersucht, wie sie sich auf die logistischen Bedingungen auswirken. Vor allem werden ihre Auswirkungen auf die Transportwege betrachtet. Das logistische Führungssystem hat die vorhandenen Transportwege in ihrem Planungssystem und den Planungsverfahren zu berücksichtigen. Im Folgenden werden die gängigen Bautypen kurz vorgestellt, die sich darin unterscheiden, wie die Pflege- und Behandlungseinheiten zueinander angeordnet sind.

Früher, als der Medizin nur wenige Therapiemöglichkeiten zur Verfügung standen, waren Sonne und Frischluft zwei der wichtigsten Heilkräfte. Dementsprechend wurden Krankenhäuser so gebaut, dass die Patientenzimmer möglichst viel Sonne und Frischluft bekamen. Es wurde bevorzugt der „Pavillon-Typ“ geplant, mit dem außerdem die Infektionsgefahr eingedämmt werden sollte (Grünberg 1981, S. 28). Die einzelnen Fachbereiche wurden in ein- bis zweigeschossigen Häusern untergebracht, die durch Gartenwege oder Verbindungsgänge verbunden waren (Rauh 1991, S. 856f.). Aus diesem Bauprinzip hat sich, nachdem die Infektionsgefahr mit Hilfe der Desinfektion gebannt war, der sogenannte „Horizontal-Typ“ entwickelt. Der Grundgedanke dieses Typs ist, dass Pflege- und Behandlungseinheiten einer Fachdisziplin auf einer Ebene errichtet werden. Um eine andere Bauweise handelt es sich bei dem „Vertikal-Typ“. Hier werden alle Behandlungseinrichtungen in einem Bereich zusammengefasst. Die Pflegeeinheiten werden darüber oder daneben vertikal angeordnet (Eichhorn, S. 1975, S. 190).

Beim „Pavillon-Typ“ sind die langen Wege besonders problematisch, sie können bei Großkliniken bis zu 1.500-2.000 m betragen (Giessler 1976, S. 34). Mit dem „Horizontal-Typ“ möchte man erreichen, dass die Wege zwischen der Behandlung und Pflege möglichst kurz sind. Allerdings wird mit der Größe des Krankenhauses das Gegenteil bewirkt. Desto mehr Behandlungseinrichtungen es gibt und je größer die Pflegeeinheiten sind, desto weitläufiger ist das Gebäude (Gatermann 1988, S. 150). Lange Flure und ein unübersichtliches Wegesystem sind die Folge.

Patienten, die interdisziplinär behandelt werden, profitieren von den kurzen Wegen zwischen den Behandlungseinrichtungen beim „Vertikal-Typ“. Allerdings müssen lange Wege zwischen den Pflege- und Behandlungseinrichtungen in Kauf genommen werden (Eichhorn, S. 1975, S. 191). In diesem Zusammenhang sind Lage und Anzahl der Aufzüge von Bedeutung. Die Aufzüge müssen sowohl in dem Bettenhaus als auch im Behandlungstrakt zentral angelegt werden, damit sie auf kurzem Wege erreichbar sind. Außerdem müssen sie von der Größe her so dimensioniert sein, dass die Wartezeiten möglichst kurz gehalten werden können.

Bis in die 70er Jahre wurde daran festgehalten, unterschiedliche Wege für die Patienten, Besucher und Güter einzurichten (Gatermann 1988, S. 150). Dies führte zu einem relativ hohen Flächenbedarf. Aber die zunehmend verschärften Brandschutzverordnungen verlangten kurze Fluchtwege über Treppenhäuser. Als Folge wurden die verschiedenen Wege zusammengelegt. Diese Entwicklung wirkt sich in mehrfacher Hinsicht nachteilig aus. Zum einen wird den Patienten zugemutet, zusammen in einem Fahrstuhl beispielsweise mit Besuchern, Handwerkern und Gütertransporten zu fahren. Zum anderen muss zu Stoßzeiten, z.B. während der Besuchszeiten, vor Fahrstühlen mit längeren Wartezeiten gerechnet werden. Es wäre daher sinnvoll, (wieder) Fahrstühle für Patiententransporte und eigene Wege für die Patienten zwischen den Behandlungs- und Pflegeeinrichtungen einzurichten, um die Transportzeiten zu minimieren und den Bedürfnissen der Patienten zu entsprechen.

Die Patienten werden üblicherweise über zwei Eingänge in das Krankenhaus geführt (Grünberg 1981 S. 38). Liegende Patienten und Notfälle werden über den Liegendkrankeneingang eingeliefert. Dieser Eingang hat direkte Zugangswege für die Krankenwagen und ist an den Behandlungsbereich angeschlossen. Hier sollen kurze Wege die Transportzeiten minimieren, um zu sichern, dass die Patienten schnell versorgt werden. Gehfähige stationäre und ambulante Patienten betreten das Krankenhaus über den Haupteingang. Dieser sollte in logistischer Hinsicht mehrere Kriterien erfüllen. Einerseits muss er gut an das Verkehrsnetz angeschlossen sein. Andererseits sollte er im Krankenhaus zentral gelegen sein, damit Behandlungs-, Pflege- und Verwaltungsbereiche gleichermaßen schnell zu erreichen sind, z.B. über Fahrstühle, die in der Nähe liegen. Ferner sollte die Patientenverwaltung, die die Aufnahme und Entlassung der Patienten abwickelt, dem Eingangsbereich angeschlossen werden (Eichhorn, S. 1975, S. 189). Auf diese Weise werden ebenfalls unnötige Wege vermieden.

Der Güterfluss wird davon beeinflusst, wie Verwaltungs-, Versorgungs- und Betriebstechnikbereiche im Krankenhaus angeordnet sind. Die Einteilung in unterschiedliche Krankenhausbautypen lässt diese Bereiche unberücksichtigt (Gatermann 1988, S. 145). Die Bereiche sind dadurch gekennzeichnet, dass sie zentral für das gesamte Haus eingerichtet werden. Darüber hinaus müssen sie an das Transport- und Versorgungsnetz angeschlossen sein (Eichhorn, S. 1975, S. 189). Dadurch war es lange Zeit notwendig, dass Versorgungs- und Betriebstechnikbereiche in der Nähe der Aufzüge (zumeist im Untergeschoss) angesiedelt wurden. Neue Techniken (AWT-Anlagen) machen es möglich, dass Versorgungsbereiche in Randlagen oder separaten Gebäuden untergebracht werden können (Gatermann 1988, S. 150). Ausführlicher werden technische Anlagen in ihrer Bedeutung für die Logistik im nächsten Abschnitt betrachtet.

IV. Technische Anlagen als Hilfsmittel der Logistik

Einhergehend mit der Automatisierung technischer Produktionsanlagen in der Industrie wurden Lager- und Förderanlagen weiterentwickelt. Insbesondere die rasante Entwicklung der elektronischen Datenverarbeitung (EDV) sorgte dafür, dass sich neue Möglichkeiten eröffneten. Von dieser Entwicklung sind auch die Krankenhäuser betroffen. In diesem Abschnitt wird kurz dargestellt, welche Auswirkungen sich daraus für die Krankenhauslogistik ergeben.

Technische Hilfsmittel dienen dem Transport von Patienten, Gütern und Informationen sowie der Lagerung von Gütern und Informationen im Krankenhaus. Problematisch für alle Logistikobjekte im Krankenhaus ist, dass sehr viele Transporte zufällig sind und dass die Transportbeziehungen aufgrund der Beteiligung vieler einzelner Leistungsstellen sehr komplex sind (Kühn 1984, S. 109).

Die Technik kann beim Transport der *Patienten* nur begrenzt eingesetzt werden. Es stehen nur solche technischen Hilfsmittel als Fördermittel zur Verfügung, die eine individuelle Betreuung der Patienten durch das Krankenhauspersonal zulassen. Hierzu gehören Personenaufzüge, Rolltreppen oder Laufbänder.

Unregelmäßige Transporte von *Gütern* können durch Telelifte, Förderbänder, Aktenförderer oder Rohrpostanlagen geleistet werden. Die regelmäßigen Transporte werden mittels Elektroschlepper auf horizontaler Ebene und durch Lifte in vertikaler Richtung durchgeführt. Automatische-Warentransport-Anlagen transportieren Güter in Containern. Sie übernehmen die regelmäßigen Transporte, stehen aber auch für spontane Transporte zur Verfügung (Herrmann 1976, S. 4; o.V. 1977, S. 30f.; Hörmann 1988, S. 136; Stoldt 1993, S. 45).

Ein Beispiel für moderne Lagertechnik findet sich im Klinikum Nürnberg Nord (von Pfeil 1995, S. 48). Dort werden Krankenakten in Hochregalen gelagert und automatisch von EDV-gesteuerten Regalbediengeräten beladen, entladen und kommissioniert. Mit dem Einsatz moderner Lagertechnik wird es möglich, den Flächenbedarf zu reduzieren und den Flächennutzungsgrad zu erhöhen. Außerdem werden die Streckenführung und die Länge der Transportwege optimiert, wodurch sich kürzere Transportzeiten erzielen lassen. Vorteilhaft ist zudem, dass die Arbeitsplätze humaner werden, da die körperliche Schwerarbeit entfällt (von Pfeil 1995, S. 48). Ferner können Transportdienste, die wegen der steigenden Lohnkosten hohe Personalkosten mit sich bringen, ersetzt werden (Kühn 1984, S. 108).

Durch die Entwicklung der EDV ergeben sich die größten Veränderungen im Bereich der *Informationslogistik.* Heutzutage ist es möglich, alle Dokumente der Krankenakten in digitalisierter Form aufzubewahren (siehe Beispiel Schmücker/Dujat 1996, S. 102; Schelwokat 2001, S. 51). Der große Vorteil dieser Technik liegt darin, dass das behandelnde Personal sofort auf die Krankenakten zugreifen kann und sie gleichzeitig an mehreren Stellen verfügbar sind. Da die Akten im Archiv nicht herausgesucht und an die anfordernden Stellen geschickt werden müssen, reduziert sich der Logistikaufwand erheblich. Außerdem ist es möglich, alle relevanten Patientendaten bei einer Verlegung in ein anderes Krankenhaus über das interne Datennetz hinaus sofort weiter zu leiten (Schmücker/Dujat 1996, S. 104). Ein weiterer Vorteil ist, dass der Raumbedarf für das Archiv massiv sinkt. Zum Beispiel werden statt 5000 qm für herkömmliche Krankenakten nur 2 qm für einen Schrank, der die Speichermedien enthält, benötigt (Schmücker/Dujat 1996, S. 99). Allerdings ist diese Erneuerung mit einem hohem Investitionsbedarf verbunden. Zum einem muss die technische Ausstattung zunächst angeschafft und immer wieder an die rasante Entwicklung der Soft- und Hardware angepasst werden. Zum anderem ist das Personal in der Anwendung der neuen Medien zu schulen.

Die technische Entwicklung führt dazu, dass das logistische Führungssystem neue technische Logistikanlagen auf ihre Vorteilhaftigkeit hin untersuchen muss, um die logistischen Prozesse zu optimieren. Außerdem müssen vorhandene Techniken im Planungssystem berücksichtigt werden.

Abschließend kann in diesem Kapitel festgestellt werden, dass es bei den im Krankenhaus bestehenden Einflussfaktoren schwierig ist, die Logistik zielgerecht zu führen. Diese Problematik ist Grundlage für das folgende Kapitel, in dem ein Controllingsystem für die Krankenhauslogistik entwickelt wird.

4. Kapitel: Möglichkeiten und Grenzen eines auf Krankenhauslogistik spezialisierten Controllingsystems

A. Grundlagen für die Entwicklung eines Logistik-Controllingsystems für Krankenhäuser

I. Definitorische Bestimmung des Controlling und seine Anwendung im Krankenhaus

a) Definition des Controlling

In der betriebswirtschaftlichen Theorie und Praxis wird Controlling sehr unterschiedlich definiert (Preißler 2000, S. 12). Daher ist es notwendig darzulegen, welches Controllingverständnis dieser Arbeit zugrunde liegt.

Wie bereits erwähnt, herrscht in der Literatur die Auffassung vor, dass Controlling die Unternehmensführung in ihren Aufgaben unterstützt (siehe z.B. Küpper/Weber, J./Zünd 1990, 282; Haiber 1997, S. 13f.; Brede 2001b, S. 71; siehe Übersicht über Controllingverständnis in der Literatur bei Horváth 1998, S. 71ff.; Küpper 2001, S. 8f.). Unterschiedlich sind allerdings die Ausführungen darüber, welche Aufgaben vom Controlling erfüllt werden sollen (Schweitzer/Friedl 1992, S. 141f.). Daher wird in diesem Abschnitt Controlling vor dem Hintergrund der zu erfüllenden Aufgaben definiert.

Wie bereits in den Ausführungen zur Logistik gezeigt wurde (siehe Kap. 3.A.I., S. 51f.), kann zwischen dem Führungs- und Leistungssystem unterschieden werden. Während dem Leistungssystem die ausführenden Tätigkeiten zuzuordnen sind, übernimmt das Führungssystem die Aufgabe, das Unternehmen zielgerecht zu gestalten und zu steuern (Wild 1982, S. 32f.). Mit zunehmender Größe der Unternehmen sowie zunehmender Komplexität und Dynamik der Umwelt sind die Führungsaufgaben sehr umfangreich geworden. Daher ist es sinnvoll, das Führungssystem in Subsysteme zu untergliedern (Weber, J. 1995, S. 33). Die Unterteilung hat zur Folge, dass die einzelnen Führungsteilsysteme aufeinander abgestimmt werden müssen. Diese Koordinationsaufgabe ist vom Controlling als eigenständiges Teilsystem im Führungssystem zu erfüllen (Küpper/Weber, J./Zünd 1990, S. 284). Koordinieren im Sinne des Controlling heißt, dass die Führungsteilsysteme darauf ausgerichtet werden, die Tätigkeiten des Leistungssystems zielgerecht zu steuern (Friedl 1990, S. 41). Hierbei ist zu beachten, dass die Steuerungsaufgaben selber nicht dem Controlling zuzuordnen sind (Küpper/Weber, J./ Zünd 1990, S. 283). Die Kernaufgabe ist, Informationen für die Unternehmensführung bereitzustellen. Allerdings fasst der hier dargestellte führungssystemorientierte Ansatz des Controlling das Aufgabengebiet weiter:

Bestandteile des Führungssystems sind Planung, Kontrolle, Information, Personalführung und Organisation (nähere Erläuterungen vgl. Kap. 3.A.II.b); Küpper 2001, S. 15). HORVÁTH beschränkt die Koordinationsaufgabe des Controlling auf die Teilsysteme Planung, Kontrolle und Informationsversorgung (Horváth 1998, S. 119), während KÜPPER und WEBER zwar die besondere Bedeutung dieser Bereiche hervorheben, darüber hinaus aber die Führungsteilsysteme Personalführung und Organisation miteinbeziehen (Weber, J. 1995, S. 34; Lingnau 1998, S. 279; Küpper 2001, S. 22f.). Der Aufgabenschwerpunkt des Logistik-Controlling wird in dieser Arbeit, in Anlehnung an HORVÁTH, auf die Planung, Kontrolle und Informationsversorgung gelegt. Insbesondere in diesen Bereichen müssen Anpassungen an die Krankenhauslogistik vorgenommen werden. Bezüglich personeller und organisatorischer Führungsaufgaben ist es nicht notwendig, krankenhauslogistischen Fragestellungen nachzugehen, da hier keine spezifischen Aufgaben zu erfüllen sind.

Die Koordinationsaufgabe des Controlling kann nach HORVÁTH in zwei Aspekte unterteilt werden (Horváth 1998, S. 120f.*)*: Die „systembildende Koordination" beschreibt die Gestaltungsaufgabe des Controlling. Das Planungs-, Kontroll- und Informationssystem der Führung wird vom Controlling entwickelt, implementiert, überwacht und angepasst. Die „systembildende Koordination" dient dazu, durch formal gebildete Systeme die einzelnen Führungsteilsysteme aufeinander abzustimmen. Da die Führungsteilsysteme aufgrund von Störungen im Ablauf nicht allein durch formale Strukturen aufeinander abgestimmt werden können, sind darüber hinaus Koordinationshandlungen, welche unter der „systemkoppelnden Koordination" zusammengefasst werden, notwendig (Horváth 1998, S. 122). Hierbei werden Teilpläne sachlich und terminlich aufeinander abgestimmt und gegebenenfalls zu Gesamtplänen gebündelt.

Werden die Koordinationsaufgaben nach HORVÁTH abgegrenzt, entspricht das Instrumentarium des Controlling denen der Planungs-, Kontroll- und Informationssysteme des Führungssystems (Weber, J. 1995, S. 50). Gerade die Aufgabe der systembildenden Koordination des Controlling ist es, der Unternehmensführung diese Systeme zur Verfügung zu stellen. Der Vorteil, diese Aufgabe dem Controlling zu übertragen, besteht zum einen darin, dass das Spezialwissen und die Erfahrungen der Controller ausgenutzt werden können (Weber, J./Schäffer/Prenzler 2001, S. 32). Zum anderen werden die Systeme so ausgestaltet, dass Interdependenzen zwischen den Führungsteilsystemen berücksichtigt werden. Auf diese Weise können die Führungsaufgaben an sich (z.B. strategisch zu planen), die im Aufgabengebiet der Führung bleiben, qualitativ besser durchgeführt werden.

Abschließend können die Ausführungen zu folgender Definition zusammengefasst werden:

Controlling wird in dieser Arbeit verstanden als ein

> *System, welches die Unternehmensführung in ihrem Führungshandeln unterstützt, indem es die Führungsteilsysteme zielgerecht aufeinander abstimmt. Die Koordination der Führungsteilsysteme geschieht zum einen dadurch, dass formale Strukturen für das Führungshandeln gebildet werden (systembildende Koordination). Zum anderen werden die Teilsysteme durch koordinierende Handlungen aufeinander abgestimmt (systemkoppelnde Koordination).*

Bisher wurden Controllingaufgaben allgemein betrachtet. Da sich diese Untersuchung auf ein Teilgebiet des Krankenhauscontrolling konzentriert, werden im folgendem Abschnitt seine besonderen Merkmale herausgearbeitet.

b) Anwendung des Controlling im Krankenhaus

Ein Merkmal des Krankenhauscontrolling basiert auf der Tatsache, dass die medizinischen Leistungsziele der quantitativen und qualitativen Patientenversorgung gegenüber den ökonomischen Zielen dominieren. Die medizinischen Ziele lassen sich nur schwer messen und operationalisieren (Sieben 1987, S. 10; siehe Kap. 2.C.I., S. 43f.). Um trotzdem der Controllingaufgabe, die Führung zielgerecht zu unterstützen, gerecht zu werden, müssen neben den Erlösen Leistungsindikatoren gemessen werden (Greiling 1998, S. 25). Hierzu zählen z.B. Fallzahlen, Verweildauern der Patienten, aber auch qualitative Merkmale wie Rückfallquote, Komplikationen, Mortalitätsrate oder Patientenzufriedenheit.

Des Weiteren sind die umfangreichen gesetzlichen Regelungen (vgl. Kap. 2.A.II.), die das Krankenhauswesen bestimmen, in dem krankenhausinternen Planungssystem zu berücksichtigen. Gerade in den letzten Jahren wurde das Controlling in dieser Hinsicht vor große Probleme gestellt, da insbesondere das Krankenhausfinanzierungsgesetz vielfach geändert wurde. Kurzfristige wie auch langfristige Planungen mussten aus diesem Grund immer wieder an die neuen Bestimmungen angepasst werden (Greiling 1998, S. 25). Eingeschränkt wird das Controlling in seiner Planungssouveränität dadurch, dass das Leistungsangebot bis zu einem gewissem Maß bereits durch den Krankenhausbedarfsplan des Landes festgelegt wird.

Eine weitere Besonderheit des Krankenhauscontrolling besteht darin, dass Rechtsformen wie der Regie- oder Eigenbetrieb politischen Einfluss auf die Krankenhausführung zulassen (vgl. Kap. 2.B.I.). Dieser Einfluss ist im Planungs- und Kontrollsystem zu berücksichtigen. So ist beispielsweise zu bedenken, dass der Personalbestand kurzfristig nicht gesenkt werden kann, wenn Entlassungen politisch nicht gewollt sind.

Der organisatorische Aufbau des Krankenhauses stellt das Controlling vor eine weitere Herausforderung: Das Führungsgremium setzt sich aus den drei Berufsständen Ärzte, Pflege und Verwaltung zusammen, welche unterschiedliche Präferenzen haben (vgl. Kap.2.B.II.b, S. 40). Aufgabe des Controlling ist es, bei der Entwicklung eines Planungs- und Kontrollsystems die unterschiedlichen Präferenzen zu koordinieren, um eine einheitliche Führung zu ermöglichen (Baxmann 1992, S. 450). Außerdem muss das Führungshandeln aller Bereiche, auch des ärztlichen und pflegerischen, darin unterstützt werden, die einzelnen Fachdisziplinen zu einem Gesamtsystem Krankenhaus zu integrieren (Röhrig 1993, S. 47).

Bei der Entwicklung eines Logistik-Controllingsystems für Krankenhäuser sind die hier aufgezeigten Anwendungsmerkmale für das Krankenhauscontrolling zu berücksichtigen. Zuvor ist jedoch zu diskutieren, ob es sinnvoll ist, Logistik-Controlling im Krankenhaus zu implementieren.

II. Die Notwendigkeit eines auf die Krankenhauslogistik spezialisierten Controllings

Ein koordinierendes Führungsunterstützungssystem in der Krankenhauslogistik einzusetzen ist nur dann sinnvoll, wenn Führungsteilsysteme miteinander verbunden werden müssen. Daher ist zu untersuchen, wie dafür die Bedingungen im Führungssystem der Krankenhauslogistik aussehen.

Das Logistikführungssystem ist neben anderen, wie z.B. der Beschaffung, Leistungserstellung, Entsorgung, ein Subsystem der Krankenhausführung. In ihm werden Führungstätigkeiten zusammengefasst, die darauf ausgerichtet sind, die Patientenversorgung sowie Güter- und Informationsflüsse in logistischer Hinsicht zu koordinieren (vgl. Kap. 3.A.II.b)). Diese Führungstätigkeiten werden in Teilsysteme untergliedert, wenn der Aufgabenumfang aufgrund der komplexen und dynamischen Umwelt zunimmt. Im Krankenhaus kann davon ausgegangen werden, dass sich die Führung in einer dynamischen und komplexen Umwelt befindet. Zum einen bestehen Unsicherheiten bezüglich der finanziellen und wettbewerblichen Bedingungen, da die gesetzlichen Grundlagen häufig verändert werden. Zum anderen nimmt die Leistungsvielfalt der Krankenhausleistungen aufgrund des medizinisch-technischen Fortschritts zu. Außerdem sind für Logistikführungssysteme in Krankenhäusern der Maximalversorgung die internen Bedingungen komplex: Die mehrdimensionale Aufbauorganisation und die spezifischen Merkmale der medizinischen Dienstleistungen erschweren es, die Logistiktätigkeiten zielgerecht zu führen.

Da davon ausgegangen werden kann, dass im Krankenhausführungssystem Teilsysteme herausgebildet werden, ist der Koordinierungsbedarf für das Logistik-Controllingsystem zu überprüfen. Wie die Abbildung 16 zeigt, besteht in dreifacher Hinsicht Abstimmungsbedarf (in Anlehnung an Küpper/Trauzettel 1996, S. 568):

1. Das Führungssubsystem Logistik ist mit der Krankenhausgesamtführung abzustimmen.

2. Das Führungssubsystem Logistik ist mit den anderen Führungssubsystemen (z.B. Beschaffung, Leistungserstellung und Entsorgung) abzustimmen, da die Logistik eine Querschnittsfunktion zu diesen Bereichen ausübt (Lochthowe 1990, S. 51).

3. Innerhalb des Führungssubsystems Logistik besteht Abstimmungsbedarf zwischen den Teilsystemen Planung, Kontrolle und Information.

Dieser in dreifacher Hinsicht bestehende Koordinationsbedarf zeigt, dass eine auf Logistik spezialisierte Controllingfunktion sinnvoll ist. Indem das Logistik-Controlling das Planungs-, Kontroll- und Informationssystem „entwickelt und bereitstellt“, wird die Logistikführung bei der Wahrnehmung ihrer Aufgaben unterstützt (Göpfert 2001, S. 349). In vielen Krankenhäusern stammen die Verantwortlichen der Logistik aus dem technischen Bereich, da ein wesentlicher Bestandteil der Logistik technische Transport- und Lageranlagen sind. Insbesondere in diesen Fällen muss das Logistik-Controlling das betriebswirtschaftliche Instrumentarium des Planungs-, Kontroll- und Informationssystems zur Verfügung stellen. Darüber hinaus benötigen die Verantwortlichen die logistikspezifischen Instrumente, um die bereits erwähnten Einsparpotenziale im Logistikbereich realisieren zu können (vgl. Coyle u.a. 1996, S. 400). Aus diesen Gründen ist es zweckmäßig, neben dem allgemeinen Krankenhauscontrolling ein auf Logistik spezialisiertes Controlling zu schaffen (in Anlehnung an Küpper 1993, S. 41; Weber, J. 1995, S. 20).

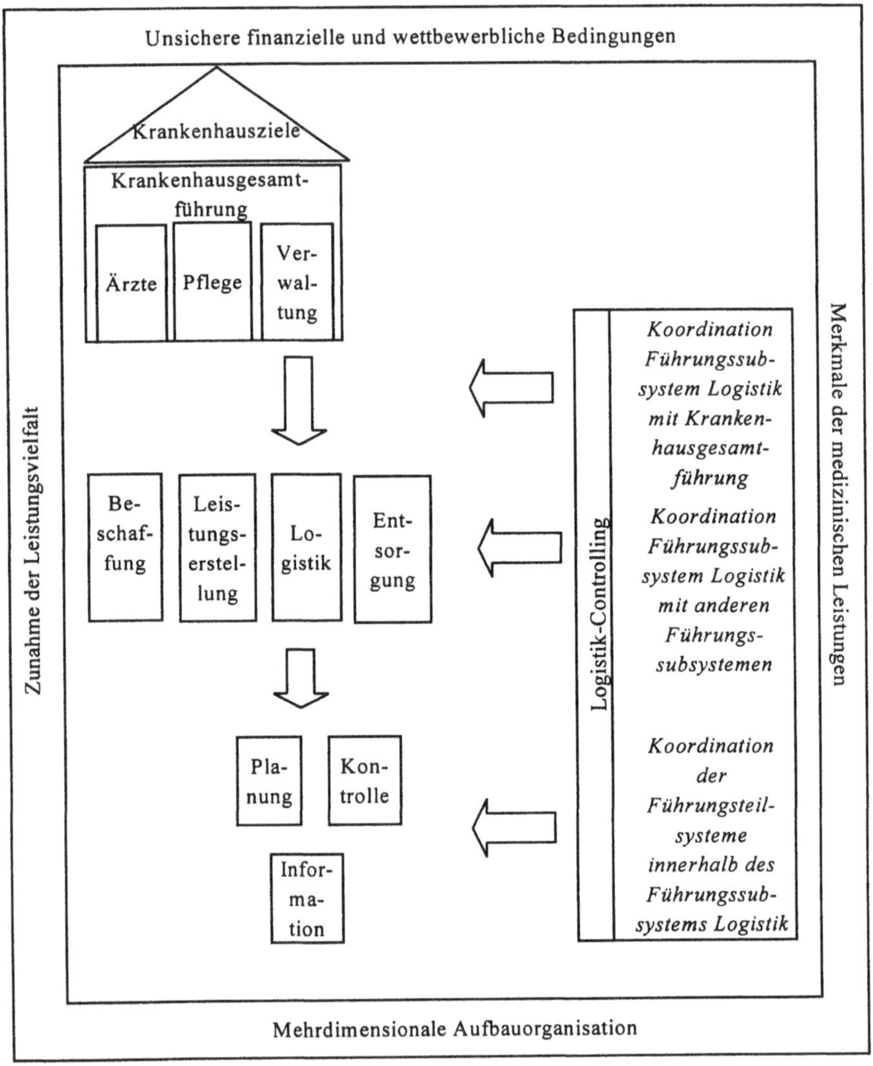

Abbildung 16: Koordinationsbedarf des Führungssystems Krankenhauslogistik. Eigene Darstellung.

Die folgende Abbildung (Abb. 17) verdeutlicht, wie das Logistik-Controllingsystem (vgl. Abb. 5, S. 52) in das Logistiksystem und in das Krankenhaussystem eingefügt wird:

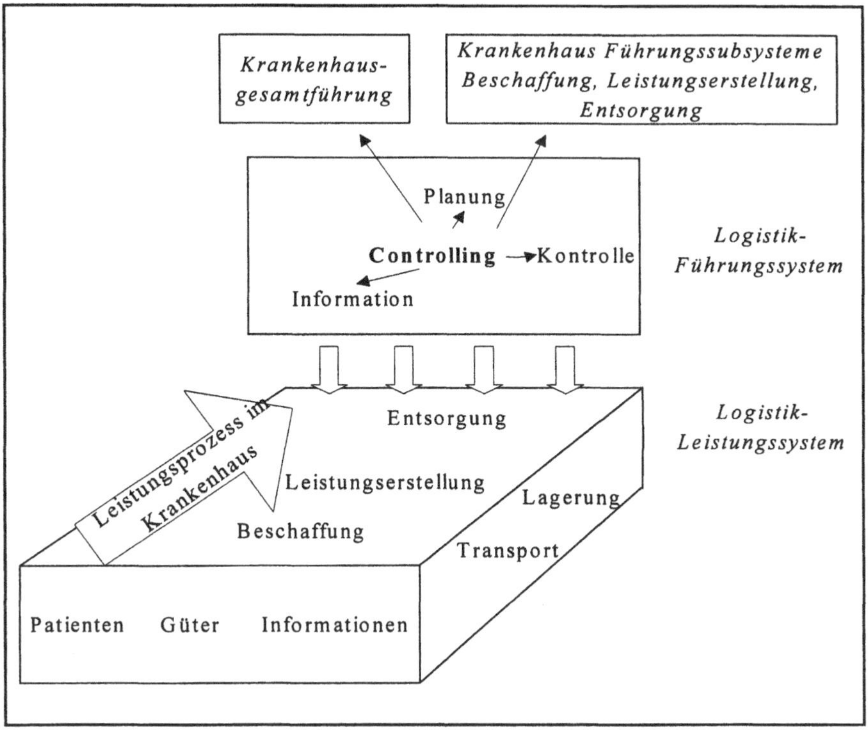

Abbildung 17: Logistik-Controlling im Krankenhaus. In Anlehnung an Küpper 1993, S. 41.

Abschließend wird in Anlehnung an die Definition des Controlling (vgl. Kap. 4.A.I.a), S. 89) das Controllingsystem für die Krankenhauslogistik wie folgt definiert:

Logistik-Controlling im Krankenhaus ist ein System, welches die Krankenhauslogistikführung in ihrem Führungshandeln unterstützt, indem es die Abstimmungsaufgaben

- *zwischen der Krankenhauslogistikführung und der Krankenhausleitung,*
- *zwischen der Krankenhauslogistik und weiteren funktionellen Bereichen und*
- *zwischen den Führungsteilsystemen der Logistik*

übernimmt. Die Koordination geschieht zum einen dadurch, dass formale Strukturen für das Führungshandeln gebildet werden (systembildende Koordination) und zum anderen werden die Teilsysteme durch koordinierende Handlungen aufeinander abgestimmt (systemkoppelnde Koordination).

III. Organisatorische Aspekte des Logistik-Controlling

Im letzten Abschnitt dieses Kapitels werden die Einflussgrößen und Gestaltungsparameter der organisatorischen Einbindung eines Logistik-Controlling im Krankenhaus untersucht. Denn inwieweit sich die mit dem Controlling verfolgten Ziele erfüllen lassen, wird nicht nur von funktionalen, sondern auch von institutionalen Faktoren bestimmt (Rippel 1987, S. 91).

Die Entscheidung darüber, ob Controlling institutionalisiert wird, ist für die jeweilige Organisation gesondert zu untersuchen (Serfling 1992, S. 81). Eine empirische Untersuchung hat zu dem Ergebnis geführt, dass die Unternehmensgröße ausschlaggebend dafür ist, ob Controlling überhaupt institutionalisiert wird (Welge 1988, S. 61ff.). Entsprechendes gilt für Krankenhäuser. Eine im Jahre 1997 durchgeführte Erhebung hat gezeigt, dass 90 Prozent der Häuser mit über 1000 Beschäftigten eine Controllingeinheit gebildet haben, während es bei den kleinen Häusern nur etwa die Hälfte waren (Hahn/Hahn 1998, S. 327). Damit ist in dieser Untersuchung, deren Hintergrund Krankenhäuser ab 600 Betten bilden, davon auszugehen, dass eine zentrale Controllingabteilung für die Krankenhausgesamtführung bereits existiert. Im Folgenden wird der Frage nachgegangen, ob es sinnvoll ist, zusätzlich eine organisatorische Einheit für das Logistik-Controlling zu bilden. Eine andere Möglichkeit wäre, die logistischen Controllingaufgaben vorhandenen organisatorischen Einheiten, z.B. der Krankenhausleitung, dem Krankenhauscontrolling oder dem Funktionsbereich Logistik, zu übertragen.

Ausschlaggebend für diese Fragestellung ist der Aufgabenumfang des Logistik-Controlling. In Krankenhäusern mit logistikintensiven Leistungen und schwierigen technischen und baulichen Rahmenbedingungen (siehe Kap. 3.C.II.-IV.) ist es problematisch, die Logistik zielgerecht zu führen. In diesem Fall ist es sinnvoll, eine eigene Logistik-Controllingabteilung zu bilden.

Bei der Institutionalisierung des Logistik-Controlling im Krankenhaus (Abb. 18) sind drei *Gestaltungsparameter* zu beachten: Die Kompetenzausstattung der Controllingstelle, die Einordnung im Leitungssystem und die Binnenstruktur eines Controllingbereiches.

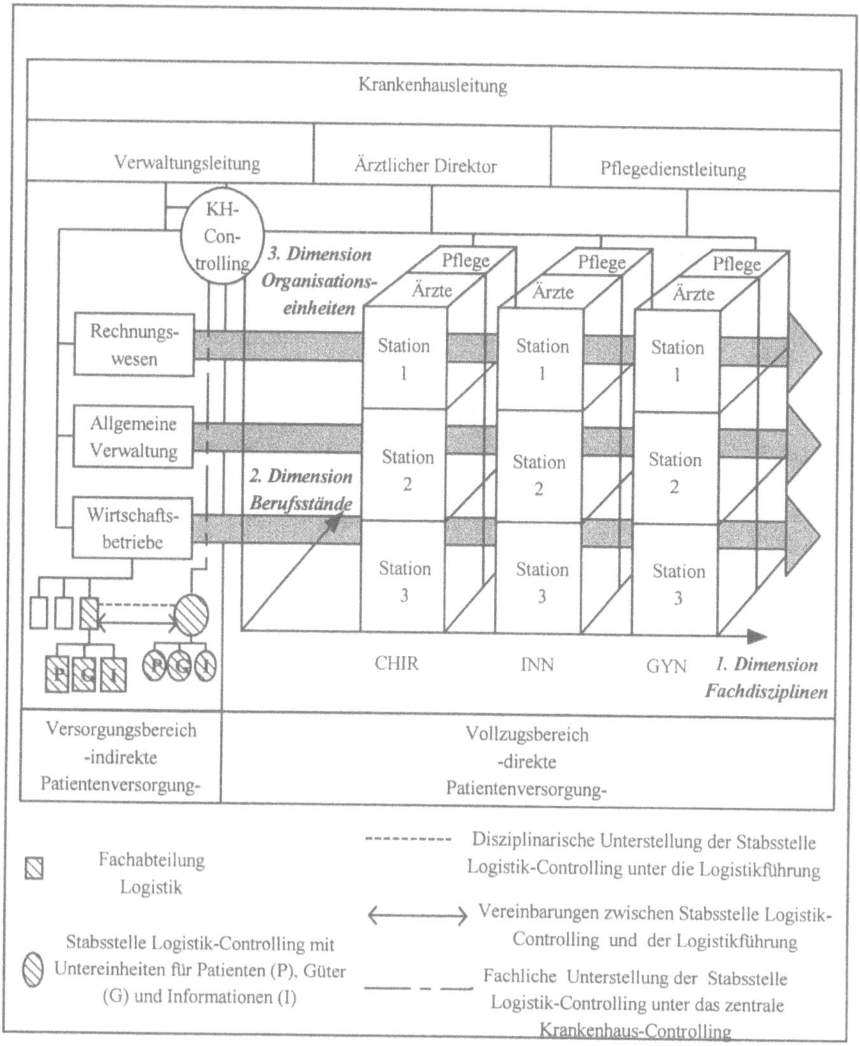

Abbildung 18: Organisatorische Eingliederung der Stabsstelle Logistik-Controlling in die Krankenhaus Organisation. Eigene Darstellung.

Die *Kompetenzen*, die einer Logistik-Controllingstelle zugewiesen werden, sind Ausdruck dafür, welche Weisungsbefugnisse sie inne hat. Wie bereits erläutert, wird dem Logistik-Controlling die Aufgabe zugeordnet, die Logistikführung zu unterstützen (siehe Kap. 4.A.II., S. 93). Für Aufgaben mit Unterstützungsfunktion empfiehlt es sich, eine Stabsstelle einzurichten (siehe Kap. 2.B.II.b), S. 39f.; vgl. Abb. 18). Im Folgenden ist zu klären, welche Weisungsbefugnisse eine Stabsstelle Logistik-Controlling gegenüber den Linieninstanzen des logistischen Führungs- und Leistungssystems hat:

Grundlegend für die Definition des Controlling war, dass die zielgerechte Steuerung des Leistungssystems nicht in das Aufgabengebiet gehört (siehe Kap. 4.A.I.a), S. 87f.). Daraus folgt, dass das Logistik-Controlling keine Weisungsbefugnisse gegenüber den Linieninstanzen des Leistungssystems haben soll. Außerdem wird davon ausgegangen, dass das Logistik-Controlling Koordinationsfunktion im Führungssystem erfüllt (siehe Kap. 4.A.II., S. 87). Aber um dieser Aufgabe gerecht zu werden, benötigt das Logistik-Controlling auf bestimmten Gebieten Entscheidungsbefugnisse. Sie werden z.B. benötigt, um das logistische Planungs-, Kontroll- und Informationssystem gestalten zu können (Welge 1989, S. 141; Küpper 2001, S. 493). Daher ist es sinnvoll, je nach Aufgabengebiet unterschiedliche Kompetenzen zuzuweisen. Solche funktionalen Weisungsrechte werden im Organigramm mit einer unterbrochenen Linie dargestellt, daher handelt es sich um das sogenannte „Dotted-line-Prinzip“ (Welge 1989, S. 142). Im Rahmen dieser Arbeit wird favorisiert, die Stabsstelle Logistik-Controlling nur soweit mit Kompetenzen auszustatten, dass mit den Instanzen Vereinbarungen über die Ausgestaltung des Planungs-, Kontroll- und Informationssystems getroffen werden können (vgl. Abb. 18).

Bei der *hierarchischen Eingliederung* des Logistik-Controlling in die Leitungsstruktur des Krankenhauses handelt es sich um einen weiteren Gestaltungsparameter. Hierbei gilt es, im Folgenden zwei Fragen zu klären: Zum einen ist darüber zu entscheiden, auf welcher hierarchischen Ebene ein Logistik-Controlling institutionalisiert werden soll, zum anderen welchem Bereich es anzugliedern ist.

Eine Zuordnung zur obersten Führungsebene ist nicht nur Ausdruck dafür, wie wichtig die Aufgaben genommen werden (Küpper 2001, S. 494), sondern hängt auch davon ab, welche Aufgaben erfüllt werden. Die langfristige Sicherung von Erfolgspotenzialen mit Hilfe eines strategischen Planungs- und Kontrollsystems gehört zu den Führungsaufgaben der obersten Krankenhausleitung. Daher sollte ein Controlling, welches nicht nur operative, sondern auch strategische Aufgaben umfasst, möglichst weit oben angesiedelt werden, z.B. als Stabsstelle der Verwaltungsleitung. Bei einem Controlling, welches sich nur auf einen bestimmten Bereich im Leistungsprozess bezieht, wie z.B Beschaffungs- oder Logistikcontrolling, kann sich aber die Diskussion über die Hierarchieebene erübrigen. In diesen Fällen sollen die Verantwortlichen der Leistungsbereiche in ihren Führungsaufgaben unterstützt werden (vgl. Kap. 4.A.II., S. 87). Würden solche Controllingstellen der Verwaltungsleitung angegliedert werden, dann wären die Informationswege viel zu lang. Für das Logistik-Controlling wäre es sinnvoll, die Stabsstelle der Logistikabteilung anzuschließen (vgl. Abb. 18).

Den dritten Gestaltungsbereich betrifft die *Binnenstruktur des Controlling*. Hier sind zwei Beziehungen zu untersuchen (Küpper 2001, S. 497): Auf der einen Seite ist zu bestimmen, wie das Logistik-Controlling selber strukturiert werden soll. Auf der anderen Seite ist die Beziehung zwischen dem Logistik-Controlling und einem zentralen Krankenhauscontrolling zu regeln.

Innerhalb des Logistik-Controllingbereiches stellen sich typische organisatorische Fragen wie die der Aufteilung der Aufgaben nach funktionalen oder divisionalen Gesichtspunkten und die der Anzahl der Hierarchiestufen. Ist es aufgrund des Aufgabenumfanges notwendig, mehrere Stellen zu schaffen, dann empfiehlt es sich, nach den Logistikobjekten Patienten, Güter und Informationen zu gliedern (vgl. Abb. 18). Der Vorteil solch einer institutionellen Untergliederung ist, dass die Logistikobjekte ganzheitlich betrachtet werden. Da ein guter Kommunikationsfluss Grundvoraussetzung dafür ist, dass die Koordinationsaufgaben erfolgreich erbracht werden können, sollte außerdem eine möglichst flache Hierarchie gewählt werden.

Komplexer ist die Problematik hinsichtlich der Beziehung, die zwischen einem zentralen Krankenhauscontrolling und dem Logistik-Controlling zu gestalten ist. Es sollten dabei zwei Ziele verfolgt werden: Einerseits ist das Logistik-Controlling auf das zentrale Krankenhauscontrolling auszurichten, um eine einheitliche Zielverfolgung zu gewährleisten. Andererseits sind enge Beziehungen zum Logistikbereich aufzubauen, damit der notwendige Informationsfluss und die Akzeptanz gewährleistet sind (vgl. Küpper 2001, S. 498f.). Um beiden Zielen gerecht zu werden, besteht die Möglichkeit, zwischen der fachlichen und der disziplinarischen Weisungsbefugnis zu unterscheiden. Die fachliche Weisungsbefugnis bezieht sich auf die zu erfüllenden Aufgaben, während die disziplinarische Weisungsbefugnis arbeits- und personalrechtliche Fragen umfasst. Auf diese Weise stehen für die Beziehungsstruktur zwischen zentralem Krankenhauscontrolling und der dezentralen Stabsstelle Logistik-Controlling sowie der Fachabteilung Logistik vier Gestaltungsalternativen zur Verfügung (vgl. Hahn 1979, S. 10f.; Welge 1989, S. 142; Serfling 1992, S. 86f.; Küpper 2001, S. 499f.):

1. Das Logistik-Controlling untersteht sowohl fachlich wie auch disziplinarisch dem zentralen Krankenhauscontrolling.

2. Das Logistik-Controlling untersteht fachlich der Logistikabteilung und disziplinarisch dem Krankenhauscontrolling.

3. Das Logistik-Controlling untersteht disziplinarisch der Logistikabteilung und fachlich dem Krankenhauscontrolling.

4. Das Logistik-Controlling untersteht disziplinarisch und fachlich der Logistikabteilung.

Beide Ziele können mit keiner der vorgestellten Alternativen gleichzeitig erfüllt werden, denn die folgenden Vor- und Nachteile können jeweils festgestellt werden (Schüller 1984, S. 210; Serfling 1992, S. 86f.):

Bei der ersten Alternative steht das Gesamtkonzept Controlling im Vordergrund. Die gesamten Führungsaufgaben des Krankenhauses werden mit einem aufeinander abgestimmten Planungs-, Kontroll- und Informationssystem unterstützt. Außerdem werden die Controllingtätigkeiten unabhängig von den logistischen Linieninstanzen erfüllt, wodurch eine gewisse Innovationskraft erhofft werden kann. Andererseits kann es zu Akzeptanzproblemen seitens der logistischen Linieninstanzen kommen, da ein „Fremder“ interne Informationen verarbeitet. Darüber hinaus kann vom Logistik-Controlling der eigentliche Bedarf nach Führungsunterstützung übersehen werden, da die Nähe zum Betriebsgeschehen fehlt (vgl. Rippel 1987, S. 96). Das kann dazu führen, dass der Informationsfluss von der Logistikabteilung blockiert wird oder die Ergebnisse der Arbeit des Logistik-Controlling nicht beachtet werden.

Wird das Logistik-Controlling, wie im vierten Fall, der logistischen Linieninstanz unterstellt, dann können aufgrund der Nähe zum Betriebsgeschehen Informationen schneller gewonnen werden. Ferner werden die Bedürfnisse der logistischen Linieninstanzen nach Führungsunterstützung in der Controllingarbeit besser berücksichtigt. Andererseits liegt der Focus sehr stark auf Logistikaspekten. Damit wird eine Gesamtabstimmung des Controlling vernachlässigt.

Mit den beiden Gestaltungsmöglichkeiten zwei und drei werden die Problematiken, die sich durch die vorangegangenen Alternativen ergeben haben, umgangen. Dies wird dadurch ermöglicht, dass sowohl der logistischen Fachabteilung wie auch dem Zentralcontrolling Weisungsrechte gegenüber dem Logistik-Controlling zugewiesen werden. Allerdings gerät auf diese Weise das Logistik-Controlling in die Rolle der Doppelunterstellung. Dabei kann es vorkommen, dass die Aufgabenzuweisung und personalrechtliche Maßnahmen nicht im Einklang miteinander stehen. Außerdem kann die Folge dieser Gestaltung sein, dass das Logistik-Controlling isoliert wird, da es weder zu der einen noch zu der anderen Abteilung gehört. Wie gesehen, gibt es keine Ideallösung, Konflikte müssen immer in Kauf genommen werden (Serfling 1992, S. 87). Für das Logistik-Controlling im Krankenhaus empfiehlt sich, die Weisungsbefugnisse aufzuteilen, indem es disziplinarisch der Fachabteilung Logistik und fachlich dem Krankenhauscontrolling unterstellt ist (vgl. Abb. 18). Auf diese Weise können Akzeptanzprobleme möglichst gering gehalten werden. Zudem wird das gesamte Controllingsystem im Krankenhaus aufeinander abgestimmt.

B. Aufgaben und Instrumente eines Logistik-Controllingsystems im Krankenhaus

I. Aufgaben und Instrumente des Controlling im Rahmen der Logistikplanung und -kontrolle

a) Aufgaben des Controlling im Rahmen der Logistikplanung und -kontrolle

1. Vorbemerkungen

Die Aufgaben eines Controlling wurden bereits bei der Definition festgelegt, indem die systembildende und systemkoppelnde Koordination herausgestellt wurden (siehe Kap. 4.A.I.a), S. 93). In diesem Abschnitt werden die Planungs- und Kontrollaufgaben differenzierter betrachtet. Hierzu werden im folgenden Abschnitt die Beziehungen zwischen der Planung und Kontrolle, die vom Logistik-Controlling zu berücksichtigen sind, dargestellt. Ferner gehört es zu den Aufgaben, die Logistikpläne in die Krankenhausgesamtpläne zu integrieren. Wie dabei vorgegangen werden kann, wird im Kapitel 4.B.I.a)3. erläutert.

2. Berücksichtigung der Beziehungen zwischen Planung und Kontrolle

Die Beziehungen, die zwischen der Logistikplanung und -kontrolle bestehen, lassen sich anhand des kybernetischen Grundprinzips (Abb. 19) darstellen (vgl. Pfohl/Stölzle 1997, S. 13f.; Küpper 2001, S. 183f.; siehe zu logistischer Planung und Kontrolle Kap. 3.A.II.b), S. 60f.).

Die zu planenden und kontrollierenden Tätigkeiten des logistischen Leistungssystems werden mit der Regelstrecke dargestellt. Beeinflusst werden diese Tätigkeiten von externen Faktoren, den sogenannten Störgrößen. Bei der Krankenhauslogistik sind die Störgrößen z.B. die Art und Menge der medizinischen Leistungen oder die baulichen und technischen Gegebenheiten.

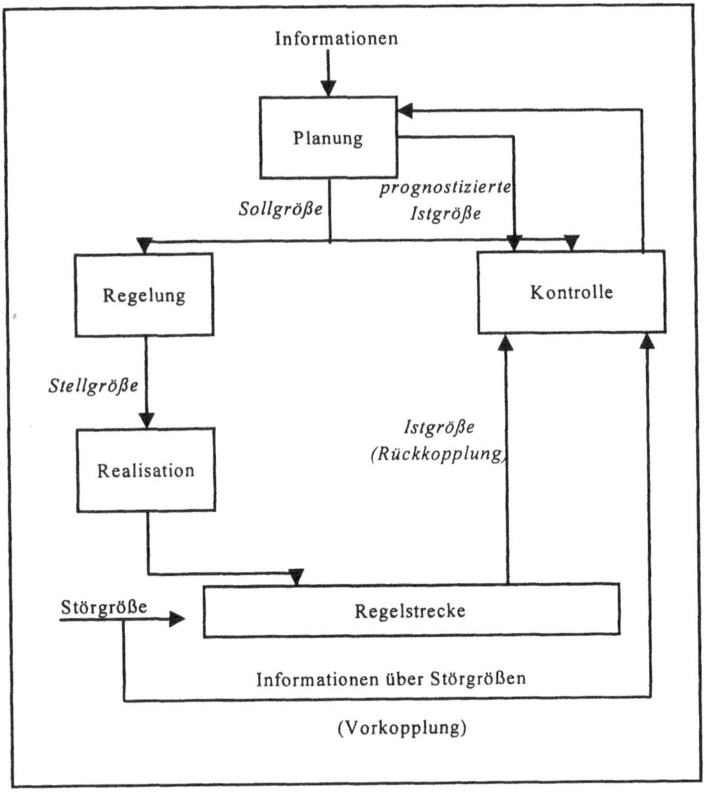

Abbildung 19: Kybernetisches Grundprinzip, in Anlehnung an Küpper 2001, S. 183.

Bei der Kontrolle werden Istgrößen, als Ergebnis des Handelns, mit der von der Planung vorgegebenen Plangrößen verglichen. Gibt es Differenzen zwischen diesen Größen, dann ist die sogenannte Regelung dafür zuständig, darüber zu entscheiden, wie mit der Stellgröße diese Differenz ausgeglichen wird. Bei der Planung kann z.B. festgelegt werden, dass die Lagerkosten um 15 Prozent gesenkt werden sollen. Bei der Überprüfung der Istgröße wird aber festgestellt, dass die Lagerkosten nur um 10 Prozent gesenkt wurden. In diesem Fall können als Stellgrößen der Lagerbestand oder der Personalbestand gesenkt werden, um die Istgröße an die Plangröße anzugleichen. Da erst die Handlungsergebnisse mit den Plangrößen verglichen werden, handelt es sich um das Prinzip der Rückkopplung (feedback). Diese Form der vergangenheitsorientierten Kontrolle ist nicht immer ausreichend, z.B. dann nicht, wenn die Umwelt sehr instabil ist. Für die Krankenhauslogistik ist die Umwelt instabil, wenn sich beispielsweise die Art und Menge der medizinischen Leistungen täglich ändern. In diesem Fall kann auf Differenzen zwischen den Kontrollgrößen nicht rechtzeitig und adäquat reagiert werden. Die vergangenheitsorientierte Kontrolle ist auch hinsichtlich der strategischen Planung nicht ausreichend, da Unsicherheiten der Zukunft zu Fehlplanungen führen können (Steinmann/Schreyögg 1997, S. 233). Daher ist es sinnvoll, entsprechend dem Prinzip der Vorkopplung (feed forward), Störgrößen mit Hilfe von Indikatoren schon im voraus zu identifizieren. Für das oben genannte Beispiel könnte ein Indikator die Jahreszeit sein. So kann angenommen werden, dass im Fachbereich Innere Medizin im Sommer die Herz-Kreislaufbeschwerden zunehmen, während im Winter vermehrt Lungenentzündungen diagnostiziert werden. Diese zukünftigen Größen werden mit den Plangrößen verglichen und ermöglichen es, die Stellgrößen so festzulegen, dass trotz Eintreten der Störgrößen die Istgröße der Plangröße entspricht.

Das kybernetische Grundprinzip macht deutlich, dass die Kontrolle nicht unabhängig von der Planung betrachtet werden kann. Das heißt, dass das Planungs- und Kontrollsystem nicht voneinander zu trennen sind.

3. Integration der Logistikplanung und -kontrolle in das Krankenhausplanungs- und -kontrollsystem

Wie bereits erläutert, gehört es zu den Aufgaben des Logistik-Controlling, das Logistikführungssystem mit der Krankenhausgesamtführung und den Führungssystemen der Beschaffung, Leistungserstellung und Entsorgung zu koordinieren (siehe Kap. 4.A.II., S. 91f.). Das hat zur Folge, dass das Logistikplanungssystem in das gesamte Planungssystem des Krankenhauses integriert werden muss. In der Abbildung 20 wird das Krankenhausplanungssystem aufgezeigt.

Das Planungssystem der Krankenhausgesamtführung besteht aus der Leistungs- und Kalkulationsaufstellung, der Leistungsstrukturplanung, Personalplanung, Investitionsplanung und Finanzplanung. Daneben gibt es die Planungen der Bereiche Beschaffung, Leistungserstellung und Entsorgung. Die Krankenhausplanung mündet in der Leistungs- und Kalkulationsaufstellung, über die in den Pflegesatzverhandlungen mit den Krankenkassen verhandelt wird. Das Ergebnis der Verhandlung wird in der Leistungs- und Kalkulationsaufstellung festgeschrieben und dient wiederum als Vorgabe für die interne Krankenhausplanung. Außerdem müssen in der Leistungs- und Kalkulationsaufstellung die Vorgaben des Landes über Planbetten und Großgeräte berücksichtigt werden. Wie die Abbildung 20 zeigt, ist die Logistikplanung mit der Leistungs-, Personal-, Investitions- und Finanzplanung des gesamten Krankenhauses abzustimmen. Zudem bestehen Beziehungen zwischen der Logistikplanung und den Planungen der Beschaffung, der Leistungserstellung in den einzelnen Leistungsstellen und der Entsorgung. Aufgabe des Logistik-Controlling ist, diese Interdependenzen beim Aufbau des logistischen Planungssystems zu berücksichtigen. Hierfür gibt es zwei unterschiedliche Vorgehensweisen: Die simultane und die sukzessive Planung, die durch Abwandlungen verfeinert werden können (Küpper 2001, S. 82). Zunächst werden diese Planungsverfahren allgemein vorgestellt und daraufhin auf ihre Anwendung im Logistik-Controlling des Krankenhauses hin überprüft.

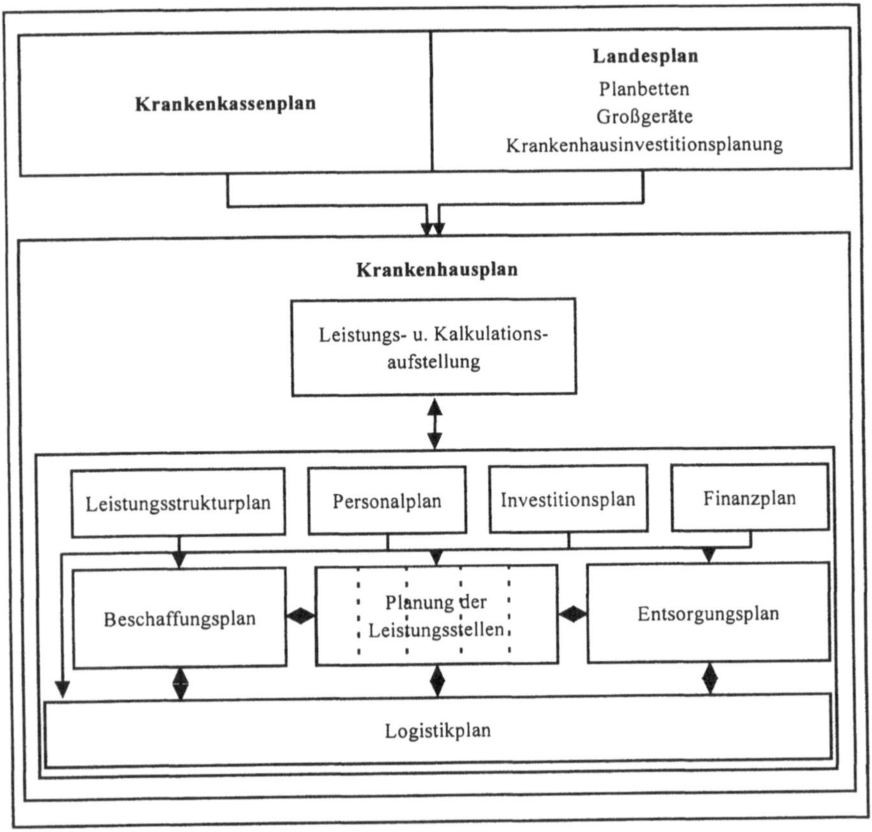

Abbildung 20: Krankenhausplanungssystem. Eigene Darstellung.

Bei der *simultanen Planung* werden Einzelpläne zentral erstellt, indem ihre gegenseitigen Wirkungen berücksichtigt werden, um das bestmögliche Gesamtergebnis zu erzielen. Vom theoretischen Ansatz erscheint diese Form der Koordination optimal zu sein. Allerdings wirft die praktische Durchsetzung große Probleme auf. Zunächst müssen alle gegenseitigen Wirkungen erfasst werden, welche zum einen nicht leicht festzustellen sind und zum anderen eine große Datenflut ergeben. Diese ist zwar angesichts der heutigen Möglichkeiten, die die elektronische Datenverarbeitung bietet, nicht mehr so problematisch. Es besteht aber die Gefahr, dass das Planungssystem sehr komplex und unübersichtlich wird. So ein komplexes Planungssystem kann nur schwer auf veränderte Bedingungen reagieren (Küpper 2001, S. 82). Aber gerade im Krankenhaus verändern sich die Planungsdaten sehr rasch, die Zahl und Art der Krankheitsfälle und das Verhalten der Patienten kann nur sehr ungenau vorhergesagt werden. KOCH weißt außerdem darauf hin, dass eine zentrale Planung Motivationsprobleme aufwirft, da die dezentralen Einheiten lediglich Informationen liefern, aber weiter keinen Einfluss haben (Koch 1982, S. 27). Aus diesen Gründen eignet sich die simultane Planung nicht dazu, die Logistikplanung in das gesamte Planungssystem des Krankenhauses zu integrieren.

Bei der *sukzessiven Planung* werden die Planungen nach einer bestimmten Reihenfolge durchgeführt, wobei auf den Daten des vorausgehenden Plans aufgebaut wird (Küpper 2001, S. 84). Bestimmt wird das Planungsergebnis im hohen Maße davon, welche Reihenfolge gewählt wird und ob Anpassungen der vorherigen Pläne vorgenommen werden müssen.

Liegt in dem Planungssystem ein Engpassbereich vor, so ist es sinnvoll, zuerst diesen Bereich optimal zu planen und daraufhin die anderen Pläne aufzubauen (Gutenberg 1983, S. 162ff.). Im Krankenhaus müssen die Vorgaben der mit den Krankenkassen ausgehandelten Leistungs- und Kalkulationsaufstellung berücksichtigt werden, die die Leistungsstruktur und das zur Verfügung stehende finanzielle Volumen bestimmen. Daher ist es sinnvoll, diese zuerst zu planen.

Im Weiteren sollten die Pläne danach erstellt werden, wie stark ihr Einfluss auf die Zielerreichung des Krankenhauses ist. Hat sich das Krankenhaus z.B. zum Ziel gemacht, sehr patientenfreundlich zu sein, dann haben die Planungen der Leistungsstellen, der Logistik und des Personals Vorrang. Wird hingegen angestrebt, medizinisch sehr fortschrittlich zu sein, dann sind vor allem die Investitionen für die notwendigen Geräte zu planen.

b) Instrumente des strategischen Controlling im Bereich der Logistikplanung und -kontrolle

1. Vorbereitung der Strategieplanung mit der Stärken- und Schwächenanalyse

Voraussetzung für eine erfolgreiche strategische Planung der Krankenhauslogistik ist, dass die eigenen Stärken und Schwächen in diesem Bereich bekannt sind. Eine Analyse, in der die Ressourcen beschrieben und bewertet werden, soll die Grundlage dafür sein, neue Strategien zu entwickeln (Steinmann/Schreyögg 1997, S. 177). Allerdings können Stärken und Schwächen als solche erst identifiziert werden, wenn sie mit einem Maßstab verglichen werden. Da ein privates Unternehmen nur dann erfolgreich ist, wenn es im Wettbewerb bestehen kann, wird als Vergleichsmaßstab zumeist der stärkste Konkurrent herangezogen (Steinmann/Schreyögg 1997, S. 178; Küpper 2001, S. 418). Dieser Gedanke lässt sich auch auf die Krankenhauslogistik übertragen. Wie bereits dargelegt wurde (vgl. Kap. 1, S. 17), stehen Krankenhäuser vermehrt unter Wettbewerbsdruck. Patienten, die zwischen mehreren Krankenhäusern wählen können, treffen ihre Entscheidung nicht nur aus medizinischen Gründen, sondern logistische Leistungen wie Patiententransporte, Wartezeiten vor Untersuchungen oder die Qualität der Mahlzeiten können genauso relevant sein. Daher sollten sich Krankenhäuser auch bezüglich ihrer logistischen Leistungen an ihren Konkurrenten messen. Konkurrierende Krankenhäuser sind vor allem die, die von den Patienten gleichermaßen zu erreichen sind oder die die gleichen medizinischen Leistungen anbieten. Wenn von den Konkurrenten keine Informationen weiter gegeben werden, dann muss auf die eigene Zielsetzung zurückgegriffen werden. Die Beurteilung, ob es sich um eine Stärke oder Schwäche handelt, ist in diesem Fall davon abhängig, wie hoch die eigenen Ziele gesteckt werden. Möglicherweise wird eine Transportanlage als Stärke beurteilt, da die Transportzeiten den Zielen entsprechen, obwohl der Konkurrent mit seiner Transportanlage mehr Güter in kürzerer Zeit transportieren kann.

Durchgeführt werden die Stärken- und Schwächenanalysen mit Checklisten, anhand derer ein Stärken-Schwächen-Profil erstellt wird (Horváth 1998, S. 370). ULRICH hat eine Checkliste entwickelt, in der die Entwicklung der Ergebnisse, des Leistungspotenzials, der Strategien und der Unternehmungsführung der letzten 5 Jahre mit Daten der Konkurrenz verglichen werden (Ulrich 1990, S. 65). Diese Checkliste kann für die Krankenhauslogistik abgewandelt werden (siehe Abb. 21).

Der koordinierende Aspekt des Logistik-Controlling wird in der Checkliste deutlich, da auch die logistischen Rahmenbedingungen, wie z.B. die Struktur der medizinischen Krankenhausleistungen oder die Krankenhausorganisation, berücksichtigt werden.

		Entwicklung der letzten 5 Jahre					Vergleich zur Konkurrenz				
		sehr schwach	schwach	mittelmäßig	stark	sehr stark	sehr schwach	schwach	mittelmäßig	stark	sehr stark
Ergebnisse											
	Patienten										
	Wartezeiten										
	Patientenzufriedenheit										
	Transportkosten										
	Flexibilität										
	Zuverlässigkeit										
	Güter										
	Lieferzeiten										
	Transportkosten										
	Lagerkosten										
	Flexibilität										
	Zuverlässigkeit										
	Informationen										
	Zeiten der Informationsübermittlung										
	Transportkosten										
	Lagerkosten										
	Flexibilität										
	Zuverlässigkeit										
Leistungspotenzial											
	Ausstattung mit Finanzmitteln										
	Ausstattung mit Transportmitteln										
	Ausstattung mit Personal										
	quantitativ										
	qualitativ										
logistische Rahmenbedingungen											
	Standorte der Organisationseinheiten										
	Struktur der Krankenhausleistungen										
	Krankenhausorganisation										
	Logistikorganisation										
	Führungsstil										

Abbildung 21: Stärken-Schwächen-Profil für die Krankenhauslogistik. In Anlehnung an Ulrich 1990, S. 65.

Dieses Planungsinstrument ist in seiner Anwendung hinsichtlich der Bewertung der einzelnen Faktoren problematisch. Zunächst müssen die notwendigen Daten ermittelt werden, womit ein erheblicher Aufwand verbunden ist. Wenn es nicht möglich ist, Daten zu gewinnen (z.B. über die Ergebnisse der Flexibilität logistischer Leistungen), dann müssen sie geschätzt werden. Dadurch wird allerdings die Genauigkeit der Ergebnisse der Stärken- und Schwächenanalyse in Frage gestellt. Genauso gilt es, die Bewertungen der Faktoren im Vergleich zur Konkurrenz kritisch zu beurteilen. Es ist nicht möglich, objektiv darüber zu entscheiden, wann eine Entwicklung oder der Vergleich zur Konkurrenz schwach oder stark ist. Auch können Hilfsmittel wie Punktbewertung und Einordnung auf einer Skala nicht über den subjektiven Einfluss hinwegtäuschen, denn die Indexierung der Skala kann willkürlich festgelegt werden.

Diese Kritik soll allerdings nicht das ganze Instrument in Frage stellen. Als Ausgangspunkt der Strategieformulierung ist es durchaus sinnvoll, die Stärken und Schwächen der eigenen Logistik zu untersuchen. Dadurch können Schwächen gemieden oder in Stärken umgewandelt werden und Stärken genutzt werden. Nur darf das Ergebnis nicht als das einzig Mögliche angesehen werden. Es ist immer zu berücksichtigen, dass die Bewertung nicht von subjektiven Einflüssen freigemacht werden kann.

2. Die krankenhausinterne Standortplanung als Controllinginstrument

Wie bereits im zweiten Kapitel dargelegt, wirken im Krankenhaus viele organisatorische Einheiten zusammen, um die Leistungen an den Patienten zu erbringen (vgl. Kap. 2.B.II.a)). In logistischer Hinsicht ist von Bedeutung, an welchen Standorten die organisatorischen Einheiten platziert sind, da davon die Art, Menge und Kosten der Transporte betroffen sind (Bloech/Ihde 1972, S. 33). Koordinierend zwischen der Krankenhausorganisation und der Krankenhauslogistik wirkt das Logistik-Controlling, indem es die innerbetriebliche Standortplanung (oder Layoutplanung) durchführt, über die im Folgenden ein Überblick gegeben wird. Da in der Literatur keine krankenhausspezifischen Standortplanungsverfahren ausgemacht werden konnten, werden die für die Standortplanung in Industriebetrieben entwickelten Planungsmethoden daraufhin überprüft, ob sie sich für die Anwendung im Krankenhaus eignen. Es werden sowohl mathematische wie auch heuristische Verfahren der Planung vorgestellt, wobei nur auf die wesentlichen Grundzüge eingegangen wird.

In Anlehnung an WÄSCHER lässt sich das Problem der Standortplanung folgendermaßen charakterisieren: Auf einer bestimmten Fläche (Krankenhausgelände, -gebäude) müssen Anordnungsobjekte (organisatorische Einheiten), die in Beziehung zueinander stehen, Standorten zugeordnet werden. Restriktionen können einerseits dadurch bestehen, dass Anordnungsobjekte an bestimmte Standorte gebunden sind oder andere nicht erlaubt sind (absolute Anordnungsbedingungen). Beispielsweise kann aus statischen Gründen ein Großgerät nicht überall platziert werden, oder die Patientenzimmer sollten Fenster für die Licht- und Frischluftzufuhr haben. Andererseits kann es sein, dass bestimmte Einheiten nebeneinander liegen müssen, andere nicht nebeneinander liegen dürfen (relative Anordnungsbedingungen) (Wäscher 1985, S. 237).

Die Frage der Standortplanung kann zu unterschiedlichen Zeitpunkten auftreten. Entweder dann, wenn das Krankenhaus neu geplant wird (Neugestaltung), oder wenn das Leistungsprogramm sich verändert hat, wodurch es zu Verschiebungen in den Logistikaufgaben kommt (Umstellung). Eine weitere Ursache kann sein, dass das Leistungsprogramm erweitert wurde (Erweiterung) (Günther/Tempelmeier 1997, S. 76; Domschke/Drexl/Krispin 1999, S. 2). Möglicherweise dient aber die Standortplanung auch der Überprüfung der Istsituation, um durch Standortveränderungen Rationalisierungsreserven freizusetzen.

Das Standortplanungsproblem wird von drei Faktoren beeinflusst: Von den Zielen, an denen die Planung ausgerichtet wird, von den potentiellen Standorten und ihren Entfernungen voneinander sowie von den Anordnungsobjekten und ihren Beziehungen untereinander.

Die *Ziele* der logistischen Standortplanung im Krankenhaus entsprechen den Logistikzielen (vgl. Abschnitt 3.B.II). Die Standorte der organisatorischen Einheiten sollen derart gewählt werden, dass die Logistikleistungen zu minimalen Zeiten, zuverlässig, flexibel und zu minimalen Kosten erbracht werden. Außerdem sind die Bedürfnisse der Patienten zu berücksichtigen. Allerdings ist nicht davon auszugehen, dass ein Planungsverfahren alle Ziele zu berücksichtigen vermag. Vor allem ist es problematisch, qualitative Ziele, z.B. die Patientenorientierung, bei der Planung einzubeziehen. Zumeist liegt den Planungsverfahren das Ziel der Kostenminimierung zugrunde, da es sich hierbei um eine relativ einfach und objektiv zu bestimmende Größe handelt.

Im Weiteren soll die Standortplanung infolge der Neugestaltung außer acht gelassen werden, da in dieser Arbeit von bestehenden Krankenhäusern ausgegangen wird. Das bedeutet, dass sich die *potentiellen Standorte* für eine Umstellungs-, Erweiterungs-, oder Überprüfungsplanung entweder im vorhandenen Krankenhausgebäude oder auf dem Krankenhausgelände befinden. Für Planungszwecke wird die vorhandene Fläche in gleich große nummerierte Planquadrate aufgeteilt, wobei Flächen für die vorhandenen Verbindungswege schon vorgehalten werden können (Günther/Tempelmeier 1997, S. 77). Soll bei der Planung der Flächenbedarf der Anordnungsobjekte berücksichtigt werden, dann lässt sich der am genauesten erfassen, wenn die Rasterquadrate nicht so groß gewählt werden (z.B. 2 qm). Somit beträgt der Flächenbedarf der Anordnungsobjekte ein Vielfaches der Rasterquadrate (Bölte 1994, S. 21). Neben dem Flächenbedarf sind die Entfernungen zwischen den Anordnungsobjekten zu ermitteln. Bei bestehenden Krankenhäusern können diese entlang der Verbindungswege gemessen werden.

Der letzte Einflussfaktor sind die *Beziehungen zwischen den Anordnungsobjekten*. Diese Beziehungen können einerseits quantitativ, d.h. messbar sein. Andererseits gibt es qualitative Beziehungen, die schwer zu erfassen sind, wie z.B. Geruchsbelästigung aus der Küche. Messen lassen sich personelle, materielle, informatorische und energetische Beziehungen (Bölte 1994, S. 23). Hier finden sich die Objekte der Logistik (Patienten, Güter, Informationen) wieder, die bereits im Abschnitt 3.A.II.a)1. definiert wurden. Dort wurden allerdings materielle und energetische Beziehungen zu Gütern zusammengefasst. Da diese Beziehungen in den verschiedensten Einheiten gemessen werden, müssen sie zunächst auf eine Maßeinheit transformiert werden. In der Literatur wird vorgeschlagen, diese Mengengrößen mit einem Transportkostensatz zu gewichten (Bölte 1994, S. 24).

Beziehungsklasse	**Bewertungszahl**
Absolut notwendig	6
Sehr wichtig	5
Wichtig	4
Normal	3
Unwichtig	2
Unerwünscht	1

Abbildung 22: Beziehungsklassen. Quelle: Bölte 1994, S. 25.

Eine Möglichkeit qualitative Beziehungen zu erfassen, besteht darin, Beziehungsklassen zu unterscheiden und diesen nummerische Werte, in Form eines „Relationchip-chart“, zuzuordnen (Francis/White 1974, S. 113ff.). Die einzelnen Beziehungsklassen unterscheiden sich darin, wie wichtig die Beziehung zwischen zwei Anordnungsobjekten ist. Ausgedrückt wird die Wichtigkeit in Bewertungszahlen von 1 (unerwünschte Beziehung) bis 6 (absolut notwendige Beziehung) (vgl. Abb. 22; Bölte 1994, S. 25).

Solche komplexen Probleme wie die Standortplanung können nur gelöst werden, wenn Vereinfachungen vorgenommen werden, indem mit einem Modell gearbeitet wird. In der Literatur wurde 1957 von KOOPMANNS und BECKMANN ein mathematisches Modell, das sogenannte allgemeine Zuordnungsproblem, vorgestellt (Koopmanns/Beckmann 1957, S. 53ff.). Das Modell geht von folgenden vereinfachenden Annahmen aus (siehe auch Bölte 1994, S. 35):

1. Die Anordnungsobjekte sind alle gleich groß.

2. Es wird lediglich die Transportintensität (Gütermenge, die zwischen zwei Organisationseinheiten in einer Periode transportiert wird) betrachtet.

3. Die Transportintensität ist bekannt und unabhängig von der Standortwahl.

4. Die Zahl und Größe der möglichen Standorte entsprechen der Zahl und Größe der Anordnungsobjekte.

5. Restriktionen wie die absoluten oder relativen Anordnungsbedingungen werden nicht berücksichtigt.

6. Kosten, die bei der Anordnung oder Umstellung der Anordnungsobjekte entstehen, sind unabhängig von dem möglichen Standortplan.

7. Die Transportentfernungen zwischen den Standorten sind bekannt.

8. Unabhängig von Transportmenge, -entfernung oder -mittel existiert ein fester Transportkostensatz für eine Gütermengeneinheit über eine Transportentfernungseinheit.

Ziel dieses Verfahrens ist es, die Anordnungsobjekte den Standorten zuzuordnen, so dass die variablen Transportkosten zwischen den Anordnungsobjekten minimal sind. Das heißt, dass die Summe der mit dem Transportkostensatz gewichteten Mengen, die zwischen den Anordnungsobjekten (AO) transportiert werden, minimiert werden soll.

Im Folgenden wird dieses Modell daraufhin überprüft, welche Möglichkeiten und Grenzen es für den Einsatz im Rahmen des Logistik-Controlling im Krankenhaus bietet. Zunächst lassen die vorangestellten vereinfachenden Annahmen daran zweifeln, ob die mangelnde Realitätsnähe hier überhaupt zu anwendbaren Lösungen führt: Die Anordnungsobjekte im Krankenhaus sind keinesfalls gleich groß, eine Pflegestation hat einen anderen Flächenbedarf als die Küche oder die Röntgenabteilung. Außerdem ist nicht gesagt, dass die potentiellen Standorte gleich groß sind oder durch Umbaumaßnahmen gleich groß gemacht werden können. Dieses Modell berücksichtigt zudem nur die transportierbaren Mengen, qualitative Beziehungen wie Geruchs- oder Lärmbelästigung bleiben unberücksichtigt. Ferner wird nicht bedacht, dass im Krankenhaus Patienten zu transportieren sind. Für diese Transporte müssen oftmals besondere Anforderungen erfüllt werden. Unter anderem müssen die Transportwege eine bestimmte Breite haben, damit sie mit Betten passierbar sind. Die fünfte Annahme, dass weder absolute noch relative Anordnungsbedingungen existieren, ist ebenfalls problematisch. Im Krankenhaus gibt es eine Vielzahl von Kriterien und Vorschriften, die berücksichtigt werden müssen. Zum Beispiel muss im Brandfall gewährleistet sein, dass intensivmedizinisch versorgte Patienten, die eventuell ein Beatmungsgerät benötigen, ohne Fahrstuhl das Haus verlassen können. Es bietet sich an, solche Stationen ebenerdig zu platzieren. Außerdem werden in diesem Modell die Kosten, die durch eine neue Anordnung entstehen, nicht berücksichtigt. Aber gerade die können erheblich sein, da z.B. Röntgenabteilungen spezielle strahlenundurchlässige Wände benötigen. Die letzte Annahme (fester Transportkostensatz) ist unrealistisch, denn die unterschiedlichen Kosten verschiedener Transportmittel werden nicht berücksichtigt. Wenn aber beispielsweise einige Gütertransporte mit Personen durchgeführt werden müssen, weil ein Standort von den automatischen Transportanlagen nicht angefahren werden kann, dann wird der Transportkostensatz höher sein. Schließlich muss auch angezweifelt werden, dass die optimale Lösung erreicht ist, wenn die Transportkosten minimiert sind. Gerade im Krankenhaus ist es oftmals viel bedeutender, dass die Transporte schnellstmöglich durchgeführt werden. Darüber hinaus sind die Anforderungen an die Flexibilität und Zuverlässigkeit oftmals sehr hoch. Die Zielausrichtung auf die Kostenminimierung kann zudem bedeuten, dass die Patientenbedürfnisse vernachlässigt werden. Vielleicht ist das Ergebnis der Planung, dass die Patienten in den OP den gleichen Weg benutzen wie die Leichentransporte in die Pathologie. Dadurch würden mit Sicherheit die Ängste vor der anstehenden Operation noch verstärkt werden.

Die Problematik, die dieses Modell für die Anwendung im Krankenhaus mit sich bringt, wurde hier am Grundmodell aufgezeigt. Dieses kann durch Erweiterungen präziser gestaltet werden. BÖLTE hat gezeigt, dass z.B. unterschiedliche Transportmittel, Umstellungskosten, verschiedener Flächenbedarf und noch weitere Zielgrößen berücksichtigt werden können (Bölte 1994, S. 38-60). Diese Modifikationen sollen aber im Rahmen dieser Arbeit nicht dargestellt werden, da der Praxisbezug in diesem Fall aus einem anderen Grund verloren geht: Der Rechenaufwand, den schon das einfache Modell verursacht, steigt mit zunehmender Anzahl von Anordnungsobjekten und Standorten bis ins schier Unermessliche. BÖLTE hat errechnet, dass schon bei 10 Anordnungsobjekten und Standorten 24.300 Multiplikationen und 8.100 Additionen notwendig sind (Bölte 1994, S. 38). Der Rechenaufwand würde sich allenfalls bei kleinen Krankenhäusern mit hoch leistungsfähigen Rechnern lohnen. Mit Hilfe von Branch-and-bound-Verfahren können Ergebnisse in einer angemessenen Zeit allenfalls bei 20 Objekten erwartet werden (Wäscher 1997, S. 988). Beim Branch-and-bound-Verfahren werden mehrere Teillösungsmengen gebildet (branching), die bestimmten Zielwertuntergrenzen (bounds) genügen müssen (Daub 1997, S. 118). Auf diese Weise werden nicht alle Lösungen ermittelt, sondern nur die, die ab einer bestimmten Ausgangskonstellation der Optimallösung näher kommen.

Da solche mathematischen Verfahren für große Krankenhäuser sehr aufwendig sind, werden im Folgenden heuristische Verfahren untersucht. Sie zeichnen sich dadurch aus, dass nicht alle potentiellen Lösungen verfolgt werden. Es werden nach bestimmten Kriterien die Lösungen herausgesucht, die möglichst schnell zu einer dem Optimum sehr nahen Lösung führen (Bölte 1994, S. 73). Es ist definitionsgemäß bei heuristischen Verfahren nicht davon auszugehen, dass sie zu einer mathematisch optimalen Lösung führen (Wäscher 1982, S. 154).

Heuristischen Verfahren liegt zugrunde, dass zunächst eine zulässige Lösung des Problems erarbeitet wird, die daraufhin mit Hilfe von Iterationsverfahren verbessert wird (Wäscher 1997, S. 988). Im vorliegenden Fall handelt es sich um Verbesserungsverfahren oder „Standort-Austauschverfahren“ (Domschke/Drexl 1996, S. 30; Domschke/Drexl/Krispin 1999, S. 6). Die verschiedenen heuristischen Verfahren unterscheiden sich darin, nach welchen Kriterien die Anordnungsobjekte den Standorten zugeordnet werden. Außerdem ist entscheidend, in welcher Reihenfolge die Anordnungsobjekte zur Standortzuordnung ausgewählt werden. Von einem seriellen Verfahren wird gesprochen, wenn zunächst die Reihenfolge, in der die Anordnungsobjekte den Standorten zugeordnet werden, festgelegt wird und erst dann die Anordnungsobjekte den Standorten zugewiesen werden. Diese einfache Vorgehensweise hat den Nachteil, dass bei der Auswahl nur die Eigenschaften der Anordnungsobjekte berücksichtigt werden. Bei alternierenden Verfahren hingegen können Ergebnisse bei der Auswahl des nächsten Anordnungsobjektes mit einbezogen werden, da ein Anordnungsobjekt sofort nach der Auswahl einem Standort zugeordnet wird. Gleichzeitig werden die beiden Schritte beim simultanen Verfahren vollzogen (Bölte 1994, S. 76f.).

Ein traditionelles Verfahren ist das Zweieraustauschverfahren, bei dem solange die Standorte zweier Objekte vertauscht werden, bis sich der Zielwert (z.B. Transportkostenminimierung) durch einen Tausch nicht mehr verbessern lässt (Günther/Tempelmeier 1997, S. 80; Wäscher 1997, S. 988f.). Bei dieser Vorgehensweise ist am bekanntesten das Verfahren CRAFT, welches 1963 erstmals von ARMOUR und BUFFA vorgestellt wurde (Armour/Buffa 1963, S. 294ff.; siehe auch Bloech/Ihde 1972, S. 40ff.). Varianten dieses Grundprinzips ergeben sich dadurch, dass nach unterschiedlichen Kriterien Vertauschungspartner bestimmt werden und unterschiedliche Anforderungen an das auszuwählende Vertauschungspaar bestehen. Zum Beispiel kann als Anforderung schon eine negative Änderung der Kosten reichen, oder es wird nur das Paar ausgewählt, das die größte Kostenänderung erbringt. Allerdings hängt die Güte des Ergebnisses von der Anfangskonstellation ab. Entweder werden die Iterationen mit verschiedenen Anfangslösungen durchgeführt, oder es werden Verfahren angewandt, die, wie das Simulated Annealing und das Tabu Search, vorübergehend auch Verschlechterungen des Zielwertes zulassen. Auf diese Weise wird verhindert, dass ein lokales Optimum präferiert und somit eine gesamtoptimale Lösung nicht erreicht wird (Bölte 1994, S. 106; Wäscher 1997, S. 989).

Im Folgenden wird an einem einfachen Beispiel aus dem Krankenhaus vorgestellt, wie das Grundprinzip der Standortplanung nach dem heuristischen Verfahren durchgeführt werden kann. Dabei wird das Zweieraustauschverfahren zugrunde gelegt, da dieses relativ wenig rechenaufwendig ist und dadurch für die Praxis von besonderer Bedeutung ist (Bölte 1994, S. 108).

Als Beispiel soll ein Teilbereich eines Krankenhauses dienen, der im Rahmen einer Umstellungsplanung überprüft wird. Es betrifft die drei Fachbereiche Chirurgie, Innere Medizin und Gynäkologie. Außerdem sind die Funktionsbereiche OP, Röntgen, EKG, Sonographie, Aufnahme (Ambulanz) und ein Labor betroffen. In die Planung ist der Versorgungsbereich mit eingeschlossen, der die Bereiche Küche, Wäscherei, Sterilisation, Apotheke, Lager, Entsorgung und Archiv umfasst. Und schließlich muss ein Standort für die Verwaltung gefunden werden. Es wird davon ausgegangen, dass gewisse räumliche Umbauten vorgenommen werden können.

Folgende vereinfachenden Planungsannahmen werden gemacht:

1. Die Transportintensität ist bekannt und unabhängig von der Standortwahl.

2. Die Zahl der möglichen Standorte entsprechen der Zahl der Anordnungsobjekte.

3. Restriktionen wie die absoluten oder relativen Anordnungsbedingungen werden nicht berücksichtigt.

4. Kosten, die bei der Anordnung oder Umstellung der Anordnungsobjekte entstehen, sind unabhängig von dem möglichen Standortplan.

5. Die Transportentfernungen zwischen den Standorten sind bekannt.

Ziel der Planung ist es, die Transportkosten zwischen den Anordnungsobjekten zu minimieren.

Zwei Tatbestände müssen allerdings bei der Planung berücksichtigt werden, da das Ergebnis ansonsten nicht in die Realität umsetzbar wäre. Erstens werden zwischen den organisatorischen Einheiten nicht nur materielle Güter transportiert, sondern auch Patienten, und es werden Informationen ausgetauscht. Zweitens sind die Anordnungsobjekte nicht alle gleich groß.

Da die Planung mit dem Ziel der Kostenminimierung durchgeführt werden soll, müssen die Kosten, die die verschiedenen Transportbeziehungen zwischen den Anordnungsobjekten verursachen, in die Planung miteinbezogen werden. Um aber trotz der unterschiedlichen Transporte ein übersichtliches Modell zu erhalten, bietet es sich an, Transporte mit gleich hohen Kosten zu einer Gruppe zusammenzufassen. Die folgende Abbildung zeigt ein Beispiel für die Gruppierung der Transporte (Abb. 23). Der Einfachheit halber wird nicht mit den konkreten Kosten gerechnet, sondern mit Geldeinheiten (GE), mit denen die Unterschiede zwischen den Beziehungen dargestellt werden können.

Transporte		**Kosten/Meter (GE/m)**
Patienten	Rollstuhl	3
	Bett	4
Güter	Essen	2
	Laborproben	2
	Wäsche	2
	Medikamente	2
	Einmalmaterialien	2
	Sterilgut	2
	Müll	2
Informationen	Laborergebnisse	1
	Patientenakten	1
	Verlegungsberichte	1
	Untersuchungsanmeldungen	1
	Untersuchungsergebnisse	1

Abbildung 23: Transporte zwischen Anordnungsobjekten im Krankenhaus und die von ihnen verursachten Kosten pro Meter. Ein Beispiel. Eigene Darstellung.

Wie der Abbildung zu entnehmen ist, lassen sich die Transporte der Logistikobjekte nach den Kosten pro Meter zu vier Gruppen zusammenfassen. Jeweils eine Gruppe bilden die Patiententransporte im Rollstuhl (3GE/m) und die Patiententransporte im Bett (4GE/m). Außerdem können die Transporte unterschiedlicher

Güter (2GE/m) und die Transporte von Informationen (1GE/m) zu jeweils einer Gruppe zusammengefasst werden.

Für die in diesem Beispiel vorgestellten 17 Anordnungsobjekte stehen 17 Standorte zur Verfügung (Abb. 24).

Anordnungsobjekte	**Standort-gruppen**
Station Chirurgie	a (1-3)
Station Innere	
Station Gynäkologie	
OP	b (4-8)
Küche	
Wäscherei	
Archiv	
Verwaltung	
Röntgen	c (9-15)
Ambulanz	
Labor	
Sterilisation	
Apotheke	
Lager	
Entsorgung	
EKG	d (16-17)
Sonographie	

Abbildung 24: Zuordnung der Anordnungsobjekte zu Standortkategorien. Ein Beispiel. Eigene Darstellung.

Die Standorte sind von der Größe her unterschiedlich, so dass die Anordnungsobjekte nicht beliebigen Standorten zugeordnet werden können. Die Standorte lassen sich nach der Größe in 4 Gruppen untergliedern. Innerhalb dieser Gruppen können die Anordnungsobjekte jeden Standort einnehmen. In der Abbildung 24 ist ein Beispiel dargestellt, das zeigt, welche Anordnungsobjekte den jeweiligen Standortgruppen zugeordnet werden können.

Die Entfernungen der Standorte voneinander lassen sich der folgenden Abbildung entnehmen:

	a1	a2	a3	b4	b5	b6	b7	b8	c9	c10	c11	c12	c13	c14	c15	d16	d17
a1		70	80	105	75	95	125	155	100	120	140	160	170	150	130	115	105
a2			70	95	65	85	115	145	90	110	130	150	160	140	120	105	95
a3				85	55	75	105	135	80	100	120	140	150	130	110	95	85
b4					30	80	110	125	85	105	125	145	155	145	135	120	110
b5						50	80	95	55	75	95	115	125	115	105	90	80
b6							30	60	35	55	75	95	105	85	65	50	40
b7								30	65	85	105	125	135	115	95	80	70
b8									95	115	135	155	165	145	125	110	100
c9										20	40	60	90	70	50	35	25
c10											20	40	110	90	70	55	45
c11												20	130	110	90	75	65
c12													150	130	110	95	85
c13														20	40	55	65
c14															20	35	45
c15																15	25
d16																	10
d17																	

Abbildung 25: Entfernungen zwischen den Standorten. Ein Beispiel. Eigene Darstellung.

Außerdem ist zu ermitteln, wie viele Transportbeziehungen täglich zwischen den organisatorischen Einheiten stattfinden. Solche Daten können erhoben werden, indem Mitarbeiter des Logistik-Controlling die Beteiligten befragen oder Beobachtungen durchführen. Eine weitere Möglichkeit besteht darin, die an den Transporten beteiligten Mitarbeiter selber über einen gewissen Zeitraum notieren zu lassen, wie viele Transporte täglich stattfinden. Aus den Transportdaten lässt sich ein Mittelwert errechnen. Die für dieses Beispiel angenommenen Transportmengen der Patienten im Rollstuhl und Bett sowie der Güter und Informationen zwischen den organisatorischen Einheiten, sind den Abbildungen 26–29 zu entnehmen.

	St. Chir.	St. Inn.	St. Gyn.	OP	Küche	Wäscherei	Archiv	Verwaltung	Röntgen	Ambulanz	Labor	Sterilisation	Apotheke	Lager	Entsorgung	EKG	Sonographie
St. Chir.									4	1						3	3
St. Inn.									2	1						5	4
St. Gyn.									2	2						2	7
OP																	
Küche																	
Wäscherei																	
Archiv																	
Verwaltung																	
Röntgen	4	2	2							3							
Ambulanz	1	1	2						5								
Labor																	
Sterilisation																	
Apotheke																	
Lager																	
Entsorgung																	
EKG	3	5	2														
Sonographie	3	4	7														

Abb. 26: Anzahl der Transporte pro Tag - Patienten im Rollstuhl. Ein Beispiel. Eigene Darstellung.

	St. Chir.	St. Inn.	St. Gyn.	OP	Küche	Wäscherei	Archiv	Verwaltung	Röntgen	Ambulanz	Labor	Sterilisation	Apotheke	Lager	Entsorgung	EKG	Sonographie
St. Chir.				4					4	2						2	2
St. Inn.									3	2						5	3
St. Gyn.				3					2	1						1	3
OP	4		3						3								
Küche																	
Wäscherei																	
Archiv																	
Verwaltung																	
Röntgen	4	3	2	1						2							
Ambulanz	2	2	1	1					5							2	2
Labor																	
Sterilisation																	
Apotheke																	
Lager																	
Entsorgung																	
EKG	2	5	1							1							
Sonographie	2	3	3							1							

Abb. 27: Anzahl der Transporte pro Tag - Patienten imBett. Ein Beispiel. Eigene Darstellung.

	St. Chir.	St. Inn.	St. Gyn.	OP	Küche	Wäscherei	Archiv	Verwaltung	Röntgen	Ambulanz	Labor	Sterilisation	Apotheke	Lager	Entsorgung	EKG	Sonographie
St. Chir.					3	1					15	1			1		
St. Inn.					3	1					20	1			1		
St. Gyn.					3	1					10	1			1		
OP						1					4	1			2		
Küche	3	3	3			1											
Wäscherei	1	1	1	1	1					1		1					
Archiv																	
Verwaltung																	
Röntgen															1		
Ambulanz						1					8	1			1		
Labor												1			1		
Sterilisation	1	1	1	1						1							
Apotheke	1	1	1	1													
Lager	1	1	1	1													
Entsorgung																	
EKG																1	
Sonographie																1	

Abb. 28: Anzahl der Transporte pro Tag - Güter. Ein Beispiel. Eigene Darstellung.

	St. Chir.	St. Inn.	St. Gyn.	OP	Küche	Wäscherei	Archiv	Verwaltung	Röntgen	Ambulanz	Labor	Sterilisation	Apotheke	Lager	Entsorgung	EKG	Sonographie
St. Chir.							3	1	8	3			1	1		5	5
St. Inn.							3	1	5	3			1	1		10	5
St. Gyn.							3	1	4	3			1	1		3	10
OP	4		3					1	3				1	1			
Küche								1									
Wäscherei								1									
Archiv	3	3	3					1		10							
Verwaltung	1	1	1	1	1	1	1		1	10	1	1	1	1		1	1
Röntgen																	
Ambulanz	3	3	3	1			10	10	10				1	1		2	2
Labor	15	20	10	4				1		1				1			
Sterilisation								1									
Apotheke								1									
Lager								1									
Entsorgung								1									
EKG	5	10	3					1		1				1			
Sonographie	5	7	10					1		1				1			

Abb. 29: Anzahl der Transporte pro Tag - Informationen. Ein Beispiel. Eigene Darstellung.

Standortzuordnung		St. Chir.	St. Inn.	St. Gyn.	OP	Küche	Wäscherei	Archiv	Verwaltung	Röntgen	Ambulanz	Labor	Sterilisation	Apotheke	Lager	Entsorgung	EKG	Sonographie	Summe
St. Chir.	a1	0	0	0	1680	450	190	375	155	3600	1680	4200	320	170	150	260	2530	2310	
St. Inn.	a2	0	0	0	0	390	170	345	145	2070	1540	5200	300	160	140	240	4725	2755	
St. Gyn.	a3	0	0	0	1020	330	150	315	135	1440	1300	2400	280	150	130	220	1235	3655	
OP	b4	2100	0	1275	0	0	160	0	125	1275	0	1000	290	155	145	540	0	0	
Küche	b5	450	390	330	0	0	100	0	95	0	0	0	0	0	0	0	0	0	
Wäscherei	b6	190	170	150	160	100	0	0	60	0	110	0	190	0	0	0	0	0	
Archiv	b7	375	345	315	0	0	0	0	30	0	850	0	0	0	0	0	0	0	
Verwaltung	b8	155	145	135	125	95	60	30	0	95	1150	135	155	165	145	125	110	100	
Röntgen	c9	2800	1620	1120	340	0	0	0	0	0	340	0	0	0	0	100	0	0	
Ambulanz	c10	1680	1540	1300	525	0	110	850	1150	900	0	320	80	110	90	140	550	450	
Labor	c11	2100	2600	1200	500	0	0	0	135	0	160	0	40	0	110	180	0	0	
Sterilisation	c12	320	300	280	290	0	0	0	155	0	80	0	0	0	0	0	0	0	
Apotheke	c13	340	320	300	310	0	0	0	165	0	0	0	300	0	0	80	0	0	
Lager	c14	300	280	260	290	0	0	0	145	140	180	220	0	0	0	0	70	90	
Entsorgung	c15	0	0	0	0	0	0	0	125	0	0	0	0	0	0	0	0	0	
EKG	d16	2530	4725	1235	0	0	0	0	110	0	275	0	0	0	35	30	0	0	
Sonographie	d17	2310	2945	3655	0	0	0	0	100	0	225	0	0	0	45	50	0	0	
		15650	15380	11555	5240	1365	940	1915	2830	9520	7890	13475	1955	910	990	1965	9220	9360	110160

Abb. 29: Anzahl der Transporte pro Tag - Informationen. Ein Beispiel. Eigene Darstellung.

Im nächsten Schritt müssen für eine Ausgangslösung die Anordnungsobjekte Standorten zugeordnet werden. Für diese Anordnung können die Kosten ermittelt werden, indem die jeweiligen Kosten pro Meter mit den Entfernungen und der Anzahl der Transportbeziehungen multipliziert werden (GE/m x Entfernung zwischen Standorten x Anzahl der Transportbeziehungen). Daraufhin werden die Anordnungen paarweise solange ausgetauscht, bis das Ziel, die Kosten zu minimieren, erreicht ist. In dem vorgestellten Beispiel kann eine Standortzuordnung wie in Abbildung 27 aussehen. Eine Null tritt dann auf, wenn angenommen wird, dass keine Transportbeziehungen zwischen den Abteilungen stattfinden.

In diesem Beispiel wurden nur quantitative Beziehungen berücksichtigt. Qualitative Beziehungen könnten in das Verfahren mit einbezogen werden, indem sie, wie in der Abbildung 22 dargestellt, Bewertungszahlen erhalten. Allerdings wird angezweifelt, dass sich dadurch das Planungsergebnis wesentlich verbessert. Vor allem lassen sich unerwünschte Beziehungen in dem Verfahren nicht adäquat berücksichtigen. Diese erhalten zwar eine geringe Bewertungszahl (vgl. Abb. 22, unerwünschte Beziehung = 1) und werden damit bei der optimalen Lösung tendenziell weiter auseinander liegen. Bestehen aber zwischen diesen Anordnungsobjekten viele oder hoch bewertete quantitative Beziehungen, dann werden diese das Ergebnis stärker beeinflussen als die unerwünschte Beziehung. Dadurch kann das optimale Ergebnis heißen, dass die Entsorgung neben den Stationen liegt, da viele Transporte zwischen diesen Abteilungen durchgeführt werden, obwohl aufgrund der Geruchsbelästigung diese Beziehungen unerwünscht sind. Zu solch einem Ergebnis kann es bei der dargestellten Vorgehensweise auch kommen, da absolute oder relative Anordnungsbedingungen nicht berücksichtigt wurden. Das heißt, dass die kostenoptimale Lösung auf bestehende Anordnungsbedingungen hin überprüft werden muss. Gegebenenfalls kann diese Lösung nicht umgesetzt werden. In diesem Fall ist die Alternative zu suchen, die bei berücksichtigten Anordnungsbedingungen die niedrigsten Kosten aufweist.
Ohne adäquate Softwareunterstützung ist das Zweieraustauschverfahren allerdings in der Praxis nicht einsetzbar. Allein für das kleine vorgestellte Beispiel sind 46.656.000 Kombinationen der Standortzuordnung möglich. Aber wie gezeigt, lässt sich das heuristische Planungsverfahren durchaus im Krankenhaus anwenden. Obwohl nur die Kostenminimierung als Ziel angestrebt wird, hat die Durchführung der Standortplanung den Vorteil, dass sich Kostensenkungspotenziale im Bereich der Transportkosten erschließen lassen. Allerdings müssen die niedrigeren Transportkosten mit den Kosten für den Umzug der Abteilungen und eventuelle Umbauten gegengerechnet werden.

Das mathematische Planungsverfahren hat den Vorteil, dass es mit Sicherheit die kostenminimale Lösung liefert. Es ist aber wesentlich rechenaufwendiger als das heuristische Verfahren. Dies ist vor allem dann der Fall, wenn das vorgestellte Grundmodell erweitert wird, um die realen Verhältnisse im Krankenhaus besser abzubilden.

3. Instrumente zur Strategieentwicklung

aa) Strategiebestimmung auf Basis von Prognosen der Szenario-Technik

Damit die Logistikführung Strategien festlegen kann, benötigt sie Annahmen über mögliche Entwicklungen. Mit der Szenario-Technik kann das Logistik-Controlling der Logistikführung ein Instrument zur Verfügung stellen, welches als qualitative Prognosemethode aus der heutigen Situation heraus Zukunftsbilder entwickelt. Das besondere Augenmerk liegt dabei auf dem Entwicklungsverlauf (Geschka 1999, S. 522). Vor allem in der Medizin, bei der Entwicklungen zu radikalen Veränderungen führen, reicht es nicht aus, Strategien auf Vergangenheitswerten aufzubauen (Patt 1996, S. 193). Dadurch, dass die Szenario-Technik die Informationslage verbessert, hilft sie Entscheidungen auch bei komplexen Sachverhalten zu treffen (Trill 2000, S. 106). Da die Krankenhauslogistik in ihrer Struktur und in ihren Abläufen sehr komplex ist, werden im Folgenden die Anwendungsmöglichkeiten der Szenario-Technik in der Krankenhauslogistik untersucht. Bei der Entwicklung der Szenario-Technik hat das Logistik-Controlling die Koordination mit den medizinischen Leistungen zu berücksichtigen.

Die Szenario-Technik lässt sich anhand eines Trichters veranschaulichen. Die Spitze des Trichters stellt die Gegenwart da. Hier wird die Situation von Faktoren bestimmt, die feststehen und sich kurzfristig nicht ändern lassen. Für die Zukunft hingegen lassen sich die Einflussfaktoren nicht genau vorhersagen. Die Zahl alternativer Entwicklungen wird umso größer, je weiter in die Zukunft geschaut wird. Die Unsicherheit über die zukünftige Entwicklung wird dadurch verdeutlicht, dass sich der Trichter zur Zukunft hin öffnet. Die Schnittfläche des Trichters zeigt an einem beliebigen Zeitpunkt die Menge aller möglichen Szenarien auf. Mit Hilfe der Szenario-Technik können nicht alle möglichen Entwicklungen aufgezeigt werden, sondern nur die, die nachvollziehbar und plausibel sind. Um die Zukunft möglichst umfassend darzustellen, werden vor allem unterschiedliche Zukunftsbilder skizziert (v. Reibnitz 1987, S. 29ff.; Geschka 1999, S. 522f.).

Die Szenarien werden in Teams erarbeitet. Dadurch können die verschiedenen Erfahrungen und das Wissen der einzelnen Mitglieder genutzt werden (v. Reibnitz 1987, S. 218). Das Logistik-Controlling hat die Aufgabe, die einzelnen Planungsinstrumente des Planungsprozesses, der sich in 7 Schritten vollzieht, zu implementieren und zu koordinieren (vgl. zur Vorgehensweise der Szenario-Technik

v. Reibnitz 1987, S. 31ff.; Meyer-Schönherr 1992, S. 47ff.; Geschka 1999, S. 526ff.).

1. Schritt: Aufgabenanalyse
Die Aufgabenanalyse dient dazu festzustellen, welche Herausforderungen in der Zukunft zu lösen sind. Als Instrument kann hier wiederum die Stärken- und Schwächenanalyse angewandt werden, die in dieser Arbeit bereits im Abschnitt 4.B.I.b)1. als Ausgangspunkt der strategischen Planung dargestellt wurde. Die zukünftigen Aufgaben werden in Form von Fragestellungen fixiert. Dabei wird der zu betrachtende Zeithorizont bestimmt. Für die Krankenhauslogistik könnte z.B. eine Aufgabe heißen: Wie kann die Zielerreichung bei den Patiententransporten in den nächsten fünf Jahren um 20 Prozent verbessert werden? Allgemein wird die Zeitspanne als Planungshorizont angenommen, die benötigt wird, um eine Innovation durchzusetzen. In der Krankenhauslogistik könnte beispielsweise der Zeitraum betrachtet werden, der durchschnittlich für die Entwicklung neuer Transportanlagen benötigt wird. Ferner kann die Zeitspanne, in der gravierende medizinisch-technische Wandlungen stattfinden, von Belang sein.

2. Schritt: Einflussanalyse
In der Einflussanalyse werden die externen Einflussfaktoren bestimmt, bewertet und deren Beziehungen untereinander analysiert. Für die Krankenhauslogistik sind das insbesondere die Anzahl und Art der medizinischen Leistungen und der technische Fortschritt. Da es sich bei den Einflussfaktoren in Krankenhäusern oftmals um qualitative Faktoren handelt, werden diese durch eine relative Rangfolge, entsprechend der Bedeutung für das Krankenhaus, bewertet. Um die Beziehungen der einzelnen Einflussfaktoren untereinander festzustellen, werden in einer Vernetzungsmatrix alle Bereiche einander gegenübergestellt. Hierzu werden mit einer Bewertungsskala von 0 (schwacher Einfluss) bis 3 (starker Einfluss) die Einflussstärken bestimmt. Das Ziel ist festzustellen, welche Faktoren besonders stark auf andere wirken und welche selber stark beeinflusst werden. Dadurch lässt sich ableiten, welche Faktoren für die zukünftigen Entwicklungen besonders verantwortlich sind (Patt 1996, S. 201).

3. Schritt: Projektionen
Im dritten Schritt werden Entwicklungstendenzen für die Einflussfaktoren ermittelt. Dazu werden zunächst Deskriptoren, die die Einflussfaktoren beschreiben, bestimmt. Die Deskriptoren sollen möglichst neutral formuliert werden, um nicht durch die Formulierung eine Entwicklungstendenz vorweg zu nehmen. Mögliche Deskriptoren für die Krankenhauslogistik sind die Bettenauslastung, die Verweildauern der Patienten, die Fallzahlen oder die technische Ausstattung. Zeigt die Entwicklung eines Deskriptors in eine bestimmte Richtung, dann ist er unkritisch, wie z.B. die Verweildauern der Patienten (vgl. Patt 1996, S. 202). Kritisch sind

die, die sich in verschiedene Richtungen entwickeln können, wodurch die Entwicklungstendenz nicht vorhersagbar ist. So können sich beispielsweise bei einem anstehenden Chefarztwechsel die Fallzahlen in ganz unterschiedliche Richtungen entwickeln.

4. Schritt: Bildung und Auswahl alternativer konsistenter Annahmenbündel
Die Annahmenbündel werden erstellt, indem die Annahmen über die Entwicklungen der kritischen Deskriptoren zu Bündeln zusammengestellt werden. Dabei werden die Annahmen untereinander auf ihre Verträglichkeit hin überprüft: Entweder verstärken sie sich gegenseitig, sind neutral zueinander oder schließen einander aus. Beispielsweise ist davon auszugehen, dass die Fallzahlen steigen, wenn die Verweildauern der Patienten sinken. Um die Deskriptoren systematisch zu überprüfen, ist es sinnvoll, eine Konsistenzmatrix zu erstellen. Mit Hilfe von EDV-Programmen kann die Matrix derart ausgewertet werden, dass zunächst alle theoretisch möglichen Annahmen zu Bündeln zusammengestellt und die mit der größtmöglichen Konsistenz ausgesucht werden. Weiterhin überprüft das Programm, welche der konsistenten Annahmebündel sich in ihrer Konsistenz durch Störgrößen nicht beeinflussen lassen. Auf diese Weise wird erreicht, dass nur Szenarien ausgewählt werden, die auch langfristig stabil sind. Für die weitere Betrachtung werden möglichst unterschiedliche Szenarien ausgesucht. Dazu reichen zwei Extrem-Szenarien (ein optimistisches und ein pessimistisches), ein Szenario, welches den gegenwärtigen Trend fortsetzt und ein Szenario, das Störereignisse berücksichtigt, aus.

5. Schritt: Interpretation der Szenarien
In diesem Schritt werden die für die Krankenhauslogistik ausgewählten Annahmebündel und die unkritischen Deskriptoren zu Szenarien ausformuliert und interpretiert. Hierzu werden die Szenarien aus krankenhauslogistischer Sicht interpretiert. Das heißt, dass zukünftige Anforderungen an die Transport- und Lagerleistungen herausgestellt werden. Beispielsweise wird die Zunahme der Fallzahlen aus krankenhauslogistischer Sicht zu dem Szenario führen, dass die Anzahl der Patiententransporte zunimmt. Bei der Erstellung der Szenarien ist darauf zu achten, dass sie in Zeitschritten (z.B. 5-Ein-Jahresschritten) entwickelt werden, damit der Verlauf transparent wird.

6.Schritt: Konsequenzanalyse
An diesem Punkt wird dem Vorgehen v.REIBNITZ gefolgt, das zunächst die Szenario-Technik mit der Konsequenzanalyse fortsetzt und erst im 7. Schritt mögliche Störereignisse überprüft. Dieses Vorgehen zeigt dem Anwender, dass die Untersuchung auch durchführbar ist, ohne dass Störereignisse berücksichtigt werden.

Die Konsequenzanalyse stellt die Verbindung von der Szenarioerstellung zur strategischen Planung dar. Aus den entwickelten Szenarien werden die Chancen und

Risiken für die Krankenhauslogistik bestimmt, sie werden aus deren Sicht bewertet, und daraufhin werden geeignete Maßnahmen entwickelt. Ziel ist es, Chancen zu nutzen und Risiken zu meiden. Hier finden sich außerdem Antworten -unter Berücksichtigung der erstellten Szenarien- auf die im ersten Schritt formulierten Fragen. Das Beispiel des Szenarios der zunehmenden Patiententransporte birgt die Gefahr, dass sich die Wartezeiten für die Patienten verlängern und somit die Patientenzufriedenheit sinkt. Darüber hinaus besteht die Gefahr, dass die Transportkosten steigen. Daraus lassen sich zwei alternative Maßnahmen ableiten:

1. Die Transportwege müssen verkürzt werden. Daher sind in einer Standortplanung die Standortzuordnungen zu überprüfen (siehe Kap. 4.B.I.b)2.). Daraus lassen sich Maßnahmen, z.B. Umzüge organisatorischer Einheiten oder Umbauten, ableiten.
2. Die Anzahl der Patiententransporte ist zu reduzieren, indem z.B. mobile Untersuchungsgeräte statt fest installierte angeschafft werden.

7. Schritt: Störereignis-Analyse
Bei der Störereignis-Analyse wird das gesamte Umfeld des Krankenhauses auf mögliche Ereignisse aller Art hin untersucht. Beispielsweise können durch Abwanderungsbewegungen (z.B. bei hoher Arbeitslosenquote) die Bevölkerungszahlen in einer Region sinken. Daraufhin werden die Auswirkungen auf die Szenarien betrachtet. Durch diese Störereignisse können sich Szenarien in eine andere Richtung entwickeln. Der Bevölkerungsrückgang hätte zur Folge, dass die Fallzahlen sinken. Damit würde die Anzahl der Patiententransporte sinken und nicht, wie angenommen, steigen. Die Störanalyse soll dazu beitragen, dass sich die Krankenhauslogistik bereits im Vorfeld mit Krisensituationen auseinandersetzt, um für solche Störereignisse sensibilisiert zu sein.

Die Szenario-Technik hat zwei hervorzuhebende Vorteile:

- Bei der Szenario-Technik handelt es sich um ein Instrument, mit dem systematisch alternative Entwicklungen analysiert und Strategien entwickelt werden. Dadurch haben es die Verantwortlichen der Krankenhauslogistik einfacher, strategische Maßnahmen zu formulieren (vgl. Patt 1996, S. 207).

- Es werden explizit mehrere Entwicklungsmöglichkeiten untersucht, dadurch wird eine einseitige Betrachtung verhindert. Auf diese Weise kann die Krankenhauslogistik auf alternative Entwicklungen frühzeitig und angemessen reagieren.

- Es fließen unterschiedliche Erfahrungen und Kenntnisse in die Strategieentwicklung ein, da Teams an der Ausarbeitung beteiligt sind. Insbesondere die Krankenhauslogistik kann sich dadurch Vorteile verschaffen, da von den

Transport- und Lagerleistungen viele unterschiedliche Berufsgruppen berührt werden. Werden die verschiedenen Krankenhausmitarbeiter (z.B. Ärzte, Pflegepersonal, technische Mitarbeiter usw.) an der Strategieentwicklung beteiligt, so lassen sich viele Aspekte berücksichtigen. Darüber hinaus kann eine wesentlich höhere Akzeptanz der entwickelten Maßnahmen erwartet werden.

Es ist aber zu bedenken, dass

- mit der Szenario-Technik die Unsicherheiten über zukünftige Entwicklungen nicht aufgehoben werden können. Sie kann nur das Bewusstsein über die unsichere Zukunft stärken und als Entscheidungshilfe dienen (vgl. Patt 1996, S. 207 und S. 208).
- die Qualität der Ergebnisse entscheidend von den an der Szenario-Technik beteiligten Teammitgliedern abhängt. Daher wird im großen Maße der Erfolg dieses Instrumentes von der Zusammensetzung, den Kompetenzen und der Sorgfalt der Beteiligten bestimmt (Patt 1996, S. 207).
- der zeitliche und personelle Aufwand durch die Erarbeitung in interdisziplinären Teams sehr hoch ist (vgl. Trill 2000, S. 106).

Trotz der Bedenken wird davon ausgegangen, dass sich in Kliniken der Maximalversorgung der Einsatz der Szenario-Technik für die Logistik lohnt. In großen Kliniken werden zukünftige Entwicklungen von sehr vielen Einzelaspekten beeinflusst. Daher unterstützt ein Instrument, dass diese Aspekte analysiert und Strategien entwickelt, die Logistikführung in der zielgerechten Steuerung.

bb) Strategiebestimmung mit der Portfolio-Technik

Ursprünglich stammt das Konzept der Portfolio-Technik aus der Finanzwirtschaft. Es sollte die Anleger bei der Zusammenstellung der optimalen Mischung von Anlagemöglichkeiten unterstützen (Hahn 1999, S. 402). In der strategischen Planung wird die Technik vor dem gleichen Hintergrund angewandt: Die Ressourcenverwendung soll zielentsprechend optimiert werden (Ehrmann 2001, S. 92; Patt 1996, S. 174). Zumeist handelt es sich um strategische Geschäftseinheiten oder strategische Leistungsgruppen (Kattnigg 1991, S. 240), für die auf diese Weise das strategische Vorgehen bestimmt wird. Es soll langfristig die Existenz des Krankenhauses gesichert werden, indem eine Ausgewogenheit zwischen mittelfreisetzenden und mittelbindenden Leistungsgruppen besteht (vgl. Pfohl/Roland 1997, S. 802). Darüber hinaus haben WEBER und KUMMER dargelegt, dass die Portfolio-Technik dazu genutzt werden kann, Strategien für die Logistik aufzuzeigen, indem die Bedeutung der Logistik untersucht wird (Weber, J./Kummer 1998, S. 170ff.).

Für das Logistik-Controlling im Krankenhaus ist die Portfolio-Technik somit in zweierlei Hinsicht bedeutsam:

1. Die Planung der Krankenhauslogistik ist mit der Krankenhausgesamtplanung, die auf den Ergebnissen der Portfolio-Technik beruht, zu koordinieren.

2. Die Portfolio-Technik kann dazu verwandt werden, die strategische Bedeutung der Logistik für das Krankenhaus festzustellen und daraus Strategien abzuleiten.

Zu 1.: Das Logistik-Controlling hat die Aufgabe, die Logistikplanung mit der Krankenhausgesamtplanung zu koordinieren (vgl. Kap. 4.A.II. S. 91f.). Daher müssen Planungsergebnisse, die sich aus der Anwendung der Portfolio-Technik für das gesamte Krankenhaus ergeben, hinsichtlich der Konsequenzen für die Logistik untersucht werden. Hierzu ist es zunächst erforderlich darzulegen, wie die Portfolio-Technik im Krankenhaus angewendet wird:

Das Grundprinzip der Portfolio-Technik besteht darin, in einer Matrix zwei Schlüsselfaktoren, die das Leistungsgeschehen im Krankenhaus beeinflussen, gegenüber zu stellen. Dabei sollte der eine Schlüsselfaktor von dem Krankenhaus beeinflussbar sein und der andere nicht (vgl. Teichmann 1995, S. 154; Pfohl/Rohland 1996, S. 803). Beispielsweise lässt sich die „Notwendigkeit und Attraktivität der Leistungserstellung" der „Nachfrage und dem Bedarf der Bevölkerung" gegenüberstellen (vgl. Abb. 31; Kattnigg 1991, S. 240).

Die Schlüsselfaktoren werden skaliert und die Matrix wird in Felder eingeteilt. Am bekanntesten sind die Vier-Felder-Matrix und die Neun-Felder-Matrix. Um die strategischen Leistungsgruppen in der Matrix positionieren zu können, werden sie bezüglich der Schlüsselfaktoren bewertet. Bei der Vier-Felder-Matrix werden nur die Schlüsselfaktoren insgesamt beurteilt und als entweder hoch oder niedrig eingestuft. Die Neun-Felder-Matrix berücksichtigt mehrere Einflussfaktoren, die zu den Schlüsselfaktoren zusammengefasst werden. So werden beispielsweise die „Notwendigkeit und Attraktivität der Leistungserstellung" durch die Qualität der Gesundheitsleistung, durch den finanziellen Mitteleinsatz, die Personalintensität der Leistungserstellung, das eigene Know-How und die Konkurrenzsituation beeinflusst. Die „Nachfrage und der Bedarf der Bevölkerung" werden durch die Größe der Patientenzielgruppe, die Bedürfnisstruktur, die Kapazität der Konkurrenz, durch das Gesundheitsbewusstsein und durch alternative medizinische Leistungen abgebildet (Kattnigg 1991, S. 242f.). Werden diese Faktoren in die Stufen niedrig, mittel und hoch eingestuft, dann entsteht eine Neun-Felder-Matrix, wie sie die Abbildung 31 zeigt.

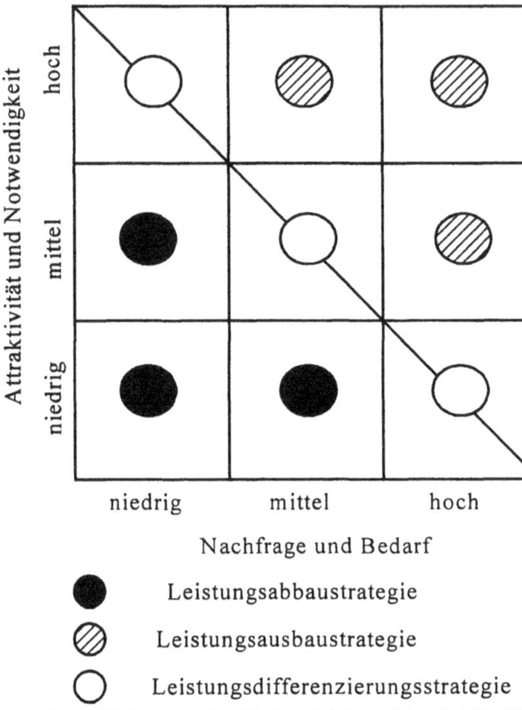

Abbildung 31: Neun-Felder-Matrix für das Krankenhaus. Quelle: Kattnigg 1991, S. 241.

Die Leistungsgruppen, die in der Matrix zu positionieren sind, werden nach folgenden Kriterien gebildet: Es muss ein eigenes Ziel mit den dazugehörigen Planungs- und Kontrollmöglichkeiten gegeben sein. Außerdem muss die Leistungsgruppe unabhängig in ihren Entscheidungen sein und eigenständig Mittel und Maßnahmen zugewiesen bekommen. Des Weiteren sollte die Leistungsgruppe über einen eigenen Kompetenzbereich verfügen, indem sie an eine Instanz angegliedert ist oder eine eigene Abteilung bildet (Kattnigg 1991, S. 241; Patt 1996, S. 182). Diese Kriterien werden im Krankenhaus von den einzelnen Fachabteilungen erfüllt. Wenn die Leistungsgruppen bezüglich der Schlüsselfaktoren bewertet und in der Matrix platziert wurden, dann wird dieses Ist-Portfolio mit einem Ziel-Portfolio verglichen, und daraus werden für die Leistungsgruppen Normstrategien abgeleitet. Entweder wird die Ressourcenverwendung eingeschränkt und die Leistungen werden abgebaut oder es werden Ressourcen eingesetzt, um die Leistungen auszubauen. Welche Strategieformulierungen für die Krankenhauslogistik aus der Positionierung der medizinischen Leistungsgruppen resultieren, wird im Folgenden erläutert.

In der Matrix (Abb. 31) können drei Bereiche identifiziert werden. Für die sich dort befindenden medizinischen Leistungsgruppen sind unterschiedliche Strategien zu entwickeln. In der linken unteren Ecke sind sowohl die Attraktivität und Notwendigkeit der medizinischen Leistungen als auch die Nachfrage und der Bedarf nach diesen Leistungen nur niedrig oder mittelmäßig. Daraus lässt sich als Normstrategie für die medizinischen Leistungen ableiten, dass sie entweder abgebaut oder höchstens in dem bisherigen Maße gehalten werden sollten. Anders sieht das für die medizinischen Leistungsgruppen aus, die rechts oben positioniert sind. Deren Attraktivität und Notwendigkeit sind mittelmäßig bis hoch, wie auch die Nachfrage und der Bedarf. Das bedeutet, dass die Leistungen weiter ausgebaut werden sollten. Für medizinische Leistungsgruppen, die auf der Diagonale von oben links nach unten rechts positioniert sind, lassen sich keine eindeutigen Strategieempfehlungen aussprechen. Hier müssen noch weitere Überlegungen, die die jeweilige Situation bestimmen, in die Entscheidung mit einbezogen werden.

Es ist die Aufgabe des Logistik-Controlling, aus diesen Normstrategien der medizinischen Leistungsgruppen Handlungsstrategien für die Logistik abzuleiten. Dabei gilt es vor allem zu prüfen und aufzuzeigen, was es für die Transport- und Lagerleistungen bedeutet, wenn medizinische Leistungsgruppen aus- oder abgebaut werden.

Werden z.B. medizinische Leistungen weiter ausgebaut, dann werden zumeist mehr Medikamente und Hilfsmittel benötigt. Das bedeutet, dass die Lagerleistungen auszubauen sind, wodurch bei Erreichen der Kapazitätsgrenze investive Maßnahmen notwendig werden. Desgleichen gilt für die Transportleistungen. Mit dem Ausbau der medizinischen Leistungen geht einher, dass mehr Patienten behandelt und somit auch transportiert werden müssen. Die Anzahl der Transporte kann gravierend zunehmen, wenn viele diagnostische und therapeutische Maßnahmen für die Gesundheitsleistung notwendig sind. Darüber hinaus sind die Güter- und Informationstransporte auszubauen. Bei einem Abbau der medizinischen Leistungen kann dementsprechend davon ausgegangen werden, dass die Lager- und Transportleistungen abnehmen werden.

Befindet sich die medizinische Leistungsgruppe im oberen linken Bereich des Portfolios, dann sind die Leistungen zwar sehr attraktiv und notwendig, aber sie werden von der Bevölkerung nicht nachgefragt. Falls die Nachfrage gering ist, weil der Konkurrent Wettbewerbsvorteile hat oder die Bevölkerung das Leistungsangebot noch nicht wahrgenommen hat, ist es sinnvoll, das Serviceniveau der Logistik zu optimieren. Dann kann mit geringen Wartezeiten der Patienten vor Untersuchungen und kurzen Transportzeiten von Gütern und Informationen das medizinische Leistungsangebot unterstützt werden. Die medizinischen Leistungsgruppen, die im Portfolio rechts unten positioniert sind, werden zwar von der Bevölkerung nachgefragt, aber Attraktivität und Notwendigkeit der medizinischen Leistungen sind als gering einzuschätzen. Die Logistik sollte ihre Leistungen für diese medizinischen Leistungsgruppen soweit wie möglich rationalisieren und insbesondere Kostensenkungsmaßnahmen durchführen. Diese medizinischen Leistungsgruppen haben zumeist keine große Zukunft und werden wahrscheinlich von der Bevölkerung auf längere Sicht weniger nachgefragt werden. Beispielsweise ist erkannt worden, dass es nicht immer notwendig ist, Bandrupturen zu operieren. Die Nachfrage der Bevölkerung nach solchen Operationen ist aber noch immer vorhanden, da die Patienten die Hoffnung haben, auf diese Weise schneller gesund zu werden. Wenn aber die Erfolge der konservativen Therapie von der Bevölkerung erkannt werden, dann wird die Nachfrage nach der operativen Leistung sinken. Folglich wird die Nachfrage nach logistischen Leistungen, z.B. Patiententransporte in den OP, sinken.

Zu 2.: Wie bereits erwähnt, kann die Portfolio-Technik auch dazu eingesetzt werden, die strategische Bedeutung der Logistik für das Krankenhaus zu bestimmen. Das Logistik-Controlling hat mit diesem Instrument die Möglichkeit, die Logistikführung bei der strategischen Planung zu unterstützen, da der logistische Handlungsbedarf offen gelegt wird. Im Folgenden wird untersucht, wie dieses Verfahren für die Krankenhauslogistik angewendet werden kann.

In einer Matrix werden die Logistikattraktivität (Ordinate) und die Logistikkompetenz (Abszisse) gegenübergestellt (Weber, J./Kummer 1990, S. 777f.; Weber, J./Kummer 1998, S. 171). Die *Logistikattraktivität* wird durch *Kostensenkungsmöglichkeiten* und *Leistungssteigerungsmöglichkeiten* bestimmt.

Die *Kostensenkungsmöglichkeiten* sind danach zu untersuchen, wie hoch sie sind und wie sie sich beeinflussen lassen. Weiterhin ist die Bedeutung von Kostensenkungsmaßnahmen zu ermitteln. Haben die Logistikkosten nur einen geringen Anteil an den Gesamtkosten, dann haben sinkende Logistikkosten keine größeren Auswirkungen. Im Krankenhaus ist zum derzeitigen Zeitpunkt davon auszugehen, dass die Kostensenkungsmöglichkeiten der Logistik in den meisten Krankenhäusern recht hoch sind, da der Krankenhauslogistik bisher wenig Aufmerksamkeit geschenkt wurde. Folglich sind vorhandene Rationalisierungspotenziale noch ungenutzt. Zudem lassen sich Transport- und Lagerleistungen gut beeinflussen, da es sich um einfach strukturierte Leistungen handelt. Darüber hinaus kann die Bedeutung der Logistikkosten im Krankenhaus als mittelhoch eingeschätzt werden, da schon allein aus der hohen Anzahl der Logistikleistungen (siehe Beispiel Kap. 1, S. 19) davon ausgegangen werden kann, dass sie einen nicht geringen Teil der Gesamtkosten ausmachen.

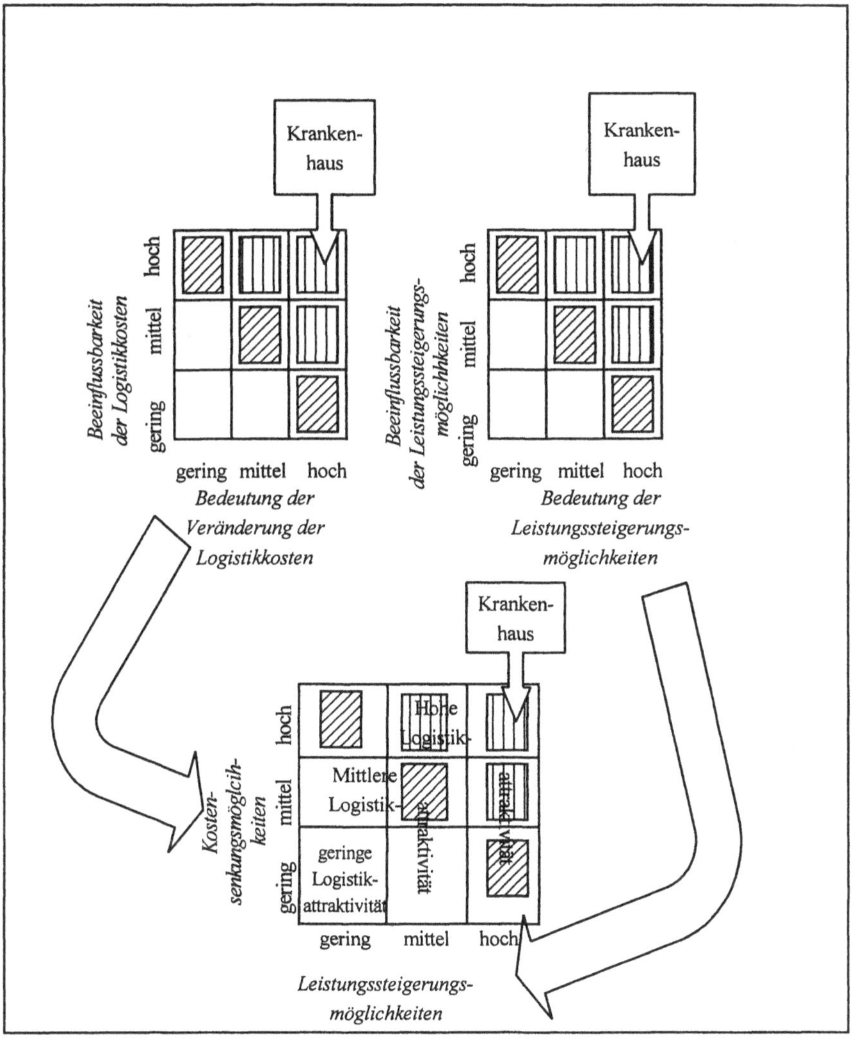

Abbildung 32: Portfolio-gestützte Ermittlung der Logistik-Attraktivität im Krankenhaus. Quelle: Weber, J./Kummer 1998, S. 172.

Ein weiterer Aspekt der Logistikattraktivität sind die *Leistungssteigerungsmöglichkeiten,* die sich durch eine optimierte Logistik ergeben (Weber, J./Kummer 1998, S. 173). Leistungssteigerung durch eine verbesserte Logistik bedeutet z.B., dass die Verweildauern der Patienten sinken, wodurch Kapazitäten frei werden. Die frei gewordenen Kapazitäten können dazu genutzt werden, mehr Patienten zu behandeln. Außerdem sind die Patienten bei einer optimierten Logistik zufriedener und die Qualität der Gesundheitsleistungen nimmt zu. Um die Leistungssteigerungsmöglichkeiten für die Portfolio-Technik zu bewerten, werden die Logistikleistungen darauf hin untersucht, wie sie beeinflusst werden können, um medizinische Leistungen zu verbessern, und welche Bedeutung diesem Aspekt zukommt. Im Krankenhaus kann davon ausgegangen werden, dass Transport- und Lagerleistungen diesbezüglich beeinflussbar sind, indem z.B. die Transportplanung optimiert wird. Ferner wird die Leistungssteigerung durch eine verbesserte Logistik in Zukunft, bei zunehmenden Wettbewerb und schwieriger Finanzlage, an Bedeutung gewinnen.

Werden die Kostensenkungsmöglichkeiten und die Leistungssteigerungsmöglichkeiten gegenübergestellt, dann lässt sich daraus ein Maß für die „Logistik-Attraktivität" ableiten. Im Krankenhaus ist die Logistik-Attraktivität relativ hoch, da sowohl die Kostensenkungsmöglichkeiten als auch die Leistungssteigerungsmöglichkeiten als relativ hoch eingeschätzt wurden. Die Abbildung 32 zeigt die Vorgehensweise.

Mit der *Logistikkompetenz* wird die Fähigkeit dargestellt, das „Konzept der Logistik in Planung und Durchführung optimal umzusetzen" (Weber, J./Kummer 1998, S. 173). Problematisch ist, dass sich die Logistikkompetenz nicht objektiv bestimmen lässt. Als Hilfsmittel haben WEBER und KUMMER die Logistikkompetenz in 6 Stufen untergliedert, wobei sie jeder Stufe bestimmte Indikatoren zuordnen. Auf diese Weise erhält das Logistik-Controlling Anhaltspunkte dafür, wie die Logistikkompetenz in dem jeweiligen Krankenhaus eingestuft werden kann (vgl. Abb. 33).

Da in der Vergangenheit der Krankenhauslogistik im Bereich der Leistungserstellung sowohl in der Literatur als auch in der Praxis wenig Aufmerksamkeit geschenkt wurde, kann daraus geschlossen werden, dass in den meisten Krankenhäusern die Logistik noch nicht weit entwickelt ist. Daher ist die Krankenhauslogistik zumeist bei dem prä-Logistiker oder dem Logistik-Interessierten einzustufen.

Kompetenzstufen	Indikatoren	Logistik-kompetenz
prä-Logistiker	• Erfüllung der flussbezogenen Dienstleistungsaufgaben erfolgt unkoordiniert, keine Flussorientierung des Krankenhauses	gering
Logistik-Interessierter	• Beginn der Beschäftigung mit dem Logistik-Gedanken (z.B. Seminarbesuche) • Erste Pilotstudien	gering
Logistik-Beginner	• Vereinzelte, inselbezogene Realisierung des Logistikgedankens • Überlegungen zu einem Krankenhausgesamtkonzept für die Logistik	mittel
Logistik-Fortgeschrittener	• Ganzheitlich eingeführtes Logistikkonzept • Begonnene Überwindung der Krankenhausgrenzen	mittel
Logistik-Profi	• Realisierung umfassender Erfahrungskurveneffekte in der Logistik • Breite Durchdringung des Krankenhauses bezüglich des Logistik-Gedankens	hoch
post-Logistiker	• Organisatorische Zurückführung der flussbezogenen Dienstleistungen in die Funktionalbereiche • Projektorganisation der Logistik bei güterflussbezogenen Veränderungen	hoch

Abbildung 33: Klassifizierung der Logistikkompetenz in Logistikstufen.
Quelle: Weber, J./Kummer 1998, S. 174.

Nachdem sowohl die Logistikattraktivität als auch die Logistikkompetenz begrifflich bestimmt wurden, können diese beiden Schlüsselfaktoren in einer Matrix zusammengeführt werden (Abb. 34):

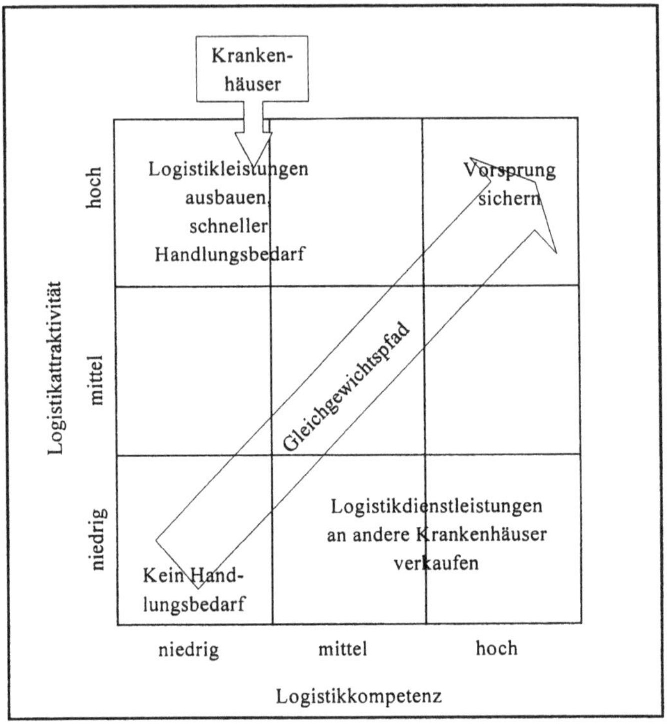

Abbildung 34: Logistik-Portfolio für Krankenhäuser. Quelle: in Anlehnung an Weber, J./Kummer 1998, S. 175.

Je nachdem wo die Krankenhauslogistik in der Matrix positioniert wird, können vom Logistik-Controlling folgende Normstrategien den Verantwortlichen der Krankenhauslogistik empfohlen werden:

Ein großer Handlungsbedarf besteht dann, wenn die Logistikattraktivität hoch aber die Logistikkompetenz niedrig ist. In diesem Fall müssen Logistikleistungen ausgebaut und verbessert werden. Da ein schneller Handlungsbedarf besteht, ist es sinnvoll, Logistikleistungen zuzukaufen oder Berater hinzuzuziehen. Besteht hingegen eine hohe Logistikkompetenz, aber eine geringe Logistikattraktivität, dann bietet es sich an, Logistikdienstleistungen an andere Krankenhäuser zu verkaufen. Anzustreben ist der sogenannte „Gleichgewichtspfad", auf dem beide Schlüsselfaktoren gleich groß sind. Kein Handlungsbedarf besteht, wenn die Logistikattraktivität und die Logistikkompetenz niedrig sind. Sind sie hingegen beide hoch, dann sollte der Vorsprung gesichert werden.

Für einen Großteil der öffentlichen Krankenhäuser ist anzunehmen, dass die Logistikattraktivität hoch und die Logistikkompetenz niedrig ist. Als Normstrategie resultiert daraus, dass dringender Handlungsbedarf besteht, die Logistikleistungen auszubauen und zu verbessern. Das heißt z.B., dass die Transport- und Lagerplanung verbessert werden sollte.

Bisher wurde die Logistik als eine Einheit für das ganze Krankenhaus betrachtet. Diese Vorgehensweise kann zu allgemein sein. Wenn hinsichtlich der Logistik zwischen den organisatorischen Einheiten zu große Unterschiede bestehen, dann sollten diese einzeln bewertet werden. FRÖHLING schlägt vor, den gesamten Logistikprozess in Teilprozesse zu untergliedern (Fröhling 1991, S. 675). Zum Beispiel werden dann gesondert der Transport der Küche, Transport der Apotheke, Lager der Küche, Lager der Apotheke usw. betrachtet.

Der Vorteil der Portfolio-Technik besteht darin, dass jedes Krankenhaus den eigenen logistischen Handlungsbedarf bestimmen und von Zeit zu Zeit überprüfen kann. Auf diese Weise lässt sich verhindern, dass mit „Kanonen auf Spatzen geschossen wird“ und unnötige Aktivitäten entwickelt werden. Allerdings muss das Ergebnis der Portfolio-Technik kritisch betrachtet werden, da viele Einflussfaktoren zusammengefasst und nur relativ grob bewertet werden. Dafür steht aber ein Instrument zur Verfügung, das einfach zu handhaben ist. Gerade in der Praxis wird die Einfachheit und Praktikabilität dieses Planungsinstrumentes geschätzt (vgl. Coennenberg/Günther 1990, S. 464).

4. Planungs- und Kontrollinstrumente im Rahmen des Outsourcing

Outsourcing hat seine Wurzel in den beiden Wörtern „outside“ und „resourcing“, womit allgemein das Auslagern eigener Mittel verstanden wird. Es können Aufgaben oder Aufgabenkomplexe an Externe übertragen werden. Outsourcing im engeren Sinn betrifft nur Dienstleistungen, die das Unternehmen, oder in diesem Fall das Krankenhaus, an Dienstleistungsunternehmen überträgt (Böckenhoff u.a. 1995 a), S. 19; Horchler 1996, S. 1; Männel 1997, S. 777). Wird der Bereich, der die Dienstleistungen im Krankenhaus bisher erbracht hat, ausgegliedert und rechtlich verselbständigt, dann handelt es sich um ein formelles Outsourcing. Wenn die Aufgaben an ein fremdes Dienstleistungsunternehmen übertragen werden, dann wird vom materiellen Outsourcing gesprochen (Männel 1997, S. 777f.).

Eng im Zusammenhang mit dem Outsourcing stehen Entscheidungen über die Leistungstiefe. Im Mittelpunkt steht insbesondere die Frage, welche Leistungen vom Krankenhaus selbst erbracht und welche fremdbezogen werden sollen. Es handelt sich daher um ein strategisches Planungsinstrument, welches genutzt wird, um die Erfolgspotenziale langfristig zu sichern (Patt 1996, S. 213). Aufbauend auf der im Abschnitt 4.B.I.b)1. erläuterten Stärken- und Schwächenanalyse werden die Kernkompetenzen definiert, bei denen das Krankenhaus Wettbewerbsvorteile besitzt. Diese sollte es weiterhin in Eigenregie erstellen. Bei Leistungen, die von anderen preisgünstiger und besser erstellt werden, kann es sinnvoll sein, sie fremd zu vergeben (Patt 1996, S. 212). Allerdings eignen sich nicht alle Krankenhausleistungen zum Outsourcing:

Die Merkmale der Krankenhausleistungen (vgl. Abschnitt 2.C.I., S. 44f.), wie z.B. die Anwesenheit des Patienten bei der Leistungserstellung oder fehlende Lagerfähigkeit der Leistungen, erbringen Schwierigkeiten, die die Anwendung des Outsourcing im Krankenhaus einschränken. Der Fremdleister ist zum einen in der Leistungserstellung örtlich an den Patienten gebunden und zum anderen muss er häufig ungenutzte Kapazitäten vorhalten. Für externe Dienstleister kann es daher unattraktiv sein, solche Leistungen auf dem Markt anzubieten. Aber ein Teil der Sekundärleistungen, insbesondere die nicht-medizinischen, sind nicht an die Anwesenheit der Patienten gebunden und eignen sich daher für das Outsourcing (Patt 1996, S. 218). Hierzu zählen die Transport- und Lagerleistungen für Güter und Informationen. Patiententransporte unterliegen zwar dem „uno-actu-Prinzip“, sie eignen sich aber trotzdem zur Fremdvergabe, da es sich um wiederholende Routinevorgänge handelt und sie von der medizinischen Versorgung getrennt werden können. Denkbar wäre, das gesamte Transportsystem mit den Anlagen und den persönlichen Transporten an ein Dienstleistungsunternehmen abzugeben. Bei den Lagerleistungen könnten die Lager für Medikamente oder medizinische Güter von einem externen Dienstleister verwaltet werden. Beispielsweise können diese Aufgaben dem Lieferanten übertragen werden. KRACKE schätzt, dass sich sowohl 90 Prozent der Leistungen des Zentrallagers als auch 90 Prozent der Leistungen das Transportwesens ausgliedern lassen (Kracke 1994, S. 256). Falls die Logistikaufgaben wie im Kapitel 3.A.II.b) in einer Abteilung zusammengefasst sind, dann könnte die ganze Abteilung entweder formell „outgesourct“ werden oder alle Aufgaben werden materiell einer Dienstleistungsfirma übertragen. Es wäre auch zu prüfen, ob diese Aufgaben nicht einem Dienstleistungscenter, das von mehreren Krankenhäusern gegründet wird, übertragen werden könnte. Dieses würde dann die Logistikaufgaben für die Krankenhäuser in einer Region übernehmen (Kracke 1994, S. 257f). Eine andere Möglichkeit wäre, zwischen Krankenhäusern einen Kooperationsvertrag abzuschließen (Eberhardt 1994, S. 252). In dem Vertrag könnte geregelt werden, dass das eine Krankenhaus die Wartung und Überwachung der Transportanlagen übernimmt und das andere die Lagerhaltung verwaltet. In der weiteren Untersuchung werden die unterschiedlichen Möglichkeiten des Outsourcing nicht differenziert betrachtet, da sich für das Logistik-Controlling keine Unterschiede ergeben. Es wird vom externen Dienstleister gesprochen.

Mit Outsourcing werden im Allgemeinen die Ziele verfolgt, die eigenen Kosten zu reduzieren und dabei das Leistungsniveau zu halten oder sogar zu verbessern. Dem Logistik-Controlling obliegt die Aufgabe festzustellen, ob sich diese Ziele durch Outsourcing im Bereich der Krankenhauslogistik verwirklichen lassen:

Es ist davon auszugehen, dass die *Kosten* in der Krankenhauslogistik dann reduziert werden können, wenn sich der Dienstleister auf krankenhauslogistische Leistungen spezialisiert hat und er die Kostenvorteile über die Preise weitergibt. Die Kostenvorteile ergeben sich bei einem spezialisierten Dienstleister z.B. aufgrund der Erfahrungskurveneffekte.

Ein weiterer kostensenkender Bereich sind die krankenhausinternen Personalkosten. Zum einen wird das Beschäftigungsrisiko (Krankheit, Mutterschutz, Schwankungen im Beschäftigungsgrad usw.) auf den Dienstleister übertragen (Böckenhoff u.a. 1995 c), S. 60). Zum anderen lassen sich die krankenhausinternen Personalkosten senken, indem bei der Ausgliederung eines Krankenhausbereiches, soweit es möglich ist, den Krankenhausmitarbeitern betriebsbedingt gekündigt wird oder Mitarbeiter in den Vorruhestand gehen.

Indirekt profitiert das Krankenhaus außerdem davon, wenn die Personalkosten beim Dienstleister niedriger sind als im Krankenhaus. Wenn die Mitarbeiter von der Dienstleistungsfirma übernommen werden, dann können nach einer Sperrfrist von z.B. einem Jahr die Löhne oder Gehälter gesenkt werden (Knorr 1995, S. 180). Werden die Einsparungen in den Preisen der logistischen Leistungen berücksichtigt, dann sinken die Kosten im Krankenhaus.

Allerdings ist zu bedenken, dass neben den kostenreduzierenden Wirkungen des Outsourcing zusätzliche Kosten, sogenannte Transaktionskosten anfallen. Zu den Transaktionskosten zählen „Kosten für Informationen und Kommunikation, die bei der Übertragung von Verfügungsrechten entstehen" (Arnold 1999, S. 313). Dazu gehören Kosten, die für die Anbahnung, die Vereinbarung, die Abwicklung und die Kontrolle des Outsourcing anfallen. Außerdem sind darunter Zusatzkosten zu verstehen, die aufgrund nachträglicher qualitativer, mengenmäßiger, preislicher und terminlicher Änderungen entstehen (Picot 1991, S. 344).

Für Krankenhäuser ist von besonderer Bedeutung, wie sich das Outsourcing auf die Qualität der *Leistungen* auswirkt. Die Qualität von Logistikleistungen lässt sich durch das Serviceniveau ausdrücken (vgl. Abschnitt 3.B.II.a)).

Für die Krankenhauslogistik kann es zu einer Leistungsverbesserung kommen, wenn sich der externe Dienstleister auf die Leistungen spezialisiert hat und viele Leistungen erbringt. In diesem Fall lohnt es sich für ihn, qualifiziertes Personal einzusetzen und die Arbeitsabläufe zu rationalisieren. Außerdem sinkt durch die

Erfahrung die Fehlerquote (Böckenhoff u.a. 1995 c), S. 63). Dadurch können die Leistungen schneller, zuverlässiger und flexibler erbracht werden. Allerdings kann durch die örtliche Entfernung des externen Dienstleisters vom Krankenhaus die Leistungsverbesserung geschmälert werden. Wenn z.B. die Lagerung von Medikamenten dem Lieferanten oder einem Dienstleistungszentrum übertragen wird, dann muss damit gerechnet werden, dass die Medikamente z.B. bei hohem Verkehrsaufkommen nicht rechtzeitig geliefert werden können.

Darüber hinaus kann es durch Outsourcing zu einer Leistungssteigerung in der Krankenhauslogistik kommen, wenn Transport- und Lageranlagen durch Private und nicht durch Fördermittel des Landes finanziert werden (siehe Duale Finanzierung Kap. 2.A.II., S. 28f.). Auf diese Weise können finanzielle Engpässe in den Landeshaushalten, die notwendige Investitionen verhindern, umgangen werden (Böckenhoff u.a. 1995 c), S. 57). Allerdings ist zu bedenken, dass es Unternehmen gibt, die einzig und allein den kurzfristig zu erzielenden Gewinn vor Augen haben und möglichst wenig in die Ausstattung investieren. Das Krankenhaus muss dementsprechend bei der Auswahl des Dienstleisters sorgfältig vorgehen (Burkart 1195, S. 263). Denn hat sich das Krankenhaus erst einmal für einen Dienstleister entschieden, dann ist es an diesen vertraglich gebunden. Zudem müssen die Krankenhäuser die Leistungen wieder selber erbringen oder einen neuen Anbieter finden, wenn der externe Dienstleister die Erwartungen nicht erfüllt. Damit wäre eine erhebliche Belastung bezüglich der Kosten und der Leistungserbringung verbunden.

Dem Logistik-Controlling fällt die Aufgabe zu, der Logistikführung die Instrumente, mit deren Hilfe eine Auswahl getroffen werden kann, zur Verfügung zu stellen. Hierzu gehören folgende Instrumente:

Die Entscheidungsfindung beruht unter anderen auf den Kosten, die bei Eigen- oder Fremdleistung entstehen. Die Kosten können in einer statischen Kostenvergleichsrechnung gegenübergestellt werden (Böckenhoff u.a. 1995 b), S. 24). In diesem Fall werden die Herstellkosten der Eigenleistung mit den Preisen bei Fremdbezug verglichen. Mit der Methode der dynamischen Investitionsrechnung wird berücksichtigt, dass Auszahlungen in verschiedenen Perioden stattfinden (siehe genauer Kap. 4.B.I.b)5.).

Da es sich um eine langfristige Entscheidung handelt, dürfen bei der Leistungserstellung in Eigenregie die langfristigen variablen Kosten nicht vernachlässigt werden (Picot 1991, S. 341). Wenn z.B. das Archiv aus Platzmangel in 5 Jahren erweitert werden muss, dann sind diese Kosten in die Berechnung mit einzubeziehen. Bei Fremdbezug der Leistungen dürfen neben den Preisen die Transaktionskosten (vgl. S. 137) nicht vernachlässigt werden.

Ferner ist zu berücksichtigen, dass in den Preisen, die das Krankenhaus für die bezogenen logistischen Leistungen bezahlt, Abschreibungen auf die Transport- und Lageranlagen des Dienstleisters enthalten sind. Diese Zahlungen für bezogene logistische Dienstleistungen zählen zu den Betriebskosten des Krankenhauses und werden über die Pflegesätze von den Krankenkassen getragen. Bei der Festlegung der Punkthöhe der pauschalen Pflegesätze wurden allerdings keine Abschreibungen auf die Transport- und Sachanlagen berücksichtigt, da diese Anlagen über Fördermittel des Landes finanziert werden. Aus diesem Grund können beim Bezug der logistischen Leistungen die Kosten durch Fallpauschalen nur gedeckt werden, wenn an einer anderen Stelle, z.B. beim Energieverbrauch, Kosten eingespart werden. Daher hat das Logistik-Controlling die Planung so zu koordinieren, dass es trotz Kostenreduzierung im Logistikbereich nicht zu einem Verlust für das gesamte Krankenhaus kommt.

Die Entscheidung nur auf Kostengesichtspunkten zu stützen, ist nicht ausreichend. Unterschiedliche Zielsetzungen (z.B. Berücksichtigung der Patientenbedürfnisse, neuester Stand der Technik, Zuverlässigkeit, Flexibilität, Schnelligkeit usw.) können für die Präferenz von Eigenleistung oder Fremdbezug ausschlaggebend sein. Die Nutzwertanalyse ist ein Instrument, welches unterschiedliche Zielsetzungen berücksichtigt. Diese Zielsetzungen werden in einer Zielhierarchie zusammengefasst und entsprechend ihrer Bedeutung gewichtet. Daraufhin ist zu untersuchen, zu welchem Zielerfüllungsgrad die einzelnen Alternativen führen. Werden diese mit dem Gewichtungsfaktor multipliziert, so können sie zu einem Nutzwert zusammengefasst werden. Weitergehend ist die Kosten-Wirksamkeits-Analyse, die dem Nutzwert die anfallenden Kosten gegenüberstellt (Reichard 1987, S. 95ff.; Böckenhoff u.a. 1995 b), S. 37ff.; Brede 2001b, S. 174f.). Die Grundproblematik dieser Methoden liegt in der mangelnden Objektivität. Sowohl die Auswahl der Zielsetzungen, deren Gewichtung und die Bestimmung des Zielerreichungsgrades beruhen auf subjektiven Meinungen. Insbesondere ist es schwierig, qualitative Ziele zu definieren. Hierbei kann es hilfreich sein, Standards festzulegen. Diese Standards, z. B. in welcher Zeit Medikamente geliefert werden müssen, dürfen nicht unterschritten werden.

Es müssen nicht nur bei der Entscheidungsfindung die Vor- und Nachteile der Wirkungen auf die Kosten und Leistungen abgewogen werden. Zudem bedarf es bei der Fremdvergabe von krankenhauslogistischen Leistungen der kontinuierlichen Überprüfung, da interne und externe Bedingungen immer wieder Veränderungen unterliegen (Böckenhoff u.a. 1995 c), S. 71).

Wenn für die logistischen Leistungen zu erfüllende Standards bestimmt worden sind, dann stehen Vergleichsgrößen für Kontrollen der Leistungen zur Verfügung. Hierbei sollten alle verspäteten Transporte dokumentiert werden (Burkart 1995,

S. 272). Um aber auch bei Nichterreichen der Standards Konsequenzen herbeiführen zu können, müssen bereits bei Vertragsabschluss umfangreiche Regelungen getroffen werden.

Outsourcing gewinnt für die Krankenhauslogistik an Bedeutung, da hierdurch Krankenhäusern die Möglichkeit eröffnet wird, die finanziellen Schwierigkeiten zu bewältigen. Wie die Ausführungen gezeigt haben, nehmen aber die Planungs- und Kontrollaufgaben durch die Vergabe der Leistungen an einen Dienstleister nicht ab (vgl. Bloech 1996, 150f.). Das Logistik-Controlling hat der Logistikführung ein Planungs- und Kontrollsystem zur Verfügung zu stellen, das sowohl bei der Entscheidung über Eigenleistung oder Fremdbezug als auch bei der Auswahl des Dienstleisters sowie bei der Leistungsüberwachung die notwendigen Informationen liefert.

5. Investitionsplanung krankenhauslogistischer Anlagen

Der Begriff Investition wird in der Literatur unterschiedlich verwendet (siehe Lücke 1991, S. 151f.). Dieser Arbeit wird die folgende Definition zugrundegelegt: Investitionen zeichnen sich dadurch aus, dass Kapital in Anlagevermögen umgewandelt wird und sie einen Zahlungsstrom enthalten, der mit einer Auszahlung beginnt und im weiteren Verlauf sowohl Ein- als auch Auszahlungen enthält. Außerdem sind die finanziellen Mittel gebunden, demzufolge wird die Dispositionsfreiheit des Krankenhauses durch Investitionen eingeschränkt (Götze/Bloech 1995, S. 5f.).

In der weiteren Untersuchung werden explizit nur Sachinvestitionen betrachtet, die im Bereich der Krankenhauslogistik getätigt werden. Dabei handelt es sich um Transport- und Lagersysteme des Krankenhauses und um Investitionen, die dazu dienen, die Koordination der Patientenversorgung und den Güter- und Informationsfluss zu optimieren (z.B. Veränderung der Raumorganisation). Diese Investitionen können im Rahmen einer Neustrukturierung des gesamten Logistiksystems (Lochthowe 1990, S. 295-298) oder innerhalb einer gegebenen Struktur (Lochthowe 1990, S. 298-301) getätigt werden.

Mit der krankenhauslogistischen Investitionsplanung wird das Ziel verfolgt, die Kapazitäten optimal zu dimensionieren und die Ressourcen optimal zu nutzen (vgl. Männel 1998, S. 173). Darüber hinaus muss darauf geachtet werden, dass die technische Entwicklung nicht verpasst wird und die Sicherheit der Anlagen gewährleistet ist. Ferner müssen neben der Neuanschaffung alternative Möglichkeiten wie das Leasing, Mieten von Anlagen oder die Fremdvergabe (z.B. der Lagerhaltung) auf ihre Vorteilhaftigkeit hin überprüft werden (in Anlehnung an Scheffler 1987, S. 305).

Wenn es kein zentrales Investitions-Controlling für das gesamte Krankenhaus gibt, dann sollte das Logistik-Controlling selbst die Aufgaben, den Führungsprozess bezüglich der Logistikinvestitionen von der Planung über die Realisation bis zur Kontrolle zu unterstützen, übernehmen (in Anlehnung an Reichmann/Lange 1985, S. 455). Das bedeutet, dass zunächst Informationen für die Investitionsplanung bereitgestellt werden müssen, indem die Investitionsanträge der einzelnen logistischen Bereiche beurteilt werden. Darüber hinaus sind Vorschläge für Investitions- oder Desinvestitionsstrategien zu entwickeln. Schließlich ist die strategische Investitionsplanung der Logistik mit der Gesamtplanung des Krankenhauses abzustimmen (in Anlehnung an Reichmann/Lange 1985, S. 456; Lange 1990, S. 136f.; vgl. Kap. 4.B.I.a)3.). Außerdem ist es die Aufgabe des Logistik-Controlling, die Investitionsnutzung zu überwachen und die getätigten Investitionen zu kontrollieren, wodurch für Folgeinvestitionen Informationen ermittelt werden (Küpper 1991, S. 172).

Dem Logistik-Controlling stehen mehrere Instrumente zur Verfügung, um die Aufgaben im Rahmen der Investitionsplanung zu erfüllen (vgl. dazu Ossadnik 1992; Götze/Bloech 1995; Kruschwitz 2000; Adam 2000). Daher ist zu prüfen, welche Instrumente für die Krankenhauslogistik sinnvoll sind. Im Folgenden werden die Instrumente zunächst kurz systematisiert. Danach werden Besonderheiten der Anwendung in der Krankenhauslogistik aufgezeigt.

Über die Wahl der Instrumente zur Investitionsplanung entscheiden drei Kriterien:

1. Wird ein einzelnes Investitionsprojekt oder ein Investitionsprogramm geplant?

2. Können alle oder nur einige Einflussfaktoren monetär bewertet werden, oder sind sogar solche dabei, die nicht quantifizierbar sind?

3. Kann von sicheren Erwartungen ausgegangen werden, oder muss auf unsichere Annahmen zurückgegriffen werden?

Die folgende Abbildung zeigt, welche wesentlichen Instrumente den Kriterien zugeordnet werden können:

	Einzel-entscheidungen	Programm-entscheidungen
Monetäre Einflussgrößen	• Statische Investitions-rechnungsverfahren • Dynamische Investitions-rechnungsverfahren	• Simultane Investitions- und Finanzierungs-planungsmodelle • Investitions-Programmplanung bei vorgegebenen Kapitalvolumen
Nichtmonetäre Einflussgrößen	• Nutzwertanalyse • Nutzen-Kosten-Analyse • Kosten-Wirksamkeitsanalyse	
Zusätzliche Verfahren zur Absicherung unsicherer Erwartungen	• Sensitivitätsanalyse • Risikoanalyse • Entscheidungsbaumverfahren	• Portfolio Selection • Flexible Planung

Abbildung 35: Instrumente der Investitionsplanung. Eigene Darstellung.

Da bei der dualen Finanzierung der Krankenhäuser die Anschaffungsausgaben und die laufenden Ausgaben bei Anlagegütern mit einer Nutzungsdauer von mehr als drei Jahren nicht aus einer Hand getätigt werden (vgl. Kap.2.A.II., S. 29), können Investitionsrechenverfahren nur eingeschränkt genutzt werden. Es hat z.B. wenig Sinn, simultane Finanzierungs- und Investitionsplanungsverfahren für Neuanschaffungen durchzuführen, da die Entscheidung über Finanzierungsmöglichkeiten nicht beim Krankenhaus liegen. Um aber die pauschalen Fördermittel (§9 Abs. 3 KHG) im Krankenhaus optimal einzusetzen, sollte eine Investitionsprogrammplanung durchgeführt werden, mit der dieses vorgegebene Kapitalvolumen optimal ausgenutzt werden kann. Hierbei ist es die Aufgabe des Logistik-Controlling, die Krankenhauslogistikplanung mit der Planung der anderen Bereiche (Leistungserstellung, Beschaffung, Entsorgung) zu koordinieren.

Für die Entwicklung einer Investitionsstrategie benötigt das Logistik-Controlling Instrumente, die bei der Wahl zwischen alternativen Investitionsmöglichkeiten (z.B. zwischen verschiedenen Archivierungsanlagen) Informationen liefern. Wenn monetäre Einflussgrößen vorliegen, haben statische und dynamische Investitionsrechnungsverfahren den Vorteil, dass sie klare Ergebnisse liefern, die leicht zu interpretieren sind. Allerdings können die Ergebnisse ungenau sein, da es problematisch ist, Daten für die Rechnungen zu gewinnen. Es müssen z.B. mehrwertige Erwartungen zu einem Wert zusammengefasst werden. Außerdem können speziell in der Krankenhauslogistik folgende Probleme auftreten:

Zum einen liegen als monetäre Größen lediglich die Ausgaben vor, da mit den Logistikanlagen keine Einnahmen erzielt werden. Abhilfe könnte dadurch geschaffen werden, dass eine interne Leistungsverrechnung zwischen der Krankenhauslogistik und den anderen Abteilungen des Krankenhauses durchgeführt wird. Das hieße, dass für jede in Anspruch genommene Lager- oder Transportleistung ein Verrechnungspreis zu entrichten wäre. Grundvoraussetzung dafür ist, dass die Preise der Logistikleistungen kalkuliert werden (vgl. Kapitel 4.B.II.b)1.cc)γ)). Falls in dem Krankenhaus keine Logistikkostenträgerrechnung durchgeführt wird, kann als Ersatz für die fehlenden Einnahmen mit den durch die Anlage erzielten Kostenersparnissen gerechnet werden.

Zum anderen besteht bei den dynamischen Investitionsrechnungsverfahren das Problem, dass die Höhe des Kalkulationszinsfußes festgelegt werden muss. Der Kalkulationszinsfuß drückt aus, welche Mindestrendite von dieser Sachinvestition verlangt wird. Üblich ist es, als Mindestrendite den Marktzins anzusetzen, da auf diese Weise ein objektiver Vergleichsmaßstab geschaffen wird (Adam 2000, S. 78). HANSEN empfiehlt hingegen bei Investitionen im Krankenhaus, Zinssätze von Staatspapieren anzusetzen, da es sich um öffentliche Projekte handelt (Hansen 1980, S. 162). Dementsprechend soll die Rendite von Sachinvestitionen im Krankenhaus denen der öffentlichen Hand entsprechen. Da aber die Investitionen in der Krankenhauslogistik nicht der Gewinnerzielung dienen, wird vorgeschlagen, den Kalkulationszins in Höhe des Inflationssatzes anzusetzen. Umgangen werden kann das Problem, indem die internen Zinssätze verschiedener Alternativen verglichen werden.

Wenn nichtmonetäre Einflussgrößen berücksichtigt werden müssen oder monetäre Größen größtenteils auf Annahmen beruhen, so dass die Gefahr besteht, unrealistische Ergebnisse zu ermitteln, dann steht zur Entscheidungsvorbereitung die Nutzwertanalyse zur Verfügung (siehe Vorgehensweise Kap. 4.B.I.b)4., S. 139; vgl. Götze/Bloech 1995, S. 143ff.; Ossadnik u.a. 1997). Hier werden verschiedene Zielgrößen (z.B. die schnelle Übermittlung von Labordaten, die Verkürzung von Wartezeiten oder der verminderte Energieverbrauch) entsprechend ihrer Bedeutung gewichtet, und es wird der Zielerreichungsgrad der einzelnen Investitionsalternativen bestimmt. Dieses Instrument wird für sinnvoll erachtet, da es die Krankenhäuser zwingt, ihre Ziele bezüglich der Logistik klar zu formulieren und auf den Erfüllungsgrad durch eine Investition hin zu überprüfen. Hiermit wird der Sachzieldominanz, die in Krankenhäusern vorherrscht, Rechnung getragen. Es ist weniger bedeutend, eine Mindestrendite mit den logistischen Investitionen zu erreichen.

Oftmals lassen sich Faktoren, die ein Investitionsobjekt beeinflussen, nicht sicher vorhersagen. Für die Krankenhauslogistik ist es z.B. schwierig, den Ausnutzungsgrad eines Investitionsobjektes zu bestimmen, da die Patientenstruktur und -zahl sehr wechselhaft sein kann. Zu puncto Sicherheit der Erwartungen wird in dieser Untersuchung kein großer Unterschied in der Anwendung der Investitionsplanungsverfahren zu anderen Bereichen (z.B. in der Industrie) gesehen. Um einschätzen zu können, welche Auswirkungen die unsichere Datenlage auf die Investitionsplanung in der Krankenhauslogistik hat, sollten zusätzlich Sensitivitäts- und Risikoanalysen gemacht werden. Außerdem kann mit Hilfe des Entscheidungsbaumverfahrens untersucht werden, welche Investitionsstrategie bei unterschiedlichen Umweltzuständen den größten Kapitalwert aufweist (Götze/Bloech 1995, S. 351).

6. Benchmarking als Instrument der strategischen Logistikplanung und -kontrolle

Ein weiteres Instrument, mit dessen Hilfe das Controlling die strategische Planung- und Kontrolle unterstützen kann, ist das Benchmarking. Im Folgenden werden die Anwendungsmöglichkeiten dieses Instrumentes im Bereich der Krankenhauslogistik und die Aufgaben des Logistik-Controlling erörtert.

Während Betriebsvergleiche im Krankenhaus gesetzlich zur Bemessung der Entgelte vorgeschrieben sind (§ 17 Abs. 1 KHG), wird in der neueren Literatur Benchmarking als ein Managementinstrument für Krankenhäuser diskutiert (z.B. Paeger 1996; Schäfer/Seibt 1998; Schmitz/Greißinger 1998; Hoppe-Tichy/Rühle 2000; von Eiff 2000). Zunächst ist zu klären, worin der Unterschied liegt:

Betriebsvergleiche zielen darauf ab, Kennzahlen miteinander zu vergleichen. Es werden beispielsweise die Leistungen von Abteilungen im Verhältnis zu den Kosten gesetzt, um auf diese Weise die relative Wirtschaftlichkeit zwischen den Abteilungen eines Krankenhauses oder mit denen anderer Krankenhäuser zu vergleichen (Kuntz/Scholtes 1999, S. 189; Hoppe-Tichly/Rühle 2000, S. 522). Das Verfahren soll dazu dienen, Erfolgsfaktoren zu identifizieren (von Eiff 2000, S. 94).

Benchmarking ist weitergehend, da es sich um einen kontinuierlichen, systematischen Prozess handelt, „mit dem Ziel, von den Besten zu lernen, wie die eigenen Prozesse, Methoden, Produkte etc. verbessert werden können“ (Schmitz/Greißinger 1998, S. 403). Benchmarking ist dementsprechend ein Planungs- und Kontrollinstrument, das strukturiert die eigenen Prozesse analysiert (Schäfer/Seibt 1998, S. 368) und mit externen Informationen vergleicht. Extern kann bedeuten, dass im Krankenhaus eine andere Abteilung oder ein anderes vergleichbares Krankenhaus oder sogar eine branchenfremde Organisation betrachtet wird.

Mit Benchmarking können Probleme identifiziert werden, indem die eigenen Prozesse mit externen Standards verglichen werden (Camp 1994, S. 19). Das tägliche Geschäft führt schnell zu einer gewissen Betriebsblindheit und verhindert, dass Prozesse, Hilfsmittel und Organisationsstrukturen auf mögliche Verbesserungen hin untersucht werden. Mit Benchmarking wird aber nicht das Ziel verfolgt, die Lösung des Vergleichsobjektes zu kopieren. Sie soll auf die eigenen Bedingungen hin angepasst und vor allem weiter entwickelt und verbessert werden. Darüber hinaus ist es anhand eines Vergleichsobjektes einfacher, die Ursachen der Probleme zu analysieren. Außerdem wird der Veränderungsprozess erleichtert, da die Verbesserungsvorschläge aus der Praxis stammen. Einerseits müssen nicht vollkommen neue Lösungen erarbeitet werden. Andererseits wird die Akzeptanz der Mitarbeiter für die Veränderung höher sein, da bereits in gleicher oder ähnlicher Weise beim Benchmark vorgegangen wird (Schäfer/Seibt 1998, S. 368).

Benchmarking ist nicht nur, wie bereits von HOPPE-TICHY und RÜHLE festgestellt, ein geeignetes Instrument für die Logistik der Krankenhausapotheke (Hoppe-Tichy/Rühle 2000, S. 525), sondern für die gesamte Krankenhauslogistik. Es kann ein großes Informationspotenzial gewonnen werden, da Vergleichspartner nicht nur Krankenhäuser, sondern auch Organisationen anderer Branchen sein können. Der Versandhandel z.B. ist spezialisiert auf die Lagerung und Versendung von Artikeln. Mit der Industrie können Vergleiche bezüglich der Transport- und Lagerungstechniken gezogen werden.

Im Bereich des Benchmarking fallen dem Logistik-Controlling folgende Aufgaben zu:

Zunächst ist das Untersuchungsobjekt abzugrenzen (Homburg 2000, S. 583). Für die Krankenhauslogistik bietet es sich an, hinsichtlich der Verrichtungsobjekte (Patienten, Güter und Informationen, siehe Kap. 3.A.II.a)1.) und der Verrichtungen (Transport und Lagerung, siehe Kap. 3.A.II.a)2.) zu untergliedern. Daraufhin beginnt die Suche nach dem geeigneten Benchmarkingpartner. Die größten Schwierigkeiten, Vergleichspartner zu finden, bestehen bei den Prozessen, die direkt durch die Patienten beeinflusst werden. In der Krankenhauslogistik sind das die Patiententransporte. Sie werden durch die verschiedenen Krankheiten, aber auch Persönlichkeitsstrukturen der Patienten beeinflusst. Trotzdem lassen sich organisatorische Regelungen (z.B. wie der Patiententransport organisiert ist), personelle Regelungen (z.B. Führungsverhalten, Umgangsformen mit den Patienten) oder die Verteilung der einzelnen Abteilungen im Krankenhaus (z.B. Länge der Transportwege für die Patienten) miteinander vergleichen.

Wenn der passende Benchmarkingpartner gefunden ist, werden die einzelnen Bereiche anhand von Kennzahlen miteinander verglichen. Mögliche Kennzahlen sind:

Patienten - Transport

- Anzahl der Krankentransporte eines Krankentransporteurs pro Stunde
- Zurückgelegte Wegstrecke eines Krankentransporteurs pro Stunde
- Zeitspanne von der Einbestellung des Patienten auf Station bis zum Untersuchungsbeginn
- Anzahl der Patientenbeschwerden über Krankentransporte im Monat

Güter - Transport

- Transportzeit des Patientenessens
- Transportzeiten von Laborproben zum Labor

Güter - Lagerung

- Lagerbestandsmengen
- Lagerfläche

Informationen - Transport

- Transportzeiten von Laborwerten vom Labor
- Transportzeiten von Patientenakten

Informationen - Lagerung

- Anzahl der Patientenaktenanforderungen am Tag
- Lagerfläche Archiv

Hierbei handelt es sich lediglich um eine Auswahl möglicher Kennzahlen, die beliebig erweitert werden kann (vgl. Kennzahlen in Berichten der Krankenhauslogistik Kap. 4.B.II.b)2., S. 204). Um die Übersicht in der Kennzahlenflut nicht zu verlieren, ist es sinnvoll, für bedeutsame Kennzahlen (z.B. Patiententransporte) entsprechend der „Traffic-lighting-Technik" kritische Werte zu bestimmen (Bichler/Gerster/Reuter 1994, S. 99f.). Im grünen Bereich liegen unkritische Werte, im gelben kritische, und sehr kritische sind im roten Bereich. Die Werte sollten vom

Logistik-Controlling in Absprache mit den an den Prozessen Beteiligten festgelegt werden. Es sei am folgenden Beispiel aufgezeigt:

Zeitspanne von der Einbestellung des Patienten auf Station bis zum Untersuchungsbeginn

z.B. Routineröntgenuntersuchung:

bis 30 min	unkritisch	grüner Bereich
30 min-60 min	kritisch	gelber Bereich
ab 60 min	sehr kritisch	roter Bereich

Abbildung 36: Beispiel für kritische Werte im Bereich Patiententransport. Eigene Darstellung.

Wie bereits erwähnt, konzentriert sich Benchmarking nicht nur auf den Kennzahlenvergleich, sondern es sollen vor allem die Ursachen für Unterschiede erforscht werden. Mit der „Drill-Down-Technik" wird versucht, die Ursachen durch eine weitere Spezialisierung der Kennzahlen zu ermitteln (Bichler/Gerster/Reuter 1994, S. 97ff.). Für das oben dargestellte Beispiel könnte das folgendermaßen aussehen:

Zeitspanne von der Einbestellung des Patienten auf Station bis zum Untersuchungsbeginn

- Zeitspanne von der Einbestellung des Patienten auf Station bis zum Verlassen der Station
- Benötigte Zeit für den Patiententransport von der Station bis zum Untersuchungsort
- Wartezeit des Patienten am Untersuchungsort bis zum Beginn der Untersuchung

Abbildung 37: Spezialisierung der Kennzahlen am Beispiel Patiententransport. Eigene Darstellung.

Anhand der ermittelten Daten können die Ursachen für Abweichungen gegenüber dem Vergleichskrankenhaus weiter eingegrenzt werden:

Muss der Patient z.B. sehr lange auf die Untersuchung warten, dann ist nicht das Transportwesen Auslöser der Zeitverzögerung, sondern es muss die Patienteneinbestellung in der Untersuchungsabteilung oder die Zusammenarbeit zwischen den Abteilungen verbessert werden. Hat der Benchmarkingpartner wesentlich geringere Wartezeiten, dann sollten die Verfahren der Patienteneinbestellung miteinander verglichen werden. Auf diese Weise können unter Umständen Verbesserungsmöglichkeiten herausgearbeitet werden.

Um Benchmarking durchführen zu können, müssen die Strukturen und Abläufe in Details bekannt sein. Das bedeutet, dass viele Daten, z.B. die benötigten Zeiten, erhoben werden müssen. Solche Datenerhebungen sind sehr personal- und zeitintensiv. Während dem Personal vor Ort obliegt, die Daten zu erheben, muss das Logistik-Controlling die Zahlen strukturieren, aufarbeiten und auswerten. Dies bedeutet, dass neben dem alltäglichen Geschäft Zeiten genommen oder Vorgänge gezählt werden müssen. Hierfür wird nicht immer das notwendige Verständnis vorhanden sein, da das Personal durch das Tagesgeschäft zumeist sehr ausgelastet ist. Folglich muss damit gerechnet werden, dass die Zahlen nicht sorgfältig genug ermittelt werden und somit nicht der Realität entsprechende Kennzahlen vorliegen. Ferner ist für ein erfolgreiches Benchmarking erforderlich, dass die Daten bei den Benchmarkingpartnern auf gleicher Basis erhoben werden, damit sie untereinander verglichen werden können.

Benchmarking sollte nicht nur auf Basis von Kennzahlen stattfinden, da auf diese Weise Fakten zu Zahlen zusammengefasst werden und Tatbestände verschleiert werden können (von Eiff 1997, S. 616). Daher ist es oftmals sinnvoll, konkrete Abläufe bei den Benchmarkingpartnern zu betrachten. Der Vorteil daran ist, dass einzelne Prozessabläufe direkt miteinander verglichen werden können. Dadurch können Unterschiede in der Vorgehensweise und ihre Auswirkungen schnell ermittelt werden. Wenig erfolgreich sind solche Besuche bei Benchmarkingpartnern, wenn sie schlecht vorbereitet sind und lediglich ein Patentrezept für die eigenen Probleme gesucht wird. In diesem Zusammenhang wird vom „Benchmarkingtourismus“ gesprochen (von Eiff 2000, S. 96).

Benchmarking lässt sich dann nicht optimal anwenden, wenn der Beste auf dem jeweiligen Gebiet nicht identifiziert werden kann, da die Informationen nicht preisgegeben werden. In diesem Fall handelt es sich bei dem krankenhauslogistischen Benchmark nicht um den Besten auf diesem Gebiet, sondern nur um den Nächstbesten. Ferner ist es nachteilig für das Benchmarking, wenn der Beste sich nicht als Benchmarkingpartner zur Verfügung stellen möchte. Beispielsweise ist die Scripps Hospital Group aus Kalifornien nur bereit, mit solchen Krankenhäusern Benchmarking durchzuführen, die ihre Leistungsfähigkeit auf einem Gebiet schon unter Beweis gestellt haben, indem sie z.B. einen Award gewonnen haben oder sich bei einem renommierten Betriebsvergleich weit vorne platziert haben (von Eiff 2000, S. 94). Auf diese Weise wird verhindert, dass nur von dem Besten gelernt werden kann, ohne dass dieser selber von dem Benchmarking profitieren kann. Folglich haben die Krankenhäuser, die bisher keine Bestleistungen erbracht haben, keine Möglichkeiten, sich mit den Besten zu vergleichen und auf diese Weise ihre Defizite abzubauen. Möglicherweise lassen sich Krankenhäuser nicht auf ein Benchmarking ein, wenn sie in einer Konkurrenzsituation zueinander stehen. Dies ist z.B. dann der Fall, wenn die Krankenhäuser das selbe Einzugsgebiet haben. Daher führen vor allem Interessensgemeinschaften von weit entfernt liegenden Häusern Benchmarking erfolgreich durch (Paeger 1996, S. 618).

Zusammenfassend ist festzustellen, dass sich die Anwendung des Benchmarking auf die Krankenhauslogistik übertragen lässt. Wenn das Logistik-Controlling den Einsatz dieses Instrumentes initiiert und durchführt, dann steht der Logistikführung für die strategischen Planungs- und Kontrollaufgaben eine verbesserte Entscheidungsgrundlage zur Verfügung. Es werden sowohl der krankenhausinterne strategische Handlungsbedarf als auch die logistischen Strategien anderer Krankenhäuser offengelegt. Allerdings ist der Einsatz von Benchmarking sehr zeit- und personalintensiv.

c) Instrumente des operativen Controlling im Bereich der Logistikplanung und -kontrolle

1. Krankenhausinterne Tourenplanung

In den folgenden Abschnitten werden Instrumente untersucht, mit deren Hilfe das operative Logistik-Controlling die Logistikführung bei der Erfüllung der operativen Planungs- und Kontrollaufgaben unterstützen kann. Zunächst wird analysiert, wie die Transportwege, die durch die innerbetriebliche Standortplanung langfristig festgelegt wurden (vgl. Kap. 4.B.I.b)2.), mittels einer Tourenplanung kurzfristig optimal genutzt werden können.

Wer transportiert täglich die Patienten zu den Untersuchungen, wann und womit werden täglich die Gebrauchsmaterialien auf die Stationen transportiert, wie gelangen die Blutproben zu jeder Tageszeit in die Labore oder wie wird das Patientenessen transportiert? Hinter diesen Fragen stehen die folgenden Aufgaben:

Aus verschiedenen Lagern (Zentrallager für medizinische Gebrauchsgüter, Apotheke usw.) müssen die Kunden beliefert werden, wozu unterschiedliche Transportmittel zur Verfügung stehen. Dabei sind zwei Planungsprobleme zu lösen: Zum einen müssen die Transportobjekte, die Transportmittel und die Kunden einer Tour zugeordnet werden. Zum anderen ist die Reihenfolge, in der die Kunden beliefert werden, zu bestimmen. Dies verlangt eine entsprechende Tourenplanung (vgl. Ziegler u.a. 1988, S. 10). Das Ziel, die Transportkosten zu minimieren, soll erreicht werden, indem die Kapazitäten optimiert und die Fahrtstrecken minimiert werden. Dabei muss sichergestellt werden, dass die Transporte pünktlich erfolgen, so dass keine Wartezeiten entstehen und Kapazitäten für Spontantransporte (z.B. notfallmäßiger Transport eines Patienten auf die Intensivstation) zur Verfügung stehen.

Vier Elemente fließen in die Tourenplanung des Krankenhauses ein:

1. *Die Transportobjekte*
   - Patienten
   - Güter
   - Informationen
2. *Die Transportmittel*
   - persönliche Transporte
   - automatische Container-Transporte
   - Kleingutförderer
3. *Die Transportkunden*
   - Bedarfsstellen (z.B. Pflegestationen, diagnostische und therapeutische Abteilungen)
   - Leistungsstellen (z.B. Apotheke, Küche, Lager, Sterilisation)
   - Müllsammelstellen
4. *Die Transportarten*
   - Reine und unreine Transporte
   - Routine- und Spontantransporte

Die *Transportobjekte* wurden bereits im Kapitel 3.A.II.a)1. erläutert. Der Transport von Informationen soll im Weiteren unberücksichtigt bleiben, da diese Aufgabe zunehmend mit Hilfe der Informationstechnologie gelöst wird.

Die Tourenplanung wird davon beeinflusst, ob das *Transportmittel* feststeht oder variabel ist. Beispielsweise können Patienten nur durch Personen transportiert werden. Laborproben hingegen können entweder durch Personen oder durch einen Kleingutförderer befördert werden.

In der Tourenplanung sind die Entfernungen zwischen den *Transportkunden* zu berücksichtigen. Es können drei Arten von Transportkunden unterschieden werden: Die Leistungsstellen beliefern die Bedarfsstellen. Von den Bedarfs- und den Leistungsstellen wird Müll zu den Müllsammelstellen transportiert (vgl. Kap. 3.A.II.a)2., S. 57).

Die *Transportarten* legen vorab fest, in welcher Reihenfolge die Planung stattfindet. Längerfristig können die Routinetransporte geplant werden, da sie regelmäßig stattfinden (z.B. Wäsche- oder Medikamententransport) oder sogar an bestimmte Zeiten gebunden sind (z.B. Patientenessen). Täglich müssen die Transporte geplant werden, deren Menge und Art erst einen Tag vorher bekannt sind, wie z.B. die Patiententransporte in den OP oder zu Untersuchungen. Darüber hinaus sind ad hoc die Spontantransporte, wie z.B. Patiententransporte von der Aufnahme zu den Pflegestationen zu koordinieren. Schließlich bestimmen die Transportarten die Tourenplanung insofern, als beispielsweise reine Transportobjekte nicht in unreinen Containern befördert werden dürfen.

Gerade in großen Kliniken finden täglich sehr viele verschiedene Transporte statt, so dass das Logistik-Controlling zur Lösung des Planungsproblems die Implementierung eines Computersystems initiieren sollte. Die Computersysteme verfahren nach folgenden Grundkonzepten (Diruf 1997, S. 1076f.):

Klassische Optimierung mit Optimierungsheuristiken
Bei gegebenen Entfernungen zwischen den Transportkunden, den Transportobjekten und deren Bedarfsmengen wird der optimale Tourenplan erstellt. Optimal heißt in diesem Fall, dass jeder Kunde vollständig versorgt wird, die Touren am jeweiligen Transportmitteldepot beginnen und enden, Kapazitätsgrenzen nicht überschritten und die Fahrminuten minimiert werden. Obwohl dieses Modell die Realität sehr vereinfacht, wird es für ein Krankenhaus mathematisch nicht mehr exakt zu lösen sein, daher sind Optimierungsheuristiken notwendig (Überblick über heuristische Verfahren bei Gietz 1994, S. 25ff.; Domschke 1997, S. 110ff.; Bramel/Simchi-Levi 1999, S. 81ff.). Die bekannteste Heuristik ist das Savingverfahren (Clarke/Wright 1964). Hierbei werden Fahrten danach zu einer Tour zusammengelegt, welche Savings (Fahrstreckenersparnisse) sich durch das Zusammenlegen der Fahrten gegenüber den Einzelfahrten ergeben. Dabei werden die Fahrten nach der Größe der Ersparnisse (beginnend bei den Größten) zu Touren zusammengestellt (Kahle 1997, S. 917). Bei der Menge der Daten, die in einen Krankenhaustourenplan einfließen, wird dieses Konzept für nicht praktikabel gehalten, vor allem nicht für die tägliche Planung.

Decision-Support-Systeme
In diesem Konzept übernimmt der Computer die gut strukturierten und rechenintensiven Planungsaufgaben. Der Planer übernimmt die schlecht strukturierten Aufgabenbereiche, die eine gewisse Kreativität benötigen. Auf diese Weise wird der Tourenplan sukzessive aufgebaut und durch wiederholte Korrekturen an das

Optimum gebracht. Für das Krankenhaus könnte das z.B. so aussehen, dass der Computer die Planung der Routinetransporte übernimmt. Daraufhin kann der Planer Korrekturen vornehmen, um z.B. Spitzenzeiten (wie morgens zwischen 7 und 10 Uhr) zu entlasten, indem Transporte verschoben oder andere Transportmittel eingesetzt werden. Auf diese Weise lassen sich Kapazitäten senken oder Überlastungen vermeiden, ohne dass Wartezeiten auftreten. Mit diesem Konzept kann der hohe Planungsaufwand bewältigt werden, aber es bleibt die Flexibilität erhalten, die im Krankenhaus notwendig ist.

Expertensysteme
Dieses Konzept unterstützt das Decision-Support-System, indem Problemlösungen von Spezialisten gespeichert werden und bei ähnlichen Problemen in Form von Lösungsvorschlägen wieder auftreten. Diese Ergänzung hat den Vorteil, dass mit ihr die Planungszeit verkürzt werden kann.

Touren können aber auch auf einer ganz anderen Basis mit Hilfe des Computers geplant werden: Das Verfahren der *Simulation* bildet die Realität in einem Modell ab und experimentiert mit dieser systematisch (Ziegler u.a. 1988, S. 101ff.; Belenky 1998, 312ff.; Diruf 1999, S. 377f.). Der Vorteil der Simulation ist, dass solche komplexen Probleme, wie die des Transportwesens im Krankenhaus, erfasst werden können. Für die Tourenplanung kommen dynamische Modelle in Betracht, die zeitliche Abläufe darstellen.

Mit Hilfe der Simulation wird nicht automatisch das Optimum der Tourenplanung gesucht, sondern es müssen Varianten vom Planer vorgegeben werden. Die Simulationsergebnisse können dann durch den Planenden auf ihre Vorteilhaftigkeit hin überprüft werden (Heinz/Brandt 1999, S. 394). Mit Hilfe der Simulation können ineffiziente Tourenplanungen vorab ausgeschlossen werden, so dass diese in der Wirklichkeit nicht mehr erprobt werden müssen. Das hat den Vorteil der Kostenersparnis und schont die Patienten. Allerdings sind die Ergebnisse der Simulation nur so gut, wie die Realität mit dem Modell erfasst werden kann.

Nachteilig ist, dass das Simulationsverfahren relativ aufwendig ist, da das Modell programmiert werden muss und verschiedene Varianten durchzurechnen sind. Es ist aber davon auszugehen, dass dieser Nachteil durch immer leistungsfähigere Computer in den Hintergrund tritt.

Wenn nur ein Teilproblem der Tourenplanung zu lösen ist, nämlich die Wahl der Reihenfolge, in der ein Transportmittel die Transportaufträge erledigen soll, dann kann die Entscheidungsbaumtechnik als Planungsinstrument eingesetzt werden (Dinkelbach 1997, S. 912; Brede 2001a, S. 98ff.). Mit diesem Planungsinstrument werden die Entscheidungen für alternative Fahrtrouten systematisch untersucht, mit dem Ziel, die kürzeste Fahrtstrecke zu ermitteln. Die Entscheidungsbaumtechnik kann nur zur Lösung kleiner Probleme angewandt werden, da der Rechenaufwand sehr schnell sehr groß wird (Müller-Merbach 1997, S. 231). Daher ist dieses Planungsverfahren für die Praxis der Krankenhauslogistik von nicht so hoher Bedeutung.

Zusammenfassend ist festzustellen, dass das Logistik-Controlling der Krankenhauslogistikführung für die Tourenplanung analytische Verfahren und Simulationsverfahren zur Verfügung stellen kann, die durch die Entwicklung der Informationstechnologie anwenderfreundlicher werden. Zunehmend bieten Dienstleister in dieser Hinsicht Lösungen inklusive Software und Schulungen des Personals an. Werden allerdings die Transporte unabhängig von den medizinischen Leistungen und den Standorten geplant, dann wird es nicht zur optimalen Gesamtlösung, in der es z.B. keine Wartezeiten für die Patienten gibt, kommen. Daher müssen in Zukunft integrative Planungssysteme, die die medizinischen Leistungen und die Logistik umfassen, für das Krankenhaus entwickelt werden. Zu diesem Zweck schlagen ELEY und NICKEL vor, flexible Fertigungssysteme aus dem industriellen Bereich auf das Krankenhaus zu übertragen (Eley/Nickel 2000, S. 2). Dies ist sicherlich ein sinnvoller Ansatz, dessen Umsetzung allerdings wahrscheinlich noch Jahre benötigen wird.

2. Ein Modell zur Lagerbestandsplanung

Die Lagerbestandsplanung konzentriert sich auf Güter, wie Nahrungsmittel, Büromaterialien, Materialien für die Betriebstechnik sowie Medikamente und medizinische Gebrauchsgüter. Nahrungsmittelbestände werden wie in Kantinen oder Hotels geplant, und auch die Lagerung von Büromaterialien und Materialien für die Betriebstechnik weist im Krankenhaus keine Besonderheiten auf.

Im Bereich der Krankenhauslagerhaltung sind die Lagerbestände oftmals hoch und bestehen aus vielen unterschiedlichen Gütern, so dass sie schwer zu überblicken sind. Außerdem werden die Lagerbestände zumeist mit veralteten Verfahren gesteuert. Diese Umstände haben zur Folge, dass die Lagerkosten hoch sind (o.V. 2001, S. 20). Im Folgenden wird daher untersucht, inwieweit Lagerplanungsverfahren vom Logistik-Controlling für die Lagerplanung von Medikamenten und medizinischen Gebrauchsgütern implementiert werden können.

Wie bereits im Abschnitt 3.A.II.a)2. dargestellt wurde, ist das Lagersystem für Medikamente und medizinische Gebrauchsgüter mehrstufig. Die Güter werden sowohl zentral als auch dezentral auf den Pflegestationen und in den therapeutischen und diagnostischen Abteilungen gelagert. In der theoretischen sowie in der praktischen Lagerbestandsplanung des Krankenhauses wurden die dezentralen

Lager bisher nicht mit einbezogen, da sie von dem Personal vor Ort verwaltet werden. Beispielsweise betrachtet KÜHN bei seiner Untersuchung der „konventionellen Medikamentendistribution" nur den Lagerbestand des zentralen Apothekenlagers (Kühn 1984, S. 213). In einer Untersuchung von JUNG, der vier Lagerplanungsmodelle für den Einsatz in einer Krankenhausapotheke miteinander verglichen hat, werden die Stationslager auch vernachlässigt. Er begreift die Stationen als Kunden der Apotheke (Jung 1986, S. 40). Auf diese Weise ist es aber nicht möglich, die Lagerhaltung im Gesamtsystem Krankenhaus zu optimieren. Denn gerade auf den Pflegestationen werden oftmals hohe Lagerbestände gehalten, um die Versorgung der Patienten zu sichern (vgl. Kap. 3.A.II.a)2., S. 57).

Aus Kostengründen wäre es vorteilhafter, die Güter nur in einem Zentrallager vorzuhalten (siehe Untersuchung Kühn 1984, S.213; Weber, J./Kummer 1998, S. 88ff.). Aber obwohl schon im Jahr 1984 von KÜHN festgestellt wurde, dass das Unit-Dose-System aus wirtschaftlicher und medizinischer Sicht vorteilhaft ist, hat es sich in der Praxis nur vereinzelt durchgesetzt. Im Krankenhaus hat das Sicherungsmotiv einen so hohen Stellenwert, dass Lieferzeiten für bestimmte medizinische Gebrauchsgüter, wie lebensnotwendige Medikamente, für nicht akzeptabel gehalten werden. Aus diesem Grunde ist es sinnvoll, die dezentralen Lagerplanungen mit einer zentralen Informationsversorgung möglichst so aufeinander abzustimmen, dass die Bestandsmengen insgesamt optimal geplant werden. Im Folgenden wird daher überprüft, inwieweit mehrstufige Lagerhaltungsmodelle im Krankenhaus anwendbar sind (vgl. Inderfurth 1999, S. 360).

Bei der Auswahl des Planungsmodells ist vorab zu klären, ob die wichtigen Einflussgrößen als bekannt vorauszusetzen sind (deterministische Modelle), oder ob sie sich lediglich durch Wahrscheinlichkeitsverteilungen beschreiben lassen (stochastische Modelle) (Inderfurth 1999, S. 351). Es kann davon ausgegangen werden, dass die Lieferzeiten für die Güter bekannt sind. Wie aber schon mehrfach erwähnt, können die Nachfragestrukturen der einzelnen Abteilungen nicht mit Sicherheit als bekannt vorausgesetzt werden. In diesem Fall lässt sich die Nachfrage durch Wahrscheinlichkeitsverteilungen darstellen (Henning/Meyer 2000, S. 431). Die dazu verwendeten Daten beruhen auf der Vergangenheit und der medizinischen Leistungsplanung, die zwischen den Krankenkassen und den Krankenhäusern festgelegt wird. Im Weiteren werden folglich nur stochastische Lagerhaltungsmodelle betrachtet, die sich dadurch auszeichnen, dass Prognosefehler durch einen Sicherheitsbestand aufgefangen werden (Schneeweiß 1997, S. 491).

Das Ziel der Lagerhaltungsmodelle ist, die Lagerungskosten zu minimieren. Drei Bereiche und ihre Kosteneinflüsse sind dabei zu berücksichtigen (vgl. Weber, J./Kummer 1998, S. 55; Inderfurth 1999, S. 351):

- *Bestandsabhängige Kosten*
  - Kapitalbindungskosten
  - Kosten der Lagerkapazität
  - Kosten der Lagerungsvorgänge
  - Kosten der Verwaltung und Disposition
  - Kosten des Lagerschwundes
- *Beschaffungsabhängige Kosten*
  - bestellmengenfixe Kosten
  - bestellmengenabhängige Kosten
- *Fehlmengenkosten*
  - Kosten zur Behebung der Fehlmengensituation
  - Kosten zusätzlicher Leistungen in anderen Bereichen aufgrund der Fehlmengensituation
  - entgangene Krankenhauserlöse

Der Hauptbestandteil der Lagerungskosten sind die bestandsabhängigen Kosten. Darüber hinaus müssen beschaffungsabhängige Kosten in die Lagerbestandsplanung einfließen, da sich die Lagerung und das Bestellwesen gegenseitig beeinflussen. Wenn die Lagerbestände z.B. reduziert werden, dann folgt daraus für das Beschaffungswesen, dass häufiger kleinere Mengen bestellt werden müssen. Ferner werden in der Lagerbestandsplanung die Kosten berücksichtigt, die durch fehlende Güter entstehen. Zu den Fehlmengenkosten zählen Kosten, die durch die Behebung der Fehlmengensituation entstehen. Dazu gehören z.B. zusätzliche Kosten für Eilfrachten oder für die Anwendung teurerer Medikamente, die als Ersatz für das fehlende Medikament eingesetzt werden. Außerdem können zusätzliche Kosten entstehen, wenn der Patient aufgrund fehlender medizinischer Gebrauchsgüter (z.B. Medikamente) länger oder intensiver behandelt werden muss. Darüber hinaus müssen entgangene Krankenhauserlöse berücksichtigt werden. Zu fehlenden Erlösen kann es kommen, wenn z.B. für die Behandlung notwendige Medikamente nicht vorrätig sind. In diesem Fall kann ein Patient nicht aufgenommen werden oder muss verlegt werden.

Die bekanntesten stochastischen Lagerhaltungsmodelle kombinieren die Entscheidungsvariablen Bestellpunkt der Lagerbestandsmenge (s), Bestellzyklus (r), Bestellmenge (q) und das Bestellniveau der Lagerbestandsmenge (S). Die daraus resultierenden Modelle unterscheiden sich darin, wie Bestellungen ausgelöst werden und wie die Bestellmenge bestimmt wird (Tempelmeier 1999, S. 363).

Um weiter eingrenzen zu können, welches mehrstufige Lagerhaltungsmodell im Krankenhaus angewendet werden kann, ist vorab der Materialfluss zu untersuchen. Zu unterscheiden ist zwischen dem konvergierenden und dem divergierenden Materialfluss (vgl. Inderfurth 1999, S.360). Beim konvergierenden Materialfluss hat jedes Lager nur ein zu beliefderndes Folgelager, wird aber selber von mehreren Lagern beliefert (vgl. Inderfurth 1999, S. 364). Der divergierende Materialfluss zeichnet sich dadurch aus, dass jedes Lager von einem bestimmten Lager beliefert wird, aber selber an mehrere ausliefert. Beim Lagersystem im Krankenhaus handelt es sich um die einfachste Form eines divergierenden Materialflusses, da Zentrallager die verschiedenen dezentralen Lager im ganzen Haus beliefern (vgl. Kap. 3.A.II.a)2., S. 55f.).

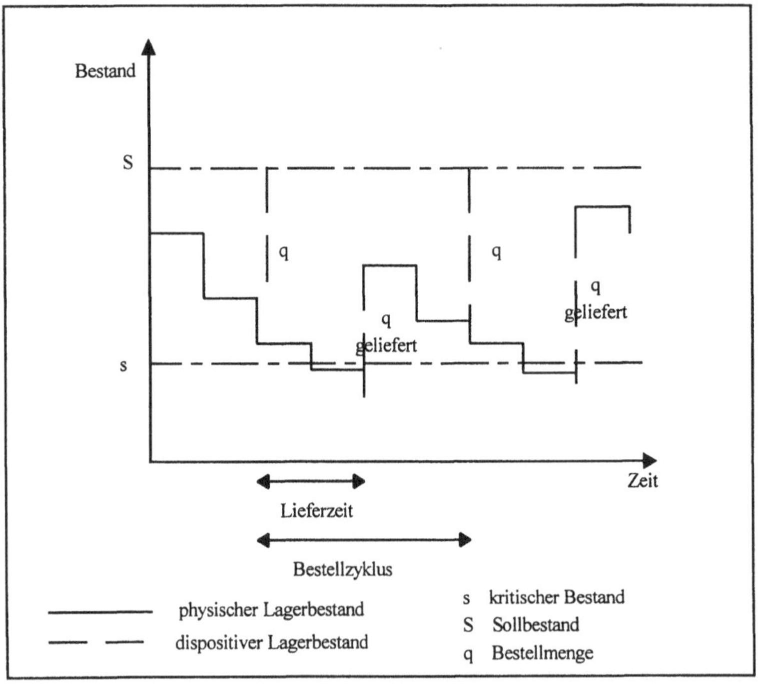

Abbildung 38: Lagerbestandsplanung bei Anwendung des (s,S)-Modells.
Quelle: Robrade 1991, S.109; Tempelmeier 1999, S. 396.

Der divergierende Materialfluss grenzt die Anwendung der Planungsmodelle ein, da entweder vereinfachende Annahmen getroffen werden müssen, so dass die Lösung wenig Realitätsnähe aufweist, oder die Modelle so komplexe Strukturen aufweisen, dass die Lösungsverfahren wenig realistisch sind (Inderfurth 1999,

S. 364). Aus diesem Grund ist nur das Modell, welches systemweit die Bestellniveaus der Lagerbestandsmengen (S_j) bestimmt ((s,S)-Modell), anwendbar. Bei diesem Modell wird der Lagerbestand in bestimmten Abständen, z.B. täglich, wöchentlich oder monatlich, überprüft, wobei so viel bestellt wird, dass das festgelegte Bestellniveau (Sollbestand) erreicht wird (siehe Abbildung 38). Außerdem wird die Höhe eines Sicherheitsbestandes (kritischer Bestand) festgelegt, der vorhanden sein soll, wenn die bestellten Güter eintreffen.

Wie oft die Lagerbestände überprüft werden, richtet sich nach den Gütern. Alltägliche Gebrauchsgüter oder Medikamente, die in großen Mengen benötigt werden, wie z.B. Zellstoff oder Heparin, müssen mehrmals wöchentlich überprüft werden. Bei weniger gebräuchlichen Gütern kann es ausreichend sein, nur einmal im Monat den Bestand zu kontrollieren. Werden Lagerzu- und -abgänge in einem elektronischen Lagerverwaltungssystem erfasst, dann genügt es den buchmäßigen Bestand zu überprüfen und ein- bis zweimal im Jahr diesen durch Inventur abzugleichen. Auf den Pflegestationen und in den diagnostischen und therapeutischen Abteilungen ist es allerdings noch nicht allgemein üblich, mit elektronischen Lagerverwaltungssystemen zu arbeiten. In diesem Fall müssen die Bestände jedesmal körperlich erfasst werden.

Die Modellannahme, dass die Artikel in allen Lagern den gleichen Wert besitzen, kann für Krankenhäuser ohne weiteres getroffen werden. Allerdings wird der daraus gefolgerten Auffassung von INDERFURTH nicht gefolgt, dass aus Sicht der Kosten es vorteilhaft ist, die Artikel in den dezentralen Lagen zu halten (Inderfurth 1999, S. 365). Gäbe es keine zentralen Lager, durch die die Fehlmengen aufgrund der schnellen Lieferzeit vermieden werden können, dann müssten die Lagerbestände in den dezentralen Lagern auf den einzelnen Pflegestationen wesentlich höher sein. Das hätte zur Folge, dass jeweils zusätzliche Lagerkapazitäten und Personal für die Lagerhaltung vorgehalten werden müssen, wodurch die Kosten erheblich steigen würden.

Mit Hilfe dieses Modells zur Lagerbestandsplanung lässt sich theoretisch die gesamte Lagerhaltung im Krankenhaus optimieren. Jedoch ist ein grundlegendes Problem der Lagerhaltung im Krankenhaus, dass sehr viele unterschiedliche Güter benötigt werden, um die Patienten zu versorgen. Um dieses große Spektrum einzuschränken, ist es bereits gängige Praxis, mit Hilfe von Bestelllisten, die in Zusammenarbeit mit Ärzten, Apothekern, Pflegepersonal und Einkäufern erarbeitet werden, die Art der Güter einzugrenzen. Trotzdem wird es nicht für sinnvoll gehalten, Lagerbestandsplanung für Güter zu betreiben, die nur in geringer Menge benötigt werden oder deren Wert gering ist. In diesem Fall würden die Planungskosten den Nutzeneffekt übersteigen. Aus diesem Grund sollten die Güter mit Hilfe der ABC-Analyse klassifiziert werden, mit der sie entsprechend der Bedeutung für den Betrieb in drei Kategorien aufgeteilt werden (Bichler 1984, S. 80ff.; Mikus 1997, S. 1f.; Tempelmeier 1999, S. 13ff.; Schönsleben 2000, S. 404f.). Üblicherweise werden in der Materialwirtschaft die Anteile der Güter am Periodenverbrauchswert bestimmt und in absteigender Reihenfolge geordnet. Daraus ergibt sich zumeist, dass schon 10-20 Prozent der Güter einen Periodenverbrauchswert von 70-85 Prozent ausmachen (A-Güter). Neben diesen Gütern sollten außerdem Medikamente und Hilfsmittel in die Planung miteinbezogen werden, die zwar von der Menge und dem Wert her nicht so bedeutend sind, aber auf die in lebensrettenden Situationen nicht verzichtet werden kann (z.B. Tubus). Somit ist die Zahl der Güter, für die sich ein Planungsverfahren lohnt, beträchtlich eingegrenzt.

Ein weiteres Problem besteht darin, dass es zum Teil sehr schwierig ist, die notwendigen Daten zu erheben. Vor allem die Fehlmengenkosten sind schwer zu bestimmen. Es erscheint sehr unrealistisch, zusätzliche Leistungen auf eine Fehlmengensituation zurückzuführen und dann auch noch zu quantifizieren. Entgangene Erlöse können auch nur geschätzt werden, da vorab nie 100-prozentig feststeht, welche Leistungen ein Patient benötigt hätte.

Zusammenfassend ist festzustellen, dass sich das (s,S)-Modell dazu eignet, im Krankenhaus die Lagerbestände in den dezentralen und zentralen Lagern zu planen. Daher sollte das Logistik-Controlling dieses operative Planungsinstrument implementieren, um damit der Logistikführung ein Instrument zur Verfügung zu stellen, mit dem die hohen Lagerkosten gesenkt werden können. Dabei ist aber zu berücksichtigen, dass nur ausgewählte Güter geplant werden sollten und dass die Fehlmengenkosten nur auf Schätzungen beruhen.

3. Budgetierung der Krankenhauslogistik

Budgetierung wird verstanden als ein Prozess des Aufstellens, der Verabschiedung, der Kontrolle und der Abweichungsanalyse von Budgets (Camillus 1984, S. 7). Das Merkmal dieses Planungsinstrumentes ist, dass das Budget formalzielorientierte Planungen in monetären Größen darstellt. Das Budget wird organisatorischen Einheiten für einen bestimmten Zeitraum mit einer gewissen Verbindlichkeit vorgegeben (Horváth 1998, S. 225) und dient somit als Führungsinstrument, welches das Logistik-Controlling für die Logistikführung zu implementieren und zu gestalten hat. Da es sich nicht um genaue Maßnahmenpläne handelt, bleiben den organisatorischen Einheiten Gestaltungsfreiräume, die motivierend wirken. Es werden aber auch Ziele gesetzt, deren Einhaltung kontrollierbar wird (Küpper 2001, S. 318f.). Eine weitere Funktion der Budgetierung ist die Bewilligungs- und Allokationsfunktion, denn die knappen Ressourcen eines Unternehmens, oder in unserem Fall eines Krankenhauses, werden entsprechend der Leistungsplanung aufgeteilt (Röhrig 1993, S. 188; Pfohl 1994, S. 229; Küpper 2001, S. 319).

Die Art und Weise, wie die Budgetierung ausgestaltet werden sollte, ist abhängig von der Aufbauorganisation und dem Leistungsprozess.

Die Aufbauorganisation gibt die Verantwortungsbereiche vor, für die die einzelnen Budgets aufgestellt werden. Budgetierung ist nur dann sinnvoll, wenn es einen Budgetverantwortlichen gibt, der die Einhaltung überwacht und eventuell Maßnahmen ergreift. Das bedeutet, dass es erst dann sinnvoll ist, ein Budget für die Krankenhauslogistik zu erstellen, wenn eine Logistikabteilung geschaffen wurde, in der alle Logistikleistungen zusammengefasst sind. Darüber hinaus wird die Budgetierung erschwert, wenn Interdependenzen zwischen den einzelnen Abteilungen bestehen (Küpper 2001, S. 321), wie es bei der Querschnittsfunktion Logistik der Fall ist. Die Logistikleistungen werden durch die Leistungen der medizinischen Abteilungen bestimmt, so dass der Verantwortliche der Logistikabteilung nur eingeschränkt die Art und Menge der logistischen Leistungen beeinflussen kann. Außerdem bestehen Überschneidungen in den Verantwortungsbereichen, wie zum Beispiel bei der Lagerung von Medikamenten mit dem Apotheker oder mit dem Pflegepersonal auf den Pflegestationen.

Der zugrundeliegende Leistungsprozess entscheidet darüber, nach welchem Verfahren die Budgets erstellt werden können. Handelt es sich um einen Leistungsprozess, in dem Input- und Outputbeziehungen einander zuordbar sind oder Prozesse sich standardisieren lassen, dann werden die Einsatzfaktoren der erbrachten Leistungen als Grundlage zur Budgetplanung genommen. Oftmals werden diesbezüglich Bezugsgrößen ermittelt, die die Kosten beeinflussen, wie z.B. bei der Lagerhaltung die Anzahl der Zu- und Abgänge (Küpper 2001, S. 323). Diese Art der Budgetermittlung wird als outputorientiert bezeichnet. Lassen sich die Leistungen quantitativ nicht erfassen, dann muss inputorientiert budgetiert werden. In diesem Fall wird mit Hilfe der Kosten, die zur Leistungserstellung benötigt werden, der Budgetansatz ermittelt (vgl. Küpper 2001, S. 330).

Budgetierung ist im Krankenhausbereich kein unbekanntes Instrument, da die knappen Ressourcen des Gesundheitssektors durch die Vorgabe von Budgets auf die Krankenhäuser verteilt werden (vgl. Kap. 2.A.II., S. 29). Hierdurch wird der internen Budgetierung ein Rahmen gesetzt, an den sie angepasst werden muss (Böing 1990, S. 38). Grundlage der logistischen Budgetierung ist die Planung der medizinischen Leistungen der kommenden Periode, zumeist des kommenden Jahres. Aus der Anzahl dieser Primärleistungen (Outcome) werden die notwendigen logistischen Sekundärleistungen (Output) abgeleitet (vgl. Tauch 1989, S. 29; Röhrig 1993, S. 195). Dieses Verfahren entspricht der outputorientierten Vorgehensweise, welche auch hier zu empfehlen ist, da auf diese Weise die Budgets auf den

Leistungen basieren. Das hat den Vorteil, dass die Ressourcen leistungsgerecht verteilt werden.

Der logistische Budgetierungsprozess beginnt mit der Aufstellung des Leistungsbudgets, indem aus den *geplanten medizinischen Leistungen (Anzahl der Fallpauschalenfälle, der Fälle im Budgetbereich oder der DRGs) die dafür notwendigen Transport- und Lagerleistungen* für Patienten, Güter und Informationen abgeleitet werden. Hierzu zählen z.B. die Anzahl der Patiententransporte (differenziert nach dem Mobilitätsgrad und der Betreuungsintensität (vgl. Kap. 3.A.II.a)1., S. 53)), der Transporte für Essen, vom Müll, der Laborproben und -daten sowie der vorzuhaltenden Lagerkapazitäten. Im Prinzip könnte die Lagerung der Patienten in ihren Zimmern, in den Warteräumen oder in der Pathologie auch einzeln erfasst werden. Hierfür werden aber die Kapazitäten und Leistungen nicht von der Logistik bereitgestellt, so dass sie in das Budget nicht mit einzurechnen sind (vgl. Kap. 3.A.II.a)2., S. 56).

Im nächsten Schritt ist auf Basis der logistischen Leistungsdaten zu ermitteln, wie hoch die *Kosten für die Transport- und Lagerleistungen* sein werden. Diese Daten müssen durch eine Logistikkostenrechnung geliefert werden (vgl. Kap. 4.B.II.b)1.), die die Kostensätze für die einzelnen Leistungen ermittelt.

Während es die Aufgabe des Logistikcontrollers ist, das Budget wie dargestellt zu erarbeiten, wird es von der Krankenhausleitung *verabschiedet*. Um Akzeptanzprobleme zu vermeiden, ist es darüber hinaus notwendig, die Logistikverantwortlichen mit ihren Planvorstellungen, z.B. über technische Erneuerungen, in den Budgetplanungsprozess mit einzubinden. Auf diese Weise kann zum einen das Know-How der Logistik-Mitarbeiter in die Planung mit einfließen. Zum anderen identifiziert sich auf diese Weise das Logistikpersonal mit den Budgetvorgaben, wodurch die Leistungsbereitschaft gesteigert werden kann (Dilger 1991, S. 28f.). Für das Krankenhaus wird das Gegenstromverfahren empfohlen, bei dem Top-Down-Budgetvorgaben erarbeitet werden, die den Budgetverantwortlichen vorgelegt werden und von diesen gegebenenfalls mit Änderungsvorschlägen versehen werden (Greiling 2000, S. 73). Diese Bottom-Up-Planvorschläge werden daraufhin mit der Top-Down-Planung abgeglichen und endgültig verabschiedet.

Ein weiterer Schritt im logistischen Budgetierungsprozess ist die *Kontrolle*. Verfahren zur Kontrolle sind wiederum vom Logistik-Controlling bereitzustellen. Hierbei werden die tatsächlich erbrachten Leistungen und die Istkosten mit den Plandaten verglichen. Bei Abweichungen gilt es, die Ursachen zu analysieren. Dabei ist zu berücksichtigen, dass es Abweichungen gibt, die von dem Logistikverantwortlichen nicht zu vertreten sind. Dies ist z.B. dann der Fall, wenn die realisierte Menge und Art der medizinischen Primärleistungen nicht den Plandaten entspricht oder die Kosten, beispielsweise bei tariflich bedingten Gehaltserhöhungen, über das Geplante hinausgestiegen sind. Von den Logistikverantwortlichen sind jedoch Abweichungen zu vertreten, die durch Missmanagement zustande kommen. Möglicherweise wird der Lagerbestand zu hoch gehalten oder der Ablauf der Transporte ist ineffizient organisiert.

Die Abweichungsanalyse ist notwendig, um möglicherweise *Konsequenzen* und Veränderungen einzuleiten. Da Budgetierung als Führungsinstrument verstanden wird, muss vorab bekannt sein, welche Konsequenzen Abweichungen zur Folge haben. Das bedeutet, dass das Logistik-Controlling bei der Implementierung und Durchführung des logistischen Budgetierungsprozesses die Konsequenzen zu berücksichtigen hat. Die Frage ist, wie mit Über- oder Unterschreitung des Budgets umgegangen wird. Sind Abweichungen auf nicht zu verantwortenden Gründen zurückzuführen, dann sollte das Budget voll angepasst werden. Können die Ursachen aber in der Logistikabteilung ausgemacht werden, dann wäre es sinnvoll, wenn ein Bonus- oder Malussystem greifen würde. Diesem sind jedoch in der Krankenhauslogistik enge Grenzen gesetzt. Beispielsweise ist die Logistik finanziell kein selbständiger Bereich, da keine Einnahmen erzielt werden, so dass Überschreitungen nicht aus eigenen Mitteln gedeckt werden können. In diesem Fall besteht die Möglichkeit, als „Bestrafung“ das Budget der nächsten Periode zu kürzen. Damit ist aber die Gefahr verbunden, dass auch dieses nicht eingehalten wird. Vorzuziehen ist, durch Anreize die Motivation zu fördern, das Budget einzuhalten. Denkbar wäre z.B. ein persönliches Erfolgsbeteiligungssystem, das 10 Prozent der eingesparten Mittel den Mitarbeitern vergütet (vgl. Böing 1990, S. 217). Allerdings ist es aus tariflichen Gründen nicht zulässig, bei Überschreitung des Budgets die Löhne zu kürzen (vgl. Greiling 2000, S. 83). Demzufolge hat diese Maßnahme nur Anreizwirkung auf die Mitarbeiter, die ihre Leistungen steigern wollen, um mehr Geld zu verdienen. Eine weitere Möglichkeit wäre, die eingesparten Mittel, zumindest zum Teil, der Abteilung im folgenden Jahr zur Verfügung zu stellen. Die Budgetverantwortlichen werden aber zurecht befürchten, dass das Budget des darauffolgenden Jahres an den geringeren Finanzbedarf angepasst wird und somit geringer ausfällt. Dadurch werden die Budgetverantwortlichen dazu verleitet, eine Unterschreitung zu verhindern. Aus diesem Grund ist es sinnvoll, neben der Übertragungsmöglichkeit auch die Möglichkeit zu geben, auf das folgende Budget vorzugreifen. Somit werden die Befürchtungen, die mit der Kürzung eines Budgets verbunden sind, gemindert.

Insgesamt kann festgestellt werden, dass das Verfahren der Budgetierung auf die Krankenhauslogistik übertragbar ist. Mit der Budgetierung kann das Logistik-Controlling ein Planungsinstrument zur Verfügung stellen, das hilfreich dabei ist, die knappen Ressourcen leistungsgerecht zu verteilen. Es ist aber zu bedenken, dass sich bei Nichteinhaltung des Budgets Konsequenzen nur bedingt durchsetzen lassen. Außerdem handelt es sich bei der outputorientierten Budgetierung um einen sehr aufwendigen Prozess.

d) Zwischenergebnis

In diesem Abschnitt werden die Ergebnisse zusammengefasst, die sich bei der Analyse der logistischen Planungs- und Kontrollinstrumente aus der Sicht der Krankenhauslogistik ergeben haben. Welche Informationen die Logistikführung durch die jeweiligen Instrumente erhält und inwieweit sie dadurch in ihren Aufgaben unterstützt werden kann, lassen sich der folgenden Abbildung entnehmen (Abb. 39). Außerdem werden die Probleme, die bei der Anwendung in der Krankenhauslogistik auftreten können, aufgezeigt.

Strategische und operative Planungs- und Kontrollinstrumente	**Unterstützung der Logistikführung in ihren Aufgaben**	**Probleme bei der Anwendung**
Stärken- und Schwächenanalyse	Bestandsaufnahme über Ergebnisse der Logistikleistungen, über das Leistungspotenzial und über die Rahmenbedingungen im Vergleich zur Konkurrenz. Stellt Ausgangslage für weitere Strategieplanung dar.	Die Bewertungen der einzelnen Bereiche basieren oftmals nur auf subjektiven Einschätzungen.
Krankenhausinterne Standortplanung	Organisatorische Einheiten werden Standorten zugeordnet, so dass die Transportkosten insgesamt am niedrigsten sind.	Es wird nur das Ziel Kostenminimierung angestrebt, der Servicegrad bleibt unberücksichtigt. Das Planungsverfahren ist nur durchführbar, wenn Vereinfachungen vorgenommen werden, dadurch lässt sich die Realitätsnähe anzweifeln.

Szenario-Technik	Es werden mögliche zukünftige Entwicklungen dargestellt. Auf diese Weise lassen sich Ausgangspunkte für zukünftige Strategien darstellen.	Ein aufwendiges und zeitintensives Instrument, da interdisziplinäre Expertenteams beteiligt sind.
Portfolio-Analyse	1.Aus der Portfolio-Analyse für die strategischen Einheiten des Krankenhauses lassen sich Konsequenzen für die Logistik ableiten. 2.Mit Hilfe der Portfolio-Analyse kann die strategische Bedeutung der Logistik für das Krankenhaus festgestellt werden. Daraus lassen sich logistische Strategien ableiten.	Dadurch, dass Einflussfaktoren grob bewertet und zusammengefasst werden, können einzelne Gesichtspunkte verschleiert werden.
Outsourcing	Entscheidungshilfe darüber, von welchem externen Dienstleister logistische Leistungen erstellt werden sollen und Kontrolle der ausgelagerten logistischen Leistungen.	Keine
Koordinierung des Investitionsprozesses	Entscheidungshilfe für die Auswahl von Investitionsstrategien geben.	Nur eingeschränkt anwendbar aufgrund der dualen Finanzierung. Es müssen Annahmen über zukünftige Zahlungen getroffen werden, wobei subjektive Einschätzungen das Ergebnis verfälschen können.

Benchmarking	Mit den Besten auf dem Gebiet der Logistik vergleichen, um Ansatzpunkte zu identifizieren, mit denen die eigenen Leistungen verbessert werden können.	Zeit- und personalintensive Datenerhebungen über logistische Leistungen sind notwendig. Der Beste auf dem Gebiet kann nur identifiziert werden, wenn die Daten preisgegeben werden.
Krankenhausinterne Tourenplanung	Die Transporte von Patienten, Gütern und Informationen werden so geplant, dass die Transportkosten minimal sind.	Hoher Rechen- und Planungsaufwand, der nur mit Hilfe von leistungsfähiger EDV zu lösen ist.
Lagerbestandsplanung	Die Lagerbestände im mehrstufigen Lagerhaltungssystem werden so geplant, dass die Lagerkosten minimal sind.	Fehlmengenkosten lassen sich nur schätzen, dadurch kann das Ergebnis verfälscht werden.
Budgetierung der Krankenhauslogistik	Planung von Leistungen und Kosten einer Periode.	Da medizinische Leistungen vorab nur bedingt planbar sind, lässt sich nur schwer ableiten, welche und wie viele logistische Leistungen erbracht werden. Der Planungsprozess ist sehr zeit- und personalaufwendig.

Abbildung 39: Zusammenfassung strategischer und operativer Planungs- und Kontrollinstrumente. Eigene Darstellung.

II. Aufgaben und Instrumente des Controlling im Rahmen des Logistikinformationssystems

a) Aufgaben des Controlling im Rahmen des Logistikinformationssystems

1. Koordination des Logistikinformationssystems mit dem Logistikplanungs- und -kontrollsystem

In Teil I. des Abschnittes 4.B. wurden Aufgaben und Instrumente eines Planungs- und Kontrollsystems für die Krankenhauslogistik analysiert. Die dafür benötigten Informationen werden durch das Informationssystem bereitgestellt. Daraus ergibt sich für das Logistik-Controlling die Koordinationsaufgabe, die Planungs- und Kontrollverfahren an die vorhandenen Informationen anzupassen. Darüber hinaus ist dafür zu sorgen, dass die benötigten Informationen aus dem Informationssystem zur Verfügung stehen (Küpper/Hoffman 1997, S. 570). Das bedeutet, dass das Controlling die Kosten- und Leistungsrechnung und das Berichtswesen so auszugestalten hat, dass die Anforderungen der Planungs- und Kontrollinstrumente erfüllt werden. Außerdem müssen die Möglichkeiten und Grenzen der Datenerfassung bekannt sein, um diese bei der Ausgestaltung der Planungsmodelle zu berücksichtigen (Küpper 1992, S. 126).
Ein weiterer Aspekt der Koordination ist der Zeitfaktor. Das Informationssystem muß auf das Planungs- und Kontrollsystem zeitlich so abgestimmt werden, dass zum benötigten Zeitpunkt aktuelle Daten vorliegen (vgl. Friedl 1990, S. 195).

2. Koordination des Logistikinformationssystems mit dem Krankenhausinformationssystem

Das Logistikinformationssystem mit dem Informationssystem der Unternehmung zu koordinieren bezeichnen KÜPPER und HOFFMANN als die „Kernaufgaben des Logistikcontrollings" (Küpper/Hoffmann 1997, S. 570). Es soll gewährleistet werden, dass die Daten zwar nur von jeweils einer Seite bestimmt oder verändert werden dürfen, sie aber trotzdem gegenseitig einsehbar und verwendbar sind. Denn das Logistik-Controlling hat „die Aufgabe, die für nötig erachteten Informationen von allen Entscheidungsebenen eines Unternehmens abzurufen, zentral zu verarbeiten und anschließend in den gewünschten Verdichtungsstufen an die Unternehmensleitung sowie an die anderen Entscheidungsebenen in der Unternehmungshierarchie abzugeben" (Reichmann 1989, S. 19). Für das Logistik-Controlling im Krankenhaus bedeutet das, dass die Instrumente des Logistikinformationssystems, die im Weiteren erarbeitet werden, auf dem im Krankenhaus existierenden basieren müssen. Außerdem ist das logistische Berichtswesen dem allgemeinem Krankenhausberichtswesen anzupassen. Zu klären ist, welche logistikspezifischen Daten an die anderen Abteilungen weitergeleitet werden sollen und welche die Krankenhausleitung benötigt (vgl. Küpper 1997, S. 393).

3. Abstimmung des Informationsbedarfs mit dem Informationsangebot

Ein weiterer sehr wichtiger Aufgabenbereich des Logistik-Controlling ist, das Informationsangebot an den Informationsbedarf anzupassen. Einen Bedarf an logistischen Informationen haben die Logistikverantwortlichen, die Verantwortlichen anderer Bereiche (z.B. Beschaffung oder medizinische Fachabteilungen) und die Krankenhausleitung. Darüber hinaus benötigt das Logistik-Controlling selber Informationen zur Anwendung des logistischen Planungs- und Kontrollsystems.

Oftmals wird vernachlässigt, den Informationsbedarf zu analysieren. Entweder werden dann zwar viele Informationen bereitgestellt, die aber nur ein Teil der Nachfrage decken (Berthel 1992, Sp. 875) oder es sind nicht genügend Informationen vorhanden, so dass der Bedarf nicht gedeckt wird. Dabei hängt von der Abstimmung des Bedarfs und der Nachfrage unter anderem der wirtschaftliche Erfolg des Logistik-Controlling ab, da die Kosten für die Informationsgewinnung den Nutzen des Informationsbedarfes nicht überschreiten dürfen. So sollten beispielsweise nur Daten gewonnen werden, die für Planungs- und Kontrollverfahren gebraucht werden. Es wäre unwirtschaftlich, sehr aufwendig Informationen über die Lagerhaltung von Gütern zu gewinnen, die in ihrer mengen- und wertmäßigen Bedeutung so gering sind, dass sie keinem Planungsverfahren unterzogen werden (vgl. Kap. 4.B.I.c)2., S. 157f.). Theoretisch wäre es sinnvoll, vorab die Kosten der Informationsbeschaffung dem Nutzen des Informationsbedarfes gegenüberzustellen. Da sich aber vor allem der Nutzen nur mit größerem Aufwand oder sogar gar nicht ermitteln lässt (vgl. Friedl 1990, S. 196f.), müssen hier Einschätzungen genügen. FRIEDL schlägt vor, den Nutzen anhand vom Controlling erarbeiteten qualitativen Kriterien, die untereinander konsistent sind und die Anforderungen berücksichtigen, zu bewerten (Friedl 1990, S. 197). DÖRFLER hingegen bewertet den Nutzen mit der Zielwertsteigerung, die durch Entscheidungen hervorgerufen wird, die auf den ermittelten Informationen beruhen (Dörfler 1986, S. 45). Aber auch er stellt fest, dass es fast unmöglich ist, den Nutzen einer Information festzustellen, bevor sie verwendet wurde (Dörfler 1986, S. 47).

Grundlage dafür, dass die Informationsbeschaffungskosten den Informationsnutzen nicht überschreiten, ist eine sorgfältige Analyse des Informationsbedarfes. Der Informationsbedarf wird durch die zielorientierte Aufgabenerfüllung und die externen Bedingungen, wie z.B. Dokumentationsvorschriften oder Umweltänderungen bestimmt. Darüber hinaus ist der Informationsbedarf auf die Verhaltenseigenschaften der Entscheidungsträger zurückzuführen (Küpper 1997, S. 138). Dabei handelt es sich um Informationen, die zwar nachgefragt werden, sich aber nicht aus der Aufgabenerfüllung erklären lassen (Dörfler 1986; Berthel 1992, Sp. 873; Küpper 1997, S. 137). Folglich lässt sich zwischen einem objektiven (aufgabenbezogenen) und einem subjektiven (entscheidungsträgerbezogenen) Informationsbedarf unterscheiden. Objektiv werden in der Krankenhauslogistik Informationen über Logistikleistungen und deren Kosten sowie über externe Daten der Krankenhausumwelt (z.B. gesetzliche Vorschriften oder Entwicklungen in der Krankenhauslager- und -transporttechnik) benötigt. Subjektiv kann ein Informationsbedürfnis über die speziellen Bedingungen in dem Krankenhaus, z.B. über personelle Belange, von Bedeutung sein.

Der objektive und subjektive Informationsbedarf lässt sich anhand induktiver und deduktiver Verfahren ermitteln (vgl. Küpper 1997, S. 141). Induktive Verfahren analysieren die Gegebenheiten und schließen daraus auf den objektiven Informationsbedarf. Hierbei kann mit Hilfe einer Organisationsanalyse festgestellt werden, welche Informationen zur Aufgabenerfüllung in der Krankenhauslogistik verwendet werden (vgl. Küpper 1997, S. 142). Eine andere Vorgehensweise ist die deduktive Methode, bei der aus den Aufgaben, Zielen und Planungsverfahren systematisch der Informationsbedarf hergeleitet wird (vgl. Küpper 1997, S. 143). Zum Beispiel lassen sich aus den verwendeten logistischen Planungsinstrumenten, wie sie im Kapitel 4.B.I. entwickelt wurden, die dafür benötigten Informationen ableiten. Beide Verfahren ergänzen sich in ihren Ergebnissen, sie sollten daher nebeneinander verwendet werden.

Der subjektive Informationsbedarf lässt sich nur ermitteln, indem die Informationsverwender befragt werden. Dabei besteht aber die Gefahr, dass die Wünsche oftmals sehr viel umfangreicher ausfallen, als Informationen für die Aufgabenerfüllung tatsächlich benötigt werden. Um dem entgegen zu wirken und den Befragten die Arbeit zu erleichtern, erscheint es sinnvoll, Kataloge mit möglichen Informationen vorzulegen (Röhrig 1993, S. 79).

Bei der Analyse des Informationsbedarfes ist nicht nur zu ermitteln, welche Informationen nachgefragt werden, sondern darüber hinaus müssen die gewünschten Eigenschaften der Informationen bekannt sein. Wichtige Eigenschaften von Informationen sind z.B. Genauigkeit, Zuverlässigkeit, Erhebungshäufigkeit, Verdichtungsgrad, Darstellungsform, Qualität oder Aktualität (siehe weitere Küpper 1997, S. 135; Horváth 1998, S. 348f.).

Die Abstimmung des Informationsangebotes mit dem Bedarf darf nicht als eine einmalige Angelegenheit angesehen werden, die bei der Einführung des Logistik-Controlling zu leisten ist, sondern als eine Daueraufgabe. Veränderte Rahmenbedingungen können immer wieder dazu führen, dass sich der Bedarf ändert. Zum Beispiel ist zu überprüfen, inwieweit ein neues Abrechnungsverfahren für die Patientenentgelte es notwendig macht, bestimmte logistische Kosten oder Leistungen zu erfassen. Die Möglichkeiten, die bestehen, um logistische Kosten und die Leistungen zu ermitteln, werden im nächsten Abschnitt untersucht. Außerdem wird erläutert, wie ein Berichtssystem aufzubauen ist.

b) Instrumente des Controlling im Bereich des Logistikinformationssystems

1. Die Logistikkosten- und -leistungsrechnung

aa) Grundzüge der Krankenhauskosten- und -leistungsrechnung

Krankenhäuser werden gesetzlich durch § 17 Abs. 2 KHG dazu veranlasst, ihre Kosten mit Hilfe einer Kosten- und Leistungsrechnung zu ermitteln. In der Krankenhausbuchführungsverordnung wird dazu Näheres ausgeführt, indem die Aufgaben der Kosten- und Leistungsrechnung und die an sie gestellten Mindestanforderungen erläutert werden (§ 8 KHBV). Die Kosten- und Leistungsrechnung soll dazu dienen, die Wirtschaftsführung des Krankenhauses zu beurteilen, wobei die Leistungsfähigkeit zu berücksichtigen ist (§ 8 KHBV Satz 1). Daraus lassen sich die folgenden drei Aufgabenbereiche der Kosten- und Leistungsrechnung ableiten (Maltry/Strehlau-Schwoll 1997, S. 536; Hentze/Kehres 1999, S. 3):

- die betriebsinterne Steuerung,
- die Beurteilung der Wirtschaftlichkeit und Leistungsfähigkeit des Krankenhauses,
- die Ermittlung der pflegesatzfähigen Kosten mit der dafür erforderlichen Erstellung der Leistungs- und Kalkulationsaufstellung nach den Vorschriften der BPflV.

Außerdem hat der Gesetzgeber festgelegt, dass die Kosten, die durch das Budget gedeckt werden, aus der Finanzbuchhaltung abzuleiten sind (§ 8 KHBV Abs. 1 Nr. 2). Das bedeutet, dass die Krankenhauskostenrechnung, die zur Ermittlung der pflegesatzfähigen Kosten dient, auf dem pagatorischen Kostenbegriff basiert (Hentze/Kehres 1999, S. 10f.). Die Anschaffungskosten von Anlagegütern mit einer Nutzungsdauer von mehr als drei Jahren dürfen aufgrund der dualistischen Finanzierung (siehe Kap. 2.A.II., S. 28f.) in die Preisbildung nicht einfließen. Allerdings ist es ratsam, die interne Steuerung auf Basis aller Kosten durchzuführen, also auch die Kosten der Anlagennutzung mit einzubeziehen (Hübner 1980, S. 43; Keun 1999, S. 33). Vorteilhaft wäre diese Vorgehensweise auch hinsichtlich der zukünftigen Entwicklung, denn mit der Einführung des DRG-orientierten Fallpauschalensystems ist geplant, die dualistische Finanzierung durch eine monistische Finanzierung abzulösen (Tuschen/Quas 2001, S. 36).

Grundsätzlich lässt sich die Kostenrechnung in die Kostenarten-, Kostenstellen- und Kostenträgerrechnung untergliedern. Die Grundlage der Kostenrechnung bildet die *Kostenartenrechnung*. Mit ihr sollen die in einer Periode entstandenen o-der entstehenden Kosten in übersichtlicher, strukturierter Form wiedergegeben werden (Maltry/Strehlau-Schwoll 1997, S. 542). Da die Untergliederung der Kostenarten von den Rechnungszielen abhängt, kann sie ganz unterschiedlich aussehen (Schweitzer/Küpper 1998, S. 94). Dadurch, dass die pflegesatzfähigen Kosten im Krankenhaus aus der Finanzbuchhaltung abzuleiten sind, wird bei der Untergliederung der Kostenarten von dem Kontenrahmen der Finanzbuchhaltung ausgegangen. Der Kontenrahmen ist in seiner Grundstruktur in der Anlage 4 der KHBV zu finden. Die Kontenklassen 6 und 7 enthalten die Aufwendungen, die wie die Ausgabenarten der Kameralistik als Kostenarten zu begreifen sind (vgl. Brede 2000, S. 356). Da nicht alle Aufwendungen in die Preisbildung einfließen dürfen, werden in der Abbildung 40 die pflegesatzfähigen und die nicht pflegesatzfähigen Kosten dargestellt.

Pflegesatzfähige Kosten

Kontenklasse	*aufwandsgleiche Kostenarten (Zweckaufwand)*
60	Löhne und Gehälter
61	Gesetzliche Sozialabgaben
62	Altersversorgung
63	Beihilfen und Unterstützungen
64	Sonstige Personalaufwendungen
65	Lebensmittel
66	Medizinischer Bedarf
67	Wasser, Energie und Brennstoffe
68	Wirtschaftsbedarf
69	Verwaltungsbedarf
70	Zentrale Dienstleistungen
71	Wiederbeschaffte Gebrauchsgüter
72	Instandhaltung
73	Steuern, Abgaben, Versicherungen
74	Zinsen für Betriebsmittelkredite
78	Sonstige ordentliche Aufwendungen
79	Übrige Aufwendungen

Nicht pflegesatzfähige Kosten

Kontenklasse	*Aufwandsgleiche Kostenarten (Zweckaufwand)*
75	Auflösung von Ausgleichsposten und Zuführung der Fördermittel nach dem KHG zu Sonderposten oder Verbindlichkeiten
76	Abschreibungen
77	Aufwendungen für die Nutzung von Anlagegütern nach §9 Abs.2 Nr.1 KHG

Abbildung 40: Grundschema der Krankenhauskostenarten. Quelle: Preuß 1996, S. 62.

Dieses Grundschema der Kostenarten kann an die Bedürfnisse eines jeden Krankenhauses individuell angepasst werden. Insbesondere ist es notwendig, die einzelnen Positionen weiter zu differenzieren, um den Aufgaben der betriebsinternen Steuerung, Wirtschaftlichkeitskontrolle und der Kalkulation der Pflegesätze gerecht zu werden (Hentze/Kehres 1999, S. 36). Im Abschnitt 4.B.II.b)cc)α wird untersucht, wie in diesem Kostenartenplan Logistikkosten aufgenommen werden können.

90 Gemeinsame Kostenstellen
- 900 Gebäude, Grundstücke, Außenanlagen
- 901 Leitung, Verwaltung des Krankenhauses
- 902 Werkstätten
- 903 Nebenbetriebe
- 904 Personaleinrichtungen
- 905 Aus-, Fort- und Weiterbildung
- 906 Sozialdienst, Patientenbetreuung

91 Versorgungseinrichtungen
- 910 Speisenversorgung
- 911 Wäscheversorgung
- 912 Zentraler Reinigungsdienst
- 913 Versorgung mit Energie, Wasser, Brennstoffen
- 914 Innerbetriebliche Transporte
- 917 Apotheke
- 918 Zentrale Sterilisation

92 Medizinische Institutionen
- 920 Röntgendiagnostik, -therapie
- 921 Nukleardiagnostik, -therapie
- 922 Laboratorien
- 923 Funktionsdiagnostik
- 924 Sonst. Diagn. Einrichtungen
- 925 Anästhesie, OP, Kreißzimmer
- 926 Physikalische Therapie
- 927 Sonst. therapeutische Einrichtungen
- 928 Pathologie
- 929 Ambulanzen

93-95 Pflegebereiche-Normalpflege

96 Pflegefachbereiche-abweichende Pflegeintensität

97 Sonstige Einrichtungen
- 970 Personaleinrichtungen
- 971 Ausbildung
- 972 Forschung und Lehre

98 Ausgliederungen
- 980 Ambulanzen
- 982 Hilfs- und Nebenbetriebe

Abbildung 41: Kostenstellenrahmen nach Anlage 5 KHBV.

Die *Kostenstellenrechnung* dient dazu, die erfassten Kostenarten einzelnen Leistungsstellen, in denen die Kosten entstehen, zuzuordnen. Allgemein werden der Kostenstellenrechnung als Aufgaben die Wirtschaftlichkeitskontrolle der einzelnen Kostenstellen, die Überwachung kostenstellenbezogener Budgets und die Vorbereitung der Kostenträgerrechnung zugeschrieben (Hentze/Kehres 1999, S. 41; Keun 1999, S. 122f.; Hummel/Männel 2000, S. 193).

Die Bildung der Kostenstellen wird den Krankenhäusern nicht selbst überlassen. In der Anlage 5 der KHBV befindet sich ein Kostenstellenrahmen, der die Mindestgliederung vorgibt (§8 KHBV Abs. 1 Nr. 1 Satz 2, siehe Abbildung 41). Dieser kann erweitert werden, so dass ein hausindividueller Kostenstellenplan entsteht (Beispiel siehe Hentze/Kehres 1999, S. 46ff.).

Im ersten Schritt der Kostenstellenrechnung werden die Kosten, die direkt oder mit Hilfe eines Verteilungsschlüssels zurechenbar sind, auf die Kostenstellen verteilt (primäre Kosten). Im zweiten Schritt werden die mit Kosten bewerteten Leistungsbeziehungen, die innerbetrieblich zwischen den Kostenstellen bestehen, verrechnet (sekundäre Kosten). Wenn eine Leistungsstelle nur gleichartige Leistungen abgibt, dann kann nach dem Kostenträgerverfahren die einzelne Leistung entsprechend der Divisionskalkulation mit den Durchschnittskosten bewertet werden. Bei den Leistungsstellen, die artverwandte Leistungen abgeben, lassen sich die Leistungen mit Hilfe von Äquivalenzziffern (z.B. nach der Gebührenordnung der Ärzte (GOÄ)) bewerten. In dem Fall, in dem die Leistungsstelle sehr unterschiedliche Leistungen erbringt, müssen die Kosten mit möglichst verursachungsgerechten Verteilungsschlüsseln auf die Leistungen verteilt werden (Maltry/Strehlau-Schwoll 1997, S. 545). Allerdings wird bei dem derzeitigen Abrechnungssystem mit tagesgleichen Pflegesätzen und Fallpauschalen die Leistungsverrechnung nur eingeschränkt durchgeführt. Das resultiert aus der Tatsache, dass die Leistungen, die vorrangig innerbetrieblich abgegeben werden, z.B. von der Küche oder Wäscherei, separat über den Basispflegesatz abgerechnet werden (Maltry/Strehlau-Schwoll 1997, S. 545f.).

Im letzten Teil der Kostenrechnung werden die Kosten der Kostenstellen auf Leistungseinheiten bezogen. Aufgaben dieser *Kostenträgerrechnung* sind die Preisbildung, Wirtschaftlichkeitskontrolle sowie die Planung, Steuerung und Analyse des Leistungsprogrammes (Hentze/Kehres 1999, S. 89f.). Im Folgenden wird die Kostenträgerstückrechnung (Kalkulation) erläutert, mit der die Kosten auf die einzelnen Kostenträger verrechnet werden.

Da sich die eigentlichen Leistungen des Krankenhauses, die Veränderungen der Gesundheitszustände der Patienten nicht messen lassen (vgl. Kap. 2.C.I., S. 43f.), muss bei der Definition von Kostenträgern auf eine Hilfsgröße ausgewichen werden. Diese ist der einzelne Behandlungsfall, der als Kostenträger bestimmt wird.

Da die Behandlungsfälle sehr unterschiedlich sind, werden sie für die Preisbildung zu kostenhomogenen Fallgruppen zusammengefasst, oder es wird für jeden Pflegetag, unabhängig vom Behandlungsfall, ein Preis festgelegt.

Die Preise für die *Fallpauschalen* oder *Sonderentgelte* werden zwar durch den Punktekatalog und den Punktwert vorgegeben (siehe Kap. 2.A.II., S.30), zur internen Steuerung sollten die Krankenhäuser aber die eigenen Kosten je Fallpauschale oder Sonderentgelt kennen. Der Personaleinsatz von Arzt oder Pflegpersonal je Fallpauschale wird mit den Bezugsgrößen Minute oder Tag verrechnet (Preuß 1996, S. 70; Maltry/Strehlau-Schwoll 1997, S. 548). Indem die Personalkosten durch die Pflegetage oder -minuten dividiert werden, entstehen Verrechnungssätze (Arztkosten pro Minute oder Pflegekosten pro Tag). Differenzierter wird die Intensivpflege behandelt, bei der zwischen den Leistungen Überwachung, Behandlung und Beatmung unterschieden wird. Da es sich dabei um artverwandte Leistungen handelt, die eine ähnliche Kostenstruktur aufweisen, wird die Äquivalenzziffernrechnung angewandt (Preuß 1996, S. 70f.). Die Gebrauchsgüter, deren Verwendung je Fallpauschale bestimmt werden kann (z.B. Implantate), werden mit ihren Einstandspreisen bewertet. Die Gebrauchsgüter, die den Fallpauschalen nicht direkt zugerechnet werden können, werden mit der Bezugsgröße Pflegetag verrechnet. Hierzu werden die Kosten für die Gebrauchsgüter durch die für die Fallpauschale angesetzten Pflegetage dividiert (Hentze/Kehres 1999, S. 133).

Die Kosten der *tagesgleichen Pflegesätze* werden nach der einfachen Divisionskalkulation ermittelt. Dabei werden die pflegesatzfähigen Kosten durch die Anzahl der Berechnungstage geteilt. In den Abteilungen, in denen Erlöse durch Fallpauschalen oder Sonderentgelte anfallen, werden nur die Kosten angesetzt, die nach Abzug der Fallpauschalen- oder Sonderentgelterlöse übrigbleiben.

Ab 2004 werden fast alle Leistungen mit vorgegebenen Pauschalpreisen, den AR-DRGs, abgegolten (vgl. Kap. 2.A.II., S. 30f.). Da damit alle Preise fest vorgegeben werden, finden zwischen den Krankenkassen und den Krankenhäusern keine Preisverhandlungen, für die Kosteninformationen benötigt werden, mehr statt. Desto mehr wird die interne Steuerung an Bedeutung gewinnen, um die Kosten unter den feststehenden Preisen zu halten. Hierzu wird vor allem die Kostenträgerrechnung auszubauen sein. Es werden sowohl vergangenheits- als auch zukunftsorientierte Daten benötigt, um die Aufgaben der Kontrolle, der internen Budgetierung und der Leistungsprogrammplanung zu erfüllen (Adam 1993, Sp. 1296).

In den folgenden Abschnitten wird untersucht, wie in die Krankenhauskostenrechnung eine Logistikkostenrechnung integriert werden kann. Bevor eine Logistikkostenrechnung für das Krankenhaus entwickelt werden kann, ist zu klären, welche Aufgaben mit ihr erfüllt werden sollen.

bb) Aufgaben einer Logistikkosten- und -leistungsrechnung im Krankenhaus

Logistikkosten sind die in Geldeinheiten bewerteten, betriebsbedingten und periodisierten Ressourcenverbräuche, unter Einschluss von kalkulatorischen Kosten, die im Rahmen des Führungs- und Leistungssystems der Logistik entstehen (in Anlehnung an Lorenzen 1998, S. 86). Im Krankenhaus werden die Logistikkosten über die Fallpauschalen und den Basispflegesatz vergütet.

Um die Gesamtführung der Krankenhausleitung zu leisten, müssen die Daten der logistischen Krankenhauskosten- und -leistungsrechnung soweit verdichtet und mit der Krankenhauskostenrechnung kompatibel sein, dass der Überblick gewahrt wird. Die Aufgaben der Krankenhauskostenrechnung (siehe Kap. 4.B.II.b)1.aa), S. 168) gelten auch für die Logistikkostenrechnung (angelehnt an die Anforderungen an die Krankenhauskostenrechnung bei Röhrig 1983, S. 151ff.; Lorenzen 1998, S. 68):

- Die Krankenhaus-Logistikkostenrechnung soll zur Steuerung der Krankenhauslogistik Kostenbeeinflussungsmöglichkeiten transparent machen und Kostenbewusstsein schaffen sowie als Entscheidungsgrundlage dienen.
- Mit der Krankenhaus-Logistikkostenrechnung sollen die Wirtschaftlichkeit und die Leistungsfähigkeit der Logistik beurteilt werden.
- Die logistischen Kosten sollen den Kostenträgern medizinischer Leistungsbereiche im Krankenhaus zugeordnet werden (vgl. auch Küpper 1997, S. 399).

Hervorzuheben sind für die Logistikkostenrechnung die Aufgaben der Wirtschaftlichkeitskontrolle und Entscheidungsfindung (Weber, J. 1999, S. 512). Um diese Aufgaben erfüllen zu können, basiert die Entwicklung einer Logistikvoll-, Logistikteil- und Logistikprozesskostenrechnung für Krankenhäuser, wie sie in den nächsten Abschnitten vorgenommen wird, auf dem wertmäßigen Kostenbegriff.

cc) Erweiterung der traditionellen Krankenhauskosten- und -leistungsrechnung um Logistikkosten auf der Basis von Vollkosten

α) Ableitung der Logistikkostenarten aus dem Krankenhauskontenplan

In der bisherigen Krankenhauskostenrechnung werden Logistikkosten zwar erfasst, aber nicht systematisch abgegrenzt und zusammengefasst. Folglich sind ihre

Höhe und Struktur nicht ersichtlich. Das Hauptproblem der Logistikkostenartenrechnung liegt in der Abgrenzung von den anderen Kostenarten, da Logistikleistungen oftmals „nebenbei“ erledigt werden, wie z.B. die Transport- und Lagertätigkeiten des Pflegepersonals (vgl. auch Weber, J. 1995, S. 91). Die Logistikkostenartenrechnung ist aber nützlich, um sowohl die Entwicklung der einzelnen Kostenarten als auch der Kostenartenstruktur darzustellen und zu analysieren. Darüber hinaus ist sie Grundlage für eine Logistikkostenstellen- und Logistikkostenträgerrechnung (Weber, J. 1994, S. 94).

Allgemein gehören zu den Logistikkostenarten die

- „Fremdleistungskosten für Transport und Lagerung
- Personalkosten
- Kosten für Transport-, Handling-, Lager-, Verpackungs-, Büro- und sonstige Logistikanlagen sowie
- sonstige Logistikkosten für Material, Energie, Dienstleistungen, Steuern u.ä., Versicherungen, Zinsen usw.“ (Küpper 1997, S. 399).

Ausgangspunkt der Krankenhaus-Logistikkostenartenrechnung ist die Finanzbuchhaltung, da gesetzlich festgeschrieben ist, dass aus dieser die pflegesatzfähigen Kosten ableitbar sein müssen (vgl. Kap. 4.B.II.b)1.aa), S. 168). Nicht zu den Kosten gehören die betriebsfremden, die periodenfremden und die außerordentlichen Aufwendungen. Sie sind daher auszugrenzen. Um einen vollständigen Überblick über die Logistikkosten erhalten zu können, werden außerdem kalkulatorische Kosten angesetzt (vgl. Rogler 1997, S. 604).

Wird der Kontenrahmen der Krankenhäuser bezüglich der Logistikkostenarten untersucht, gelangt man zu dem gleichen Ergebnis wie TEICHMANN, der den Gemeinschaftskontenrahmen von 1953 und den Industriekontenrahmen von 1971 analysiert hat: Nur wenige logistische Kostenarten werden separat erfasst, die darüber hinaus über den gesamten Kontenrahmen weit verstreut sind (Teichmann 1989, S. 76f.). Daher sollte mehr Transparenz geschaffen werden, indem eine eigene logistische Kostenartenhauptgruppe eingerichtet wird (Rogler 1997, S. 604).

Die Transparenz der Logistikkostenartenrechnung ist nicht nur von der Einrichtung einer eigenen Kostenartenhauptgruppe abhängig, sondern auch von der Systematisierung der Kostenarten innerhalb dieser Gruppe. Da der Krankenhauskontenplan nach den Produktionsfaktoren untergliedert ist und in der Literatur dieses Vorgehen auch für die Logistik für sinnvoll erachtet wird (Weber, J. 1987, S. 151ff., Rogler 1997, S. 604), bietet es sich an, in entsprechender Weise in der Krankenhauslogistik zu verfahren. Das bedeutet, dass zunächst zwischen den logistischen Personal- und Sachkosten unterschieden wird. Daneben werden die kalkulatorischen Logistikkosten ermittelt.

Zu den *Personalkosten* gehören Löhne und Gehälter, gesetzliche Sozialausgaben, Aufwendungen für Altersversorgung sowie Aufwendungen für Beihilfen und Unterstützungen. Logistische Personalkosten werden in der Krankenhauskostenrechnung in der Kontengruppe 60 verstreut erfasst. Beispielsweise werden die Gehälter des Pflegedienstes auf dem Konto 6001 gesammelt, ohne dass der Anteil für logistische Tätigkeiten gesondert ermittelt wird. In der folgenden Abbildung (Abb. 42) sind mögliche krankenhauslogistische Personalkostenarten aufgeführt.

Personalkostenarten Krankenhauslogistik
Kosten des ärztl. Personals
Kosten des Pflegepersonals
Kosten des Funktionsabteilungspersonals
Kosten der RTA
Kosten der PTA
Kosten der MTA
Kosten des Küchenpersonals
Kosten des Reinigungspersonasl
Kosten des Hol- und Bringedienstpersonal
Kosten des Transportdienstpersonals
Kosten des Lagerpersonals
Kosten des Personals der Inventar- und Lagerverwaltung
Kosten des Archivpersonals
Kosten des technischen Verwaltungspersonals
Kosten des technischen Dienstpersonals
Kosten des EDV-Personals

Abbildung 42: Personalkostenarten Krankenhauslogistik. Eigene Darstellung.

Für das Krankenhauspersonal gehören logistische Tätigkeiten oftmals nicht zu den Hauptaufgaben. Aus diesem Grund dürfen Löhne und Gehälter, gesetzliche Sozialausgaben, Aufwendungen für Altersversorgung und Aufwendungen für Beihilfen und Unterstützungen nur anteilsmäßig als logistische Personalkosten erfasst werden. Hierzu ist es erforderlich, die Zeit, die für logistische Arbeiten aufgewendet wird, zu ermitteln. Die Zeit lässt sich festhalten, indem die Mitarbeiter befragt werden oder dazu veranlasst werden, den jeweiligen Zeitbedarf zu notieren. Wenn z.B. 10 Prozent der Arbeitszeit für Lager- oder Transportleistungen verwandt werden, dann sind 10 Prozent der Personalkosten der Logistik zuzurechnen. Würden die Kostenarten in den Kostenstellen wie bei der Prozesskostenrechnung Prozessen zugeordnet werden, dann würde die Aufteilung der Kosten entsprechend der Tätigkeiten automatisch geschehen (siehe Kap. 4.B.II.b)1.ee).

Die krankenhauslogistischen *Sachkosten*, die jeweils für Transport- und Lagerleistungen an den Logistikobjekten anfallen, lassen sich der Abbildung 43 entnehmen.

Sachkostenarten Krankenhauslogistik
Energie, Brennstoffe
Material
Verwaltungsbedarf
Instandhaltung
Versicherungen
In Anspruch genommene Dienstleistungen

Abbildung 43: Sachkostenarten Krankenhauslogistik. Eigene Darstellung.

Im Krankenhaus werden logistische Sachkosten nach der gleichen Vorgehensweise wie in der üblichen Kostenrechnung ermittelt. Hierzu werden die Verbrauchsmengen ermittelt (Skontration oder retrograde Rechnung) und mit Preisen (Einstandspreis, Durchschnittspreis oder Festpreis) bewertet (vgl. Schweitzer/Küpper 1998, S. 105ff.).

Da die Logistikkostenrechnung alle Kosten, somit auch nicht pflegesatzfähige Kosten (siehe Kap. 4.B.II.b)1.cc)α, S. 174), enthalten soll, sind *kalkulatorische Logistikkostenarten* zu erfassen (siehe Abb. 44). Unter anderen ist der Wertverlust der durch Fördermittel finanzierten Anlagen (siehe Duale Finanzierung Kap.2.A.II., S. 28f.) zu berücksichtigen. Hierzu werden *kalkulatorische Abschreibungen* vorgenommen, mit denen die Wertminderungen der Anlagen über die Nutzungsdauer kostenrechnerisch erfasst werden. Üblicherweise wird nicht der reale Verschleiß und die reale Wertminderung ermittelt, sondern es werden Annahmen über den Wertverlust der Anlage getroffen. Entweder ist davon auszugehen, dass der Wert der Anlage jährlich um den gleichen Betrag sinkt (lineare Abschreibung) oder der Wertverlust von Jahr zu Jahr weniger wird (degressive Abschreibung) (siehe zu den Abschreibungsverfahren Schweitzer/Küpper 1998, S. 115f.).

Kalkulatorische Kostenarten Krankenhauslogistik
Kalkulatorische Abschreibungen auf Sachanlagen Transportanlagen Lageranlagen EDV-Anlagen
Kalkulatorische Zinsen für gebundenes Kapital
Kalkulatorische Miete
Kalkulatorische Wagnisse
Kalkulatorische Wartezeitenkosten
Kalkulatorische Fehlmengenkosten

Abbildung 44: Kalkulatorische Kostenarten Krankenhauslogistik. Eigene Darstellung.

Mit den *kalkulatorischen Zinsen* werden die Kosten für das betriebsnotwendig eingesetzte Kapital berücksichtigt (Schweitzer/Küpper 1998, S. 119). In der Krankenhauslogistik ist das Kapital vor allem in den Lagerbeständen und Anlagen gebunden. Bei der Ermittlung der kalkulatorischen Zinsen wird von dem in der Abrechnungsperiode durchschnittlich in den Lagern gebundenen Kapital ausgegangen. Die Anlagen gehen mit ihrem um die Abschreibungen verminderten Wert in die Zinsberechnung ein. Die Problematik, die mit der Bewertung des Kapitals und der Bestimmung des Zinssatzes besteht, wurde in der Literatur schon vielfach diskutiert, so dass an dieser Stelle an die einschlägige Literatur verwiesen werden kann (z.B. Weber, J. 1992b, S. 884; Weber, J. 1995, S. 93; Hummel/Männel 2000, S. 174ff.).

Die *kalkulatorische Miete* wird angesetzt, um die Raumnutzung der Krankenhauslogistik kostenmäßig zu erfassen. Hierzu wird üblicherweise die durchschnittliche Miethöhe auf dem Markt angesetzt.

Um z.B. den Verderb oder den Schwund von gelagerten Gütern oder mögliche Transportunfälle und -schäden (z.B. wenn ein Patient beim Transport aus dem Bett fällt) in der Logistik-Kostenrechnung mit einzubeziehen, werden *kalkulatorische Wagnisse* ermittelt. Hierzu werden Durchschnittswerte verschwundener oder verdorbener Waren oder der Schadenshöhen von Transportunfällen vergangener Abrechnungsperioden angesetzt.

Zudem sollten Fehlleistungen im Transportbereich, die zu *Wartezeiten* des Personals, der Anlagen und der Patienten führen, kostenrechnerisch erfasst werden. Die Wartezeiten, die für das Personal entstehen, sind wie Personalkosten zu behandeln (siehe S. 175f.). Leerzeiten an den Anlagen entstehen z.B. dann, wenn ein Röntgengerät nicht genutzt werden kann, da der Patient nicht rechtzeitig zum Gerät transportiert wurde. Die mit den Leerzeiten der Anlagen verbundenen Kosten lassen sich durch den fixen Kostenanteil der Anlagennutzung, also im Wesentlichen durch die Abschreibung, erfassen. Diese muss anteilsmäßig, für die durch die Logistik verursachten Leerzeiten, der Logistik angerechnet werden. Ob sich der Aufwand lohnt, die Logistikkosten in dieser Genauigkeit zu ermitteln, richtet sich danach, wie hoch die Leerzeiten sind, die durch die Logistik an den Geräten verursacht werden. Treten diese Leerzeiten nur in geringem Maß auf, dann genügen auch Schätzungen. Schwierig ist es, die Wartezeiten der Patienten als Kosten zu erfassen: Dadurch, dass Patienten vor diagnostischen oder therapeutischen Maßnahmen warten müssen, kann sich die Behandlung zeitlich verschieben, was einen längeren Aufenthalt des Patienten im Krankenhaus zur Folge haben kann. Den Kosten, die auf einer längeren Verweildauer beruhen, stehen bei der Vergütung mit pauschalen Entgelten keine Erlöse gegenüber. Darüber hinaus ist damit zu rechnen, dass Wartezeiten für die Patienten zu einem Imageverlust des Krankenhauses führen, der entgangene Erlöse zur Folge hat. Beide Aspekte der Patientenwartezeiten lassen sich in der Kostenrechnung nur durch grobe Schätzungen erfassen. Zum einen sind die Auswirkungen der Wartezeiten nicht quantitativ feststellbar und zum anderen ist es fraglich, wie sie zu bewerten wären. Aus diesen Gründen wird es für sinnvoll erachtet, nur die Personalkosten und die kalkulatorischen Abschreibungen als Wartezeitenkosten anzusetzen.

Außerdem sollten *Fehlmengenkosten* erfasst werden. Sie entstehen dadurch, dass benötigte Güter oder Informationen nicht vorhanden sind (vgl. Kap. 4.B.I.c)2., S. 155). Zu den Fehlmengenkosten gehören die Kosten zur Behebung der Fehlmengensituation, Kosten für zusätzliche medizinische Leistungen und entgangene Patiententenentgelte (vgl. Weber, J. 1995, S. 96). Da sich die Kosten für zusätzliche medizinische Leistungen und entgangene Patiententenentgelte nur schwer aus einer Fehlmengensituation ableiten und bewerten lassen, bietet sich in der Praxis an, nur die Kosten zur Behebung der Fehlmengensituation anzusetzen. Hierzu gehören z.B. Kosten, die dadurch entstehen, dass fehlende Güter erneut angefordert werden müssen.

Da die Ziele der Krankenhäuser gemeinwohlorientiert sind (vgl. Kap.2.A.I., S. 25f.), stellt sich die Frage, ob in einer Krankenhaus-Logistikkostenrechnung nicht auch externe Kosten zu berücksichtigen sind (vgl. Brede 2001b, S. 361f.). Kosten externer Effekte entstehen in der Krankenhauslogistik, wenn sich aufgrund von Fehlern in der Logistik die Verweildauern der Patienten verlängern, der Gesundheitszustand des Patienten sich verschlechtert oder er sogar verstirbt. In diesen Fällen entstehen z.B. Kosten durch den Arbeitsausfall oder für eine Kinderbetreuung. Aber auch die mit Kosten bewertete Verminderung der Lebensqualität (durch den verschlechterten Gesundheitszustand) oder der Tod eines Patienten gehören zu den externen Kosten. Im Falle der Krankenhaus-Logistikkostenrechnung kann aber auf die schwierige Erfassung und Bewertung der externen Kosten verzichtet werden, da die Logistikkostenrechnung vorrangig zur internen Betriebssteuerung dient (vgl. Kap.4.B.II.b)1.bb), S. 173). Außerdem führt eine Senkung der internen Kosten, z.B. der Fehlmengenkosten, gleichzeitig zu einer Senkung der externen Kosten.

Die oben aufgezeigte Kostenartengliederung stellt einen Überblick dar und kann entsprechend der individuellen Informationsbedürfnisse weniger oder weiter ausgebaut werden. Zum Beispiel ist es nicht unbedingt notwendig, die Kostenarten bezüglich ihres Auftretens in verschiedenen Funktionsbereichen (Transport und Lagerung) zu untergliedern, wenn die Kosten bestimmten Logistikkostenstellen zugeordnet werden können (Weber, J. 1987, S. 152). Welche Logistikkostenstellen zweckmäßigerweise angelegt werden sollten, damit befasst sich der nächste Abschnitt.

β) Differenzierung der Kostenstellenrechnung

Die Aufgaben der Logistikkostenrechnung, die Krankenhauslogistik zu steuern und deren Wirtschaftlichkeit zu überprüfen (siehe Kap. 4.B.II.b)1.bb), S. 173), lassen sich am besten erfüllen, indem die traditionelle Kostenstellenrechnung um logistikspezifische Kostenstellen erweitert wird (siehe auch Weber, J. 1987, S. 189). Eine andere Möglichkeit besteht darin, die bestehenden Kostenstellen tiefer zu gliedern (Teichmann 1989, S. 81; Haberstock 1998, S. 108; Hummel/Männel 2000, S. 196).

Bei der Durchsicht des Kostenstellenrahmens, der in der Anlage 5 der Krankenhaus-Buchführungsverordnung zu finden ist (siehe Kap. 4 B.II.b)1.aa), S. 170), lässt sich nur eine logistikspezifische Kostenstelle, „Innerbetriebliche Transporte“, ausmachen. Folglich sind für eine zieladäquate Logistikkostenrechnung weitere Kostenstellen einzurichten. Bei der Bildung neuer Kostenstellen sollten folgende Kriterien berücksichtigt werden (siehe auch Ohlendorf 1997, S. 454; Haberstock 1998, S. 105f., Hummel/Männel 2000, S. 196f.): Eine Kostenstelle sollte ein eigenständiger Verantwortungsbereich sein, der sich möglichst in einer räumlichen Einheit befindet. Außerdem sollte die Kostenverursachung mit den erbrachten Leistungen im direkten Zusammenhang stehen.

Da Logistikleistungen oftmals schwer von anderen Leistungen abzugrenzen sind, sind mit der Bildung von logistikspezifischen Kostenstellen entsprechend der obengenannten Kriterien beträchtliche Probleme verbunden (vgl. auch Lorenzen 1998, S. 167). Außerdem ergibt sich daraus die Schwierigkeit, die Kosten verursachungsgerecht den Kostenstellen zuzuordnen. Es ist notwendig, Kosten, vor allem Personalkosten, durch Schlüsselung auf die logistischen Kostenstellen zu verteilen. Hier müssen Bezugsgrößen, also „Maßstäbe für die Kostenverursachung" (Huch 1997, S. 615), gewählt werden. Dies kann z. B. die für Logistikleistungen aufgewandte Zeit sein, die die Personalkosten auf die Kostenstellen verursachungsgerecht verteilt.

Die folgende Tabelle (Abb. 45) zeigt, wie der Krankenhauskostenstellenplan (siehe Abb. 41, S. 170) mit Logistikkostenstellen erweitert werden kann. Es werden nicht alle in der Praxis möglichen Logistikostenstellen angegeben. Es soll lediglich aufgezeigt werden, wie verfahren werden kann, denn jeder Kostenstellenplan muss an die spezifischen Bedingungen jedes einzelnen Krankenhauses angepasst werden (siehe auch Hummel/Männel 2000, S. 199). Die logistikspezifischen Kostenstellen sind in Kursivschrift dargestellt.

Um die *Transportkosten* im Krankenhaus genauer abbilden zu können, wird vorgeschlagen, die Kostenstelle „Innerbetriebliche Transporte" in die Kostenstellen „Transport Patienten", „Transport Güter" und „Transport Informationen" zu untergliedern. Für den Güter- und Informationstransport ist es sinnvoll, weitere Kostenstellen entsprechend der Fördermittel (z.B. AWT-Anlage, Telelift-Anlage, EDV oder Personen) einzurichten. Auf diese Weise kann ein direkter Zusammenhang zwischen den verursachten Kosten und den erbrachten Leistungen hergestellt werden. Da häufiger Transporte, vor allem Patiententransporte, vom Personal der medizinischen Abteilungen erbracht werden, kann es sinnvoll sein, hierfür Kostenstellen in den Pflegefachbereichen einzurichten. Darüber sollte individuell in jedem Krankenhaus entschieden werden, indem zunächst erfasst wird, wie viele Transportleistungen vom medizinischen Personal erbracht werden. Ist das Leistungsaufkommen sehr gering, sollte aus wirtschaftlichen Gründen auf die Einrichtung einer logistischen Kostenstelle verzichtet werden, da jede Kostenstelle abrechnungstechnische Arbeit verursacht (vgl. Teichmann 1989, S. 82).

90 Gemeinsame Kostenstellen
901 Leitung und Verwaltung des Krankenhauses
9011 Technische Verwaltung
9012 Lagerhaltung Verwaltungsbedarf
902 Werkstätten
9021 Technischer Dienst
9022 Lagerhaltung Technischer Bedarf

91 Versorgungseinrichtungen
910 Speisenversorgung
9101 Kostenstelle Lagerhaltung Lebensmittel
911 Wäscheversorgung
9111 Kostenstelle Lagerhaltung Wäsche
912 Zentraler Reinigungsdienst
9121 Kostenstelle Lagerhaltung hauswirtschaftlicher Bedarf
915 Zentrallager
9151 Zentrallager med. Bedarf
9152 Zentrallager Verwaltungsbedarf
914 Innerbetrieblicher Transport
9141 Patienten
9142 Güter
91421 AWT-Anlage
91422 Telelift-Anlage
9143 Informationen
91431 EDV
91432 Telelift-Anlage
91433 Personen
916 Archiv
917 Apotheke
9171 Kostenstelle Lagerhaltung Medikamente
918 Zentrale Sterilisation
9181 Kostenstelle Lagerhaltung Sterilgut

92 Medizinische Institutionen
9201 Kostenstelle für Transportleistungen
| „
| „
9291 „
9202 Kostenstelle für Lagerhaltung med. Bedarf
| „
| „
9292 „
9203 Kostenstelle für Lagerhaltung Medikamente
| „
| „
9293 „

93 - 95 Pflegefachbereiche - Normalpflege
9311 Kostenstelle für Transportleistungen
| „
| „
9591 „
9312 Kostenstelle für Lagerhaltung med. Bedarf
| „
| „
9592 „
9313 Kostenstelle für Lagerhaltung Medikamente
| „
| „
9593 „

96 Pflegefachbereiche – abweichende Pflegeintensität
9611 Kostenstelle für Transportleistungen
| „
| „
9691 „
9612 Kostenstelle für Lagerhaltung med. Bedarf
| „
| „
9692 „
9613 Kostenstelle für Lagerhaltung Medikamente
| „
| „
9693 „

Abbildung 45: Erweiterung des Krankenhaus-Kostenstellenplans mit Logistikkostenstellen. Eigene Darstellung.

Wie bereits erwähnt, ist die *Lagerhaltung* im Krankenhaus mehrstufig und auf viele verschiedene organisatorisch eigenständige Bereiche verteilt (vgl. Kap. 3.A.II.a)2., S. 55f.). Daher ist es schwierig, in einer übersichtlichen Struktur Kostenstellen einzurichten. Folgendes Vorgehen wird vorgeschlagen:

Für die Lagerhaltung von Lebensmitteln, Wäsche, hauswirtschaftlichen Bedarf, Verwaltungsbedarf, Arzneimitteln und Sterilgut sollten Kostenstellen in den jeweiligen Bereichen (Küche, Wäscheversorgung, Zentraler Reinigungsdienst, Leitung und Verwaltung des Krankenhauses, Apotheke und Zentrale Sterilisation) eingerichtet werden. Für die Zentrallager sollten eigene Kostenstellen gebildet werden, z.B. mit der Untergliederung in den medizinischen Bedarf und den Verwaltungsbedarf. Außerdem sollte eine eigenständige Kostenstelle für das Archiv, in dem die medizinischen Dokumente aufbewahrt werden, angelegt werden. Für notwendig wird außerdem erachtet, für die Lagerhaltung in den medizinischen Institutionen (entspricht den diagnostischen und therapeutischen Abteilungen) und Pflegefachbereichen Kostenstellen einzurichten, um diese, bisher meist verborgenen, logistischen Kosten transparent zu machen.

Für die logistischen Kostenstellen sollten Verantwortliche bestimmt werden. Diese haben Kostenabweichungen, die bei den Wirtschaftlichkeitskontrollen (Aufgabe der Logistikkostenrechnung, siehe Kap. 4.B.II.b)bb), S. 173) ermittelt werden, zu vertreten (Hummel/Männel 2000, S. 197). Da die logistischen Kostenstellen von den übergeordneten Kostenstellen nicht immer organisatorisch getrennt werden können (z.B. Küche, Apotheke, Pflegefachbereiche usw.), kann die Verantwortung für die logistische Kostenstelle mit übernommen werden. Als problematisch wird dieses Vorgehen nicht angesehen. Es ist davon auszugehen, dass die Kostenstellenverantwortlichen es begrüßen werden, dass die Kosten, die für Logistikleistungen entstehen, in eigenen Kostenstellen transparent gemacht werden.

Zu den Aufgaben der Kostenstellenrechnung gehört nicht nur, die Kostenstellen zu bilden, sondern auch, die Kosten der Logistikvorkostenstellen, die Leistungen an die Logistikendkostenstellen abgeben, zu verrechnen. Das Vorgehen bei dieser innerbetrieblichen Leistungsverrechnung richtet sich nach dem Leistungsstrom. In der Krankenhauslogistik ist der Leistungsstrom einseitig von den Logistikvorkostenstellen auf die Logistikendkostenstellen gerichtet. Die Logistikvorkostenstellen sind die „Technische Verwaltung“ und der „Technische Dienst“, die Leitungs- und Verwaltungsleistungen für die Logistikendkostenstellen erbringen. Bei den Logistikendkostenstellen handelt es sich nicht um die Endkostenstellen des Krankenhauses, sondern um innerbetriebliche Endkostenstellen, die Logistikleistungen abgeben (z.B. die Kostenstelle „Innerbetriebliche Transport“). Da zwischen den Vorkostenstellen keine Leistungsbeziehungen bestehen, kann ein Kostenstellenumlageverfahren eingesetzt werden, das die Kosten in einem „Block“

auf die Logistikendkostenstellen verrechnet (siehe Schweitzer/Küpper 1998, S. 141f.). Die Kosten können verteilt werden, indem eine Bezugsgröße ermittelt wird, die proportional zu den Kosten der Vorkostenstelle ist. Eine andere Möglichkeit wäre, die Kosten der abgegebenen Leistungen zu kalkulieren (Schweitzer/Küpper 1998, S. 142; siehe auch Krankenhauskostenrechnung Kap. 4.B.II.b)1.aa), S. 172). Anhand des Beispiels in Abb. 46 wird die zuerst genannte Vorgehensweise demonstriert.

			914 Innerbetrieb. Transport 9142 Gütertransport	
	9011 Technische Verwaltung	9021 Technischer Dienst	91421 AWT-Anlage	91422 Telelift
Technisches Verwaltungspersonal	80.000			
Technisches Dienstpersonal		240.000		
Transportdienst			100.000	80.000
Energie, Brennstoffe			15.000	8.000
Material			7.000	1.000
Verwaltungsbedarf		5.000		
Instandhaltung			9.000	7.000
Versicherungen			6.500	2.000
Abschreibung auf Sachanlagen				
Transportanlagen			5.000	3.500
EDV-Anlagen		500	3.000	2.000
Kalkulatorische Miete		6.000	12.000	10.000
Primäre Kostenstellenkosten	80.000	251.500	157.500	113.500
Transporte pro Jahr			70.000	90.000
sekundäre Kostenstellenkosten			145.031	186.469
Summe Kostenstellenkosten			**302.531**	**299.969**

Abbildung 46: Verrechnung innerbetrieblicher Logistikleistungen am Beispiel Innerbetrieblicher Transport. Ein Zahlenbeispiel. Eigene Darstellung.

Zunächst werden die Kosten aus der Kostenartenrechnung auf die Kostenstellen verteilt. Die Summen dieser Kosten ergeben für jede Kostenstelle die primären Kostenstellenkosten (vgl. Haberstock 1998, S. 116). Die Kosten, die den Logistikendkostenstellen aufgrund der innerbetrieblichen Leistungsverrechnung zugewiesen werden, sind die sekundären Kosten. Die Summe aus primären und sekundären Kosten ergeben die Kostenstellenkosten.

In diesem Beispiel sind die primären Kosten der Vorkostenstellen „Technische Verwaltung“ und „Technischer Dienst“ auf die Endkostenstellen „AWT-Anlage“ und „Telelift“ des Gütertransportes zu verrechnen. Es ist anzunehmen, dass die zeitliche Inanspruchnahme des Personals der Technischen Verwaltung und des Technischen Dienstes mit der Anzahl der Transportleistungen steigt. Aus diesem Grund können als Bezugsgrößen die geleisteten Transporte der „AWT-Anlage“ und des „Teleliftes“ eingesetzt werden.

Im nächsten Schritt der Logistikkostenrechnung sind die Kosten der Leistungen in den logistischen Endkostenstellen zu kalkulieren. Die Vorgehensweise wird im folgenden Abschnitt dargestellt.

γ) Kalkulation der Kosten logistischer Leistungen

Da Logistikleistungen nicht die Produkte sind, die das Krankenhaus an den Markt abgibt, handelt es sich bei den logistischen Kostenträgern um interne Kostenträger, deren Aufgabe es ist, diejenigen Endkostenstellen des Krankenhauses mit Kosten zu belasten, die diese Leistungen in Anspruch nehmen (siehe auch Hummel/Männel 2000, S. 255). Daher gehört die Kalkulation der Kosten logistischer Leistungen theoretisch in den Bereich der allgemeinen Krankenhauskostenrechnung. Zunächst ist zu klären, welches die *logistischen Kostenträger* sind.

Im *Transportbereich* können die einzelnen Transportleistungen als Kostenträger definiert werden. Da die Transportleistungen sehr unterschiedlich sind, müssen weitere Unterscheidungen vorgenommen werden. Dabei sollten Untergruppen entstehen, deren Ressourcenverbräuche weitestgehend übereinstimmen.

Patienten werden immer von Personen transportiert. Der Ressourcenverbrauch wird vom Status des Patienten beeinflusst, das heißt von der Mobilität und der benötigten Betreuung. Es können sechs Kostenträger definiert werden, die den Patientenkategorien entsprechen (vgl. Abb. 47 und Kap. 3.A.II.a)1., S. 53).

Bei den Gütertransporten werden die Ressourcenverbräuche durch die Fördermittel beeinflusst. Als Kostenträger können daher der personelle Gütertransport und der Gütertransport z.B. mit einer AWT-Anlage oder einem Telelift (vgl. Kap. 3.A.II.a)2., S. 57f., Abb. 48) festgehalten werden. Desgleichen gilt für den Transport von Informationen, die beispielsweise entweder durch Personen, EDV oder einer Rohrpostanlage befördert werden können (vgl. Kap. 3.A.II.a)2., S. 59, Abb 49).

Kostenträger Patiententransport
Patient ist Fußgänger und benötigt Begleitung
Patient ist Rollstuhlfahrer und benötigt Begleitung
Patient ist bettlägerig und benötigt Begleitung
Patient ist Fußgänger und benötigt intensive Betreuung
Patient ist Rollstuhlfahrer und benötigt intensive Betreuung
Patient ist bettlägerig und benötigt intensive Betreuung

Abbildung 47: Kostenträger Patiententransport. Eigene Darstellung.

Kostenträger Gütertransport
Gütertransport durch Personen
Gütertransport mit AWT-Anlage
Gütertransport mit Telelift

Abbildung 48: Kostenträger Gütertransport. Eigene Darstellung.

Kostenträger Informationstransport
Informationstransport durch Personen
Informationstransport mit Rohrpostanlage
Informationstransport mit Telelift
Informationstransport mit EDV

Abbildung 49: Kostenträger Informationstransport. Eigene Darstellung.

Zu den *Lagerleistungen* gehören das Einlagern und das Auslagern von Güter. Die zentralen Lager tätigen diese Leistungen, um die Güteranforderungen der Abteilungen, die diese Güter für den Leistungsprozess benötigt, erfüllen zu können.

Das heißt, dass die Lagerkosten entstehen, damit die Dienstleistung „Erfüllung einer Güteranforderung" erbracht werden kann. Aus diesem Grund werden als Kostenträger der *zentralen Lager* (z.B. Apotheke oder Zentrallager für medizinischen Bedarf) die Güteranforderungen bestimmt. In gleicher Weise wird im Marienkrankenhaus in Hamburg verfahren (Jarchow/Jäger/Ritter 1999, S. 531). Hier wird zusätzlich zwischen den Routineanforderungen und den Nachbestellungen unterschieden. Um die Abteilungen dahingehend zu steuern, möglichst wenig Nachbestellungen zu tätigen, ist das sicherlich sinnvoll. Allerdings werden Probleme darin gesehen, Kostenunterschiede auszumachen. Zusätzliche Kosten für Nachbestellungen entstehen durch das Personal, welches für die Abwicklung von Nachbestellungen vorgehalten werden muss. Dabei handelt es sich um sprungfixe Kosten, weil zusätzliches Personal erst ab einer gewissen Anzahl von Nachforderungen eingestellt wird. Bis zu diesem Punkt sinken die Kosten pro Nachbestellung. Im Marienkrankenhaus werden die Kostenunterschiede zwischen Routineanforderungen und Nachbestellungen nicht berücksichtigt (Jarchow/Jäger/Ritter 1999, S. 534). In dieser Untersuchung wird vorgeschlagen, Güteranforderungen nach der Anzahl der Bestellpositionen zu untergliedern. Je mehr Güter pro Anforderung bestellt werden, desto mehr Zeit benötigt das Lagerpersonal um diese Anforderung zu bearbeiten und desto mehr Güter müssen im Lager vorgehalten werden. Die vorgeschlagene Definition der Kostenträger für Lagerleistungen hat den Vorteil, dass nicht alle Güteranforderungen kostenmäßig gleich behandelt werden, aber auch nicht jede Anforderung einzeln betrachtet wird, sondern relativ kostenhomogene Gruppen gebildet werden. Die Einteilung könnte z.B. folgendermaßen aussehen:

Kostenträger Zentrallager
Güteranforderung mit bis zu 10 Bestellpositionen
Güteranforderung mit 11 bis 25 Bestellpositionen
Güteranforderung mit 26 bis 50 Bestellpositionen
Güteranforderung ab 51 Bestellpositionen

Abbildung 50: Kostenträger Zentrallager. Eigene Darstellung.

Bei der *zentralen Lagerung von Informationen* im Archiv müssen solche Unterscheidungen nach der Anzahl der Bestellpositionen nicht gemacht werden, da hier die Anforderung immer aus einer Krankenakte besteht. Das bedeutet, dass als Kostenträger die Anforderung einer Krankenakte definiert werden kann.

Für die *dezentralen Lager* (z.B. auf den Pflegestationen, in den diagnostischen und therapeutischen Abteilungen) können die Güteranforderungen nicht als Kostenträger gelten. Die dezentralen Lager dienen der täglichen Entnahme von Gütern, somit werden keine Güter angefordert. Hier bleibt nur die Möglichkeit, als Kostenträger den Pflegetag zu definieren. Entsprechendes gilt für die Lagerleistungen der Küche. Hier kann als Kostenträger das ausgegebene Essen herangezogen werden.

Wenn die krankenhauslogistischen Kostenträger wie hier vorgeschlagen definiert werden, besteht der Vorteil, dass die Kosten der Kostenstellen proportional zur Leistungsmenge der Kostenträger sind. Dadurch kann der letzte Teil der Kostenrechnung, die *Kalkulation der Kosten logistischer Leistungen*, relativ einfach durchgeführt werden: Es bietet sich an, eine mehrstufige Divisionskalkulation oder eine mehrstufige Äquivalenzziffernrechnung durchzuführen. Mehrstufig heißt, dass die Leistungen separat nach den Kostenstellen kalkuliert werden (Hummel/Männel 2000, S. 270 und 282f.).

Die *Divisionskalkulation* kann z.B. in der Kostenstelle „Innerbetrieblicher Transport-Telelift-Anlage" (91422), in der nur Transportleistungen mit dieser Anlage erbracht werden, durchgeführt werden.

Bei den Kostenträgern der Patiententransporte oder der zentralen Lager ist die *Äquivalenzziffernkalkulation* anzuwenden. Die Kosten dieser Leistungen stehen in einem bestimmten Verhältnis zueinander, welches durch Äquivalenzziffern ausgedrückt wird (Haberstock 1998, S. 153). Geht man beispielsweise davon aus, dass der Transport eines Patienten mit dem Bett Kosten verursacht, die dem Durchschnitt aller Patiententransporte entsprechen, dann erhält dieser Transport die Äquivalenzziffer 1. Im Verhältnis zum Patiententransport mit dem Bett benötigt der Transport eines Patienten im Rollstuhl weniger Personalressourcen, da er schneller durchzuführen ist. Der Transport des intensivmedizinisch betreuten Patienten im Bett hingegen benötigt mehr Ressourceneinsatz. Davon ist auszugehen, weil mehr Personal benötigt wird und die Transporte zumeist länger dauern, da die Patienten von den Überwachungs- und Infusionsgeräten „an- und abgekabelt" werden müssen.

Im Folgenden wird anhand von Zahlenbeispielen gezeigt, wie die Kosten der Patiententransporte und der Lagerleistungen eines zentralen Lagers kalkuliert werden können.

Ausgangspunkt für die Kalkulationen sind die Kostenstellenkosten, die sich aus der Kostenarten- und Kostenstellenrechnung ergeben. In dem folgenden Beispiel wird angenommen, dass in der Kostenstelle 9141 (Innerbetrieblicher Transport – Patiententransport-) Kosten in Höhe von 682.000 GE anfallen. Die Kosten der

Patiententransporte werden nach dem Verfahren der Äquivalenzziffernkalkulation kalkuliert. Es wird davon ausgegangen, dass in der Periode insgesamt 100.000 Patiententransporte durchgeführt werden. Daraus ergeben sich Kostenträgerstückkosten für den Patiententransport mit der Äquivalenzziffer 1 in Höhe von 6,74 GE. Entsprechend der in diesem Beispiel angenommenen Äquivalenzziffern lassen sich die Kosten für die verschiedenen Transportarten, wie in der folgenden Abbildung (Abb. 51) dargestellt, ableiten.

Kostenträger Patiententransport	**Zahl Patienten-transporte pro Periode**	**Äquivalenz-ziffern**	**Kosten pro Transport**
Patient ist Fußgänger und benötigt Begleitung	5.000	0,7	4,72
Patient ist Rollstuhlfahrer und benötigt Begleitung	15.000	0,75	5,05
Patient ist bettlägerig und benötigt Begleitung	70.000	1	6,74
Patient ist Fußgänger und benötigt intensive Betreuung	2.000	1	6,74
Patient ist Rollstuhlfahrer und benötigt intensive Betreuung	3.000	1,5	10,10
Patient ist bettlägerig und benötigt intensive Betreuung	5.000	2	13,47
Patiententransport gesamt	100.000		

Abbildung 51: Zahlenbeispiel Kalkulation Patiententransport. Eigene Darstellung.

Um die Kosten der Lagerleistungen zu kalkulieren, wird entsprechend vorgegangen. Das folgende Beispiel zeigt, wie z.B. die Kosten der Güteranforderungen eines Zentrallagers für den medizinischen Bedarf kalkuliert werden können. Es wird angenommen, dass die Kostenstelle 9151 (Zentrallager medizinischer Bedarf) Kosten in Höhe von 361.500 GE hat und 5.800 Güteranforderungen im Jahr bearbeitet. Die Äquivalenzziffern, die den unterschiedlichen Güteranforderungen zugeordneten werden, können der folgenden Abbildung (Abb. 52) entnommen werden. Außerdem zeigt die Abbildung die Kostenträgerstückkosten der unterschiedlichen Güteranforderungen, die sich aus diesem Beispiel ergeben.

Die Vorteile, die Kostenträger der Krankenhauslogistik nach den Verfahren der Divisions- oder Äquivalenzziffernkalkulation zu kalkulieren, sind offensichtlich: Beide Verfahren sind einfach zu handhaben und können in Krankenhäusern als bekannt vorausgesetzt werden (siehe Kap. 4.B.II.b)1.aa), S. 172). Außerdem lassen sich auf diese Weise die bisher nur pauschal über den Basispflegesatz in die Entgeltkalkulation einfließenden Logistikkosten differenziert berücksichtigen.

Kostenträger Zentrallager	Zahl der Anforderungen	Äquivalenzziffern	Kosten pro Anforderung
Güteranforderung mit bis zu 10 Bestellpositionen	900	0,75	41,24
Güteranforderung mit 11 bis 25 Bestellpositionen	3.000	1	54,98
Güteranforderung mit 26 bis 50 Bestellpositionen	1.700	1,5	82,47
Güteranforderung ab 51 Bestellpositionen	200	1,75	96,22
Lageranforderung insgesamt	5.800		

Abbildung 52: Zahlenbeispiel Kalkulation Lageranforderungen für das Zentrallager medizinischer Bedarf. Eigene Darstellung.

Um die in der Industrie viel praktizierte Zuschlagskalkulation in der Krankenhauslogistikkostenrechnung anwenden zu können, müssen logistische Kostenträgereinzelkosten ausgewiesen werden. Bei den artverwandten Leistungen des Patiententransportes und des Zentrallagers ist das kaum möglich. Bei den logistischen Leistungen, die an eine Förderanlage gebunden sind, lassen sich zwar Kostenträgereinzelkosten abgrenzen (z.B. die Instandhaltungskosten der jeweiligen Förderanlage), aber diese Leistungen werden nur von einer auf diese Leistungen spezialisierten Kostenstelle erbracht (z.B. 9142, Innerbetrieblicher Transport-Güter-AWT-Anlage). In diesem Fall führt die in der Anwendung einfachere Divisionskalkulation zu dem gleichen Ergebnis.

Im Allgemeinen ist mit der Vollkostenrechnung das Problem verbunden, dass die Verteilung der Gemeinkosten auf Annahmen beruht. Dadurch kann die Vollkostenrechnung falsche Informationen liefern, die Fehlentscheidungen zur Folge haben. Aus diesem Grund ist zu überprüfen, ob nicht eine Teilkostenrechnung für die Krankenhauslogistik vorteilhafter wäre.

dd) Aufbau und Möglichkeiten einer Logistik-Teilkostenrechnung

Im Gegensatz zur Vollkostenrechnung werden bei Systemen der Teilkostenrechnung entweder nur die variablen Kosten oder die Kostenträgereinzelkosten den Kostenträgern zugerechnet (Haberstock 1993, Sp. 2117; Schweitzer/Küpper 1998, S. 73ff.). Die variablen Kosten sind die beschäftigungsabhängigen Kosten (Weber, H.K. 1996, S. 39). Unter Einzelkosten werden die Kosten verstanden, die Bezugsgrößen, wie z.B. Kostenträgern oder Kostenstellen direkt zurechenbar sind (Riebel 1994, S. 12f.; Schweitzer/Küpper 1998, S. 74). Zu der Teilkostenrechnung gehört auch die Bildung von Deckungsbeiträgen. Deckungsbeiträge sagen etwas darüber aus, inwieweit der Erlös des Kostenträgers die Einzelkosten deckt und inwieweit die Kostenträger zusammen die Kostenträger-Gemeinkosten decken (Brede 2001a), S. 216). Erlöse können in der Krankenhauslogistik höchstens innerbetrieblich im Rahmen einer Leistungsverrechnung „entstehen". In dieser Arbeit wird die Auffassung vertreten, dass Informationen über die Kosten der Logistikleistungen für die Zwecke des Logistik-Controlling ausreichend sind. Auf die Bildung von Deckungsbeiträgen kann verzichtet werden.

Bei der *Teilkostenrechnung, die nur die variablen Kosten* auf die Kostenträger verteilt, werden die variablen Kostenbestandteile von den fixen getrennt erfasst. Zum Beispiel müssen die Löhne und Gehälter in ihre fixen und variablen Bestandteile zerlegt werden. Neben den fixen Monatsgehältern gibt es variable Bestandteile, die sich durch Zuschläge für Einsätze in der Nacht oder an Sonn- und Feiertagen ergeben. Außerdem gibt es Unterschiede zwischen den Personalgruppen, die berücksichtigt werden müssen:

Die Kosten für das Personal, das ausschließlich für Logistiktätigkeiten eingesetzt wird (z.B. Lagerpersonal, Technisches Dienstpersonal oder Technisches Verwaltungspersonal), reagieren auf schwankende Leistungsmengen nicht sofort. Bis zu einem gewissen Grad werden geringere oder höhere Leistungsmengen von dem vorhandenen Personalbestand ausgeglichen. Erst ab einem bestimmten Punkt verändern sich die Kosten entweder dadurch, dass Überstunden gemacht werden oder Neueinstellungen bzw. Entlassungen durchgeführt werden. Insbesondere kurzfristig lassen sich die Kosten nicht reduzieren, da die Mitarbeiter in anderen Bereichen nicht eingesetzt werden können. Hierbei handelt es sich dementsprechend um sprungfixe Kosten (vgl. Kap. 4.B.II.b)1.cc)γ, S. 186). Anders sieht es bei dem Personal anderer Funktionsbereiche aus (z.B. Pflegepersonal), welches logistische Tätigkeiten neben den Hauptaufgaben (z.B. Pflege der Patienten) zu erledigen hat. Wenn das Pflegepersonal beispielsweise keine Transporte oder Lagerleistungen erbringen muss, dann kann die dadurch gewonnene Zeit für die Pflege und Betreuung der Patienten verwendet werden. Demzufolge können die Kosten für den Bereich Logistik kurzfristig abgebaut werden. Somit sind sie variabel.

Da die logistischen Personalkosten, wie eben erläutert, unterschiedlich zu behandeln sind, ist jede Logistikkostenstelle einzeln zu betrachten. Nachdem die variablen und fixen Kostenbestandteile der einzelnen Kostenstellen ermittelt worden sind, gehen in die Leistungsverrechnung zwischen den Vor- und Endkostenstellen lediglich die variablen Bestandteile ein (Schweitzer/Küpper 1998, S. 400). Auf Basis der variablen Kosten in den logistischen Endkostenstellen werden nach der Divisions- oder Äquivalenzziffernkalkulation, entsprechend der Vollkostenrechnung, die Kosten der einzelnen Logistikleistungen kalkuliert.

Der Vorteil der Teilkostenrechnung auf Basis variabler Kosten gegenüber der Vollkostenrechnung liegt darin, dass sie eine bessere Entscheidungsgrundlage liefert. Es kann beurteilt werden, wie die Kosten durch eine Leistungsmengenveränderung beeinflussbar sind. Darüber hinaus können ohne großen Aufwand die Vollkosten ermittelt werden, indem die Fixkosten mit Schlüsselgrößen auf die Kostenträger verteilt werden. Allerdings ist zu berücksichtigen, dass die Trennung in variable und fixe Kostenbestandteile einen zusätzlichen Aufwand bedeutet. Nachteilig ist ferner, dass auch hier - wie bei der Vollkostenrechnung - Kosten aufgrund von Schlüsselgrößen, z.B. bei der Kostenstellenrechnung, verteilt werden.

Diese Kritik veranlasste RIEBEL dazu, in der von ihm entwickelten *relativen Einzelkostenrechnung* auf eine Verteilung von Kosten, die einer Bezugsgröße nicht direkt zurechenbar sind, zu verzichten (Riebel 1994). Er umgeht das Problem, indem er eine Bezugsgrößenhierarchie aufstellt, die sich aus den Kostenträgern, Kostenstellen und dem gesamten Unternehmen zusammensetzt. Diesen Bezugsgrößen werden nur die Einzelkosten, und zwar auf möglichst niedriger Ebene, also z.B. zunächst den Kostenträgern, dann den Kostenstellen und zuletzt dem gesamten Unternehmen, zugerechnet (vgl. Riebel 1992, S. 255; Riebel 1994, S. 39). Das Ziel ist, Kosten auf die Entscheidungen, durch die sie verursacht werden, zurückzuführen. Diese Verteilung findet in einer Grundrechnung statt (vgl. Riebel 1992, S. 275; Brede 2000, S 358).

Die relative Einzelkostenrechnung lässt sich auch für die Kostenrechnung der Krankenhauslogistik anwenden. Allerdings wurde, in Anlehnung an die Krankenhauskostenrechnung, in der bisher entwickelten Logistikkostenrechnung großen Wert auf die Kostenstellenrechnung gelegt, indem sehr differenziert logistische Kostenstellen gebildet wurden. Dadurch entstehen Kostenstellen, die eine homogene Leistungsstruktur aufweisen.

Diese Kostenstellen haben den Vorteil, dass die Kosten direkt den Kostenträgern zugewiesen werden können. Hierzu gehören

- die Kostenstelle Lagerhaltung Lebensmittel in der Küche (9101),
- der Innerbetriebliche Transport –Güter- (Kostenstellen 91421 und 91422),
- der Innerbetriebliche Transport –Informationen- (Kostenstellen 91431-91433),
- das Archiv (Kostenstelle 916) und
- die Kostenstellen für Lagerhaltung in den medizinischen Institutionen und Pflegefachbereichen (Kostenstellen 92-96).

Für die verschiedenen Kostenträger der Patiententransporte und der Lagerleistungen der zentralen Lager (vgl. Kap. 4.B.II.b)I.cc)γ)), S. 185 und S. 186) ist es aus wirtschaftlichen Gründen nicht sinnvoll, Einzelkosten zu ermitteln. Hier sollten nur den einzelnen Kostenstellen die Kosten direkt zugeordnet werden.

Eine Leistungsverrechnung zwischen den Vor- und Endkostenstellen findet nur für die Kosten statt, die verursachungsgerecht zugeordnet werden können.

Die Kosten, die auf die Kostenstellen und Kostenträger verteilt werden, werden nach den Logistikkostenarten (vgl. Kap. 4.B.II.b)1.cc)α)) differenziert betrachtet. Der Aufbau der Grundrechnung könnte wie in Abb. 53 aussehen (vgl. auch Riebel 1994, S. 167; Schweitzer/Küpper 1998, S. 500f.; Sandberg 2001, S. 24).

Der Vorteil der relativen Einzelkostenrechnung nach RIEBEL ist, dass transparent wird, wo und wodurch Kosten entstehen. Dies bietet die besten Voraussetzungen dafür, die Aufgaben der Logistikkostenrechnung zu erfüllen (vgl. Kap. 4.B.II.b)1.bb), S. 173). Hierzu gehört, eine Entscheidungsgrundlage für die Krankenhauslogistik zu schaffen und die Wirtschaftlichkeitskontrolle der Krankenhauslogistik durchzuführen. Wenn ein Informationsbedürfnis bezüglich der Kostenträger besteht, deren Kosten nicht direkt zugerechnet wurden (Patiententransporte oder Lagerleistungen der Zentrallager), dann können die Kosten der Kostenstellen nach der Äquivalenzziffernkalkulation weiter verrechnet werden (vgl. Kap.4.B.II.b)1.cc)γ, S. 187ff.). Bei der relativen Einzelkostenrechnung besteht der Vorteil, dass in den Kostenstellen nur Kosten ausgewiesen werden, die auf die Leistungen der Kostenstellen zurückgeführt werden können.

			Kostenstellen								**Kostenträger**								
	Gem. Kostenstellen		Lagerhaltung						Transport		Lagerhaltung			Transport					
Kostenarten	Technische Verwaltung Logistik	Technischer Dienst Logistik	Wäsche	Hauswirt. Bedarf	Med. Bedarf	Verwaltungsbedarf	Medikamente	Sterilgut	Patiententransport	Transport in den med. Institut./Fachb.	Lagerhaltung Küche pro Essen	Lagerhaltung Archiv pro Patientenakte	Lagerhaltung in den Abteilungen pro Pflegetag	Gütertransport Telelift	Gütertransport AWT-Anlage	Gütertransport Personen	Informationstransport EDV	Informationstransport Telelift	Informationstransport Personen
Personalkosten																			
Energie, Brennstoffe																			
Material																			
Verwaltungsbedarf																			
Instandhaltung																			
Versicherungen																			
In Anspruch genommene Dienstleistungen																			
Kalkulatorische Abschreibungen																			
Kalkulatorische Zinsen																			
Kalkulatorische Miete																			
Kalkulatorische Wagnisse																			
Kalkulatorische Wartezeitenkosten																			
Kalkulatorische Fehlmengenkosten																			

Abbildung 53: Beispiel für den Aufbau einer Grundrechnung in der Krankenhauslogistik. Quelle: In Anlehnung an Riebel 1994, S. 17; Schweitzer/Küpper 1998, S. 500f.; Sandberg 2001, S. 24.

Der Aufwand, um die relative Einzelkostenrechnung durchzuführen, ist nicht größer als für die Vollkostenrechnung. Zudem kann bei der Einführung der relativen Einzelkostenrechnung darauf verzichtet werden, sie bis ins Detail auszuarbeiten. Eine bessere Einsicht in die Kostenstruktur ist schon dann gegeben, wenn nur wenige logistische Kostenstellen und Kostenträger, wie im Beispiel in der Abbildung 53, ausgewiesen werden. Darüber hinaus ist es unproblematisch, die relative Einzelkostenrechnung an die bestehende Krankenhauskostenrechnung anzupassen. So wurde schon 1978 von BREDE festgestellt, dass sich dieses Konzept für Krankenhäuser eignet (Brede 1978 oder siehe auch Strehlau-Schwoll 1995). Seit 1986 ist es für Krankenhäuser ausdrücklich zugelassen, eine Teilkostenrechnung zu führen (§ 8 KHBV). Allerdings sind die Patiententgelte auf Vollkostenbasis zu kalkulieren (Tuschen/Quaas 2001, S. 53). Demzufolge muss die Logistikkostenrechnung zur Kalkulation der Patiententgelte auf Vollkostenbasis durchgeführt werden. Aber auch ein Nebeneinander von beiden Kostenrechnungssystemen kann trotz des Aufwandes von Vorteil sein, da die relative Einzelkostenrechnung für die Logistikführung ein hohes Informationspotenzial bietet.

ee) Aufbau und Möglichkeiten einer Logistik-Prozesskostenrechnung

Die Prozesskostenrechnung wird für die Logistik propagiert, da auf diese Weise die Logistikkosten den Kostenträgern eines Betriebes (im Krankenhaus den Behandlungsfällen), entsprechend ihrer Inanspruchnahme von logistischen Leistungen, zugeordnet werden können (Wölfling 1996, S. 89). Diese Forderung wird bereits von der Logistikkostenrechnung, wie sie in den vorausgegangenen Abschnitten erarbeitet wurde, erfüllt. Die Prozesskostenrechnung ist aber feiner strukturiert. Mit ihr werden die Kosten der Tätigkeiten analysiert, die notwendig sind, um die logistischen Leistungen (die im Wesentlichen den logistischen Kostenträgern entsprechen) zu erstellen.

Die Prozesskostenrechnung wurde in den 80er Jahren in den USA unter dem Begriff „Activity-Based-Costing“ entwickelt, mit dem Ziel, die in den traditionellen Kostenrechnungsverfahren nur unzureichende Erfassung und Verteilung der Gemeinkosten zu verbessern (Miller/Vollmann 1985; Cooper/Kaplan 1988). In Deutschland begann die Entwicklung der Prozesskostenrechnung 1989 durch eine Veröffentlichung von HORVÁTH und MAYER (Horváth/Mayer 1989).

Die Prozesskostenrechnung ist ein geeignetes Instrument für die Logistik, da die Lager- und Transportvorgänge gut strukturierbar und quantifizierbar sind (vgl. Berens 1997, S. 858; Ceynowa/Coners 1999, S. 35). In den folgenden Ausführungen wird anhand eines Beispiels überprüft, ob sich die Prozesskostenrechnung auch für die Anwendung in der krankenhauslogistischen Kostenrechnung eignet (vgl. Horvàth/Mayer 1989, S. 216f.; Horvàth/Mayer 1993, S. 16ff.; Berens 1997, S. 858f.).

1. Prozessdefinition
Die Prozesskostenrechnung beginnt damit, Prozesse zu definieren. Prozesse werden in der Prozesskostenrechnung als eine Zusammenfassung von Tätigkeiten verstanden, die zu einem Arbeitsergebnis führen (Michel/Torspecken/Jandt 1998, S. 222). In den meisten Fällen werden Prozesse definiert, indem Tätigkeiten in den einzelnen Kostenstellen analysiert, zu Teilprozessen zusammengefasst und dann zu Hauptprozessen gebündelt werden.

In der Abbildung 54 sind beispielhaft einige logistische Tätigkeiten von drei Kostenstellen aufgeführt. Diese können zu fünf Teilprozessen zusammengefasst werden, die wiederum den Hauptprozess „Vorhaltung medizinischer Bedarf für die Patientenversorgung“ ergeben.

2. Ermittlung der Prozesskosten
Im zweiten Schritt wird der Ressourcenverbrauch der einzelnen Tätigkeiten in den Kostenstellen bewertet und addiert, bis die Kosten der einzelnen Teilprozesse feststehen. Hierbei wird zwischen den Kosten der Teilprozesse unterschieden, die von der Leistungsmenge der Kostenstelle abhängen (leistungsmengeninduziert) und denen, die unabhängig von der Leistungsmenge anfallen (leistungsmengenneutral) (Zimmermann 1997, S. 2f.).

3. Bestimmung der Kostentreiber
Kostentreiber, oder auch cost driver genannt, sind Maßgrößen, auf die die Höhe der leistungsmengeninduzierten Kosten der Teilprozesse zurückzuführen ist. Diese Maßgrößen stellen einen direkten Bezug zwischen den Leistungen und der Inanspruchnahme der Ressourcen durch diese Leistungen dar. Beispielsweise hängt die Höhe der Kosten des Teilprozesses „Einlagerung medizinischer Gebrauchsgüter“ von der Anzahl der angelieferten Güter ab. So steigt mit zunehmender Anzahl angelieferter Güter der Ressourceneinsatz, wie vor allem der Personaleinsatz.

<table>
<tr><th>1. Tätigkeitsanalyse</th><th>2. Teilprozesse</th><th>3. Hauptprozess</th></tr>
<tr><td>Kostenstelle Zentrallager medizinischer Bedarf
• Kontrolle Eingang Lieferung
• EDV-Erfassung der Lieferung
• Einlagerung</td><td>• Einlagerung medizinischer Gebrauchsgüter im Zentrallager</td><td rowspan="5">• Vorhaltung medizinischer Gebrauchsgüter für die Patientenversorgung</td></tr>
<tr><td>• Zusammenstellung medizinischer Gebrauchsgüter entsprechend Anforderung
• Kontrolle von Auslieferung
• Lieferung versandfertig machen für AWT-Anlage</td><td>• Auslagerung medizinischer Gebrauchsgüter aus Zentrallager</td></tr>
<tr><td>Kostenstelle innerbetrieblicher Transport, AWT-Anlage
• Transport medizinischer Gebrauchsgüter vom Zentrallager zum Pflegefachbereich</td><td>• Transport medizinischer Gebrauchsgüter vom Zentrallager zum Pflegefachbereich</td></tr>
<tr><td>Kostenstelle Pflegefachbereich X
• Anforderung medizinischer Gebrauchsgüter an Zentrallager</td><td>• Bestellung medizinischer Gebrauchsgüter im Pflegefachbereich</td></tr>
<tr><td>• Kontrolle Eingang Lieferung
• EDV-Erfassung der Lieferung
• Einlagerung</td><td>• Einlagerung medizinischer Gebrauchsgüter im Pflegefachbereich</td></tr>
</table>

Abbildung 54: Beispiel Prozessdefinition für Krankenhauslogistik. Eigene Darstellung.

Die Teilprozesse müssen sorgsam auf ihre Kostentreiber hin untersucht werden, da es sich dabei um entscheidende Größen zur Quantifizierung der Prozesse bezüglich ihrer Kosten und Leistungsmengen handelt (Ceynowa/Coners 1999, S. 37). Außerdem sollten die Kostentreiber leicht und verständlich aus den gegebenen Daten abzuleiten sein (Zimmermann 1997, S. 3; Berens 1997, S. 858). Für das obige Beispiel könnten die Kostentreiber folgendermaßen aussehen:

Teilprozess	**Kostentreiber**
Einlagerung medizinischer Gebrauchsgüter	Anzahl der angelieferten Positionen
Auslagerung medizinischer Gebrauchsgüter	Anzahl der bestellten Positionen
Transport medizinischer Gebrauchsgüter vom Zentrallager zum Pflegefachbereich	Anzahl der Transporte
Bestellung medizinischer Gebrauchsgüter	Anzahl der zu bestellenden Positionen

Abbildung 55: Beispiel Kostentreiber für Krankenhauslogistik. Eigene Darstellung.

4. Berechnung der Prozesskostensätze

Um die Prozesskostensätze berechnen zu können, müssen zunächst die Leistungsmengen, entweder Planmengen oder Istmengen, der Kostentreiber bestimmt werden. Anschließend werden die leistungsmengeninduzierten Teilprozesskosten durch die Leistungsmengen dividiert. Diese durchschnittlichen Kosten für einen geleisteten Teilprozess werden als Prozesskostensätze bezeichnet.

5. Kostenverrechnung

Im letzten Schritt werden die Kosten der Hauptprozesse bestimmt, indem die zu dem Hauptprozess gehörenden Teilprozesse mit den Prozesskostensätzen bewertet und addiert werden. Die leistungsmengenneutralen Kosten können proportional zur Höhe der leistungsmengeninduzierten Teilprozesskosten verteilt werden.

Die Prozesskostenrechnung wurde entwickelt, um Gemeinkosten, wie es z.B. die Logistikkosten sind, transparenter zu machen. Als Informationsinstrument für das Logistik-Controlling hat die Prozesskostenrechnung den Vorteil, dass Leistungen über Kostenstellengrenzen hinweg mit Kosten bewertet werden (siehe auch Götze 1997, S. 161f.; Horváth/Brokemper 1999, S. 533; Ceynowa/Coners 1999, S. 102ff.). Dadurch, dass Kosten und Leistungen der einzelnen Teilprozesse offengelegt werden, können Ineffizienzen identifiziert werden. Wenn z.B. Koordinationsprobleme zwischen dem Zentrallager und dem innerbetrieblichen Transport auftreten, dann kann es der Fall sein, dass die Güteranforderungen zwar vom

Zentrallager zusammengestellt, aber nicht ausgeliefert werden. Dann ist das Verhältnis der Kosten zu den Leistungen in den Teilprozessen „Auslagerung medizinischer Gebrauchsgüter aus Zentrallager“ und „Transport medizinischer Gebrauchsgüter vom Zentrallager zum Pflegefachbereich“ zu hoch, weil bei gleichbleibenden Kosten weniger Leistungen erbracht werden. Da beide Teilprozesse davon betroffen sind, liegt die Vermutung nahe, dass die Abstimmung zwischen diesen Bereichen nicht stimmt. Mittels der Prozesskostenrechnung werden nicht nur Informationen über die Lager- und Transportkosten geliefert, sondern es werden die Kosten und Leistungen zielorientiert, wie z.B. bezüglich des „Vorhaltens medizinischer Gebrauchsgüter“, analysiert. Darüber hinaus werden zusätzliche Informationen gewonnen, dadurch dass einzelne Tätigkeiten mit Kosten bewertet werden. Auf diese Weise kann der Ressourceneinsatz besser gesteuert werden (vgl. Cooper/Kaplan 1993, S. 10).

Das verbesserte Informationspotenzial ist durchaus positiv zu bewerten, allerdings ist zu untersuchen, ob die Prozesskostenrechnung wirtschaftlich ist. Es ist ein relativ großer Aufwand notwendig (z.B. Befragungen von Mitarbeitern), um Tätigkeiten zu analysieren, Prozesse zu unterscheiden, Maßgrößen zu bestimmen und im bestehenden System diese Daten zu pflegen. Gerade die Bestimmung der Maßgrößen hat sich in der Praxis als problematisch erwiesen (Stoi 1999, S. 105). Außerdem ist anzunehmen, dass die Tätigkeitsanalyse zu Widerständen bei den Mitarbeitern führt, falls diese negative Konsequenzen befürchten (Götze 1997, S. 163; nähere Ausführungen dazu im Kap. 4.C.III.). Ferner wird die Verbesserung des Informationspotenzials dadurch eingeschränkt, dass die Prozesskostenrechnung eine Vollkostenrechnung ist, in der auch die leistungsmengenneutralen Kosten verteilt werden. Hier gelten die gleichen Bedenken, wie sie bereits für die traditionelle Vollkostenrechnung dargelegt wurden (vgl. Kap. 4.B.II.b)1.cc)γ), S. 189). Abhilfe könnte dadurch geschaffen werden, dass die leistungsmengenneutralen Kosten nicht weiter verrechnet werden.

Die Logistikprozesskostenrechnung kann in das bestehende System der Krankenhauskostenrechnung mit einbezogen werden, da sie auf dem gleichen Datensatz der Kostenarten- und Kostenstellenrechnung aufbaut. Die ermittelten Logistikprozesskosten lassen sich in die Kalkulation der Behandlungsfälle einbeziehen. Wenn bekannt ist, welche und wie viele Logistikprozesse bei einem Behandlungsfall benötigt werden, dann können die Logistikprozesskostensätze in der Kalkulation berücksichtigt werden. In diesem Fall können mit einer logistischen Prozesskostenrechnung die Kosten der Behandlungsfälle genauer bestimmt werden als mit einer Logistikvoll- oder -teilkostenrechnung, da die Logistikkosten auf den erbrachten Logistikleistungen beruhen. Wenn die Anteile der Logistikprozesse an den einzelnen Behandlungsfällen nicht bekannt sind, dann können die Logistikprozesskosten eines Jahres auf den Pflegetag umgerechnet werden. Dabei werden die Logistikprozesskosten eines Jahres durch die Anzahl der Pflegetage eines Jahres dividiert. In diesem Fall wird die Kalkulation der Behandlungsfälle durch die logistische Prozesskostenrechnung nicht leistungsgerechter. Allerdings bleibt die verbesserte Einsicht in die Kostenstruktur der Krankenhauslogistik bestehen.

Zusammenfassend ist festzustellen, dass die Prozesskostenrechnung als Informationsbasis zur Steuerung der Krankenhauslogistik ein geeignetes Instrument ist. Ihre praktische Bedeutung wird jedoch zum jetzigen Zeitpunkt als kritisch gesehen. Da die Krankenhauslogistik-Kostenrechnung noch in ihren Anfängen steckt, wird eine Einführung der Logistikprozesskostenrechnung in nächster Zeit für nicht wahrscheinlich gehalten. Sie beinhaltet Tätigkeiten, die über die bestehende Krankenhauskostenrechnung hinausgehen, wodurch eine Einführung sehr aufwendig wäre.

2. Aufbau eines Berichtswesens

Das logistische Berichtswesen dient dazu, Informationen zu dokumentieren und an die Beteiligten weiterzuleiten (Bloech 1994, S. 195). Berichte sollen sowohl in ihrem Inhalt als auch in ihrer Darstellungsform den objektiven und subjektiven Informationsbedürfnissen (vgl. Kap. 4.II.a)3., S. 166f.) entsprechen, um den größtmöglichen Nutzen hervorzurufen (Weber, J. 1995, S. 121). Allerdings müssen die Bedürfnisse auf die vorhandenen Möglichkeiten und die Kosten der Berichterstattung abgestimmt werden (Küpper 1997, S. 148).

Aus dem Informationsbedarf lassen sich die *Berichtszwecke* ableiten (Weber, J. 1995, S. 121; Küpper 1997, S. 148). In der Krankenhauslogistik haben Berichte zum einen den Zweck, Planungen, Vorgänge und Ergebnisse zu dokumentieren und zum anderen die Planungs- und Kontrollaufgaben zu unterstützen. Aus diesen Zwecken ergeben sich die *Berichtsmerkmale*, die sich in inhaltlicher, formaler, personeller und zeitlicher Hinsicht unterscheiden lassen (Koch 1994, S. 59).

Inhaltlich enthalten die Krankenhauslogistikberichte Informationen über die Leistungen (Lagerung und Transport) und Kosten der Krankenhauslogistik, über das logistische Personal, den medizinischen Bereich und die Krankenhausumwelt. Um durch die Berichte einen genauen Einblick in die Krankenhauslogistik zu erhalten, ist es ratsam, die Daten jeweils auf die Logistikobjekte (Patienten, Güter, Informationen; vgl. Kap. 3.A.II.a)1.), die Lagerarten und die Transportmittel (vgl. Kap. 3.A.II.a)2.) zu beziehen. Die folgenden Tabellen (Abb. 56) geben einen Überblick über mögliche Inhalte krankenhauslogistischer Berichte (in Anlehnung an Axtner 1978, S. 139ff.; Röhrig 1993, S. 80ff.):

Krankenhauslogistik

Lagerung

1. *Lagermengen und -werte*
   - Menge und Wert der Lagerbestände im Zentrallager
   - Menge und Wert der Lagerbestände in dezentralen Lagern
   - Mengen- und Wertabweichungen gegenüber Istwerten der Vorperiode und den Planwerten
   - Schwund, verdorbene Güter
   - Lagerbedingungen (z.B. Kühlung, lichtgeschützt)
2. *Verbrauchsmengen und -werte*
   - Gesamtverbrauch im Berichtszeitraum
   - Hauptabnehmer
   - Verbrauchsabweichungen
   - nicht ausgeführte, verzögerte oder nur unvollständig ausgeführte Belieferungen an Verbrauchsstellen
   - Belieferung mit substitutiven statt mit bestellten Gütern
   - Unterschreitung von Mindestbeständen
   - Belieferungshäufigkeiten (Normalarbeitszeit, Notfalldienst)
3. *Auslaufende Waren, Substitutionsgüter*
4. *Budget, Budgetrest, Abweichungsanalyse*
5. *Lagerkosten*
   - Kostenarten (Personal-, Sach-, kalkulatorische Kosten, usw.)
   - fixe und variable Kosten pro Lagerungseinheit
   - Kostenabweichungen

Transport

1. *Gesamtzahl und -wert der abgegebenen Leistungen bzw. der Planleistungen*
   - absolute und relative Mengenabweichungen gegenüber Vorperiode
   - absolute und relative Mengenabweichungen gegenüber Planung
   - Anzahl der Transporte, untergliedert nach Tageszeiten
2. *Ist- und Plankapazitätsauslastung*
   - Abweichungen gegenüber Vorperiode
   - Abweichungen gegenüber Planung
   - Abweichungen vom optimalen Wirkungsbereich
   - Ausfall- und Stillstandszeiten pro Transportanlage
   - Änderungen in der Kapazitätsauslastung in der Folgeperiode
3. *Fortschrittsberichte und Terminabweichungen bei Reparaturen und Neuinstallationen*
4. *Transportkosten*
   - fixe und variable Kosten pro Transportanlage
   - Kostenarten
   - Kostenabweichungen

Personeller Bereich Logistik

1. *Arbeits- und Fehlzeiten*
   - Normalarbeitszeit, Schichtdienst, Bereitschaftsdienst
   - Überstunden
   - Fehlzeiten
2. *Personalkosten*
3. *Personal- und Stellenstruktur*

Medizinischer Bereich

1. *Menge der Leistungen, differenziert nach medizinischen Abteilungen und ihrer Logistikintensivität (vgl. Kap. 3.C.II.)*
   - Behandlungsfälle
   - Untersuchungen (Röntgen, Computertomographie, Ultraschall, usw.)
   - Laborleistungen
   - Abweichungen gegenüber Planung
2. *Zahl der internen und externen Verlegungen*
3. *Wartezeiten der Patienten vor Untersuchungen*

Krankenhausumwelt

1. *Bevölkerungsstruktur (Alter, Geschlecht, usw.)*
2. *Zahl und Struktur der Konkurrenzkrankenhäuser*
3. *Entwicklungsstand der Lager- und Transporttechnik*

Abbildung 56: Inhalte krankenhauslogistischer Berichte. Eigene Darstellung.

Größtenteils werden in den Berichten diese Informationen anhand von Kennzahlen erläutert. Kennzahlen bündeln Informationen, indem quantifizierbare Sachverhalte zusammengefasst werden (Reichmann 2001, S. 19).

Sie dienen dazu, einen schnellen Überblick über komplizierte Vorgänge und Strukturen zu erhalten. Es gibt verschiedene Arten von Kennzahlen (Küpper 1997, S. 317f.):

- absolute Zahlen
- Verhältniszahlen
  - Beziehungszahlen (Verhältnis verschiedener Größen zueinander)
  - Gliederungszahlen (Anteil einer Größe an einer Gesamtmenge)
  - Indexzahlen (Verhältnis einer Größe zu einer Basisgröße)

Der Aussagegehalt von Kennzahlen wird erhöht, indem ihre Beziehungen untereinander in einem Kennzahlensystem dargestellt werden. Je nachdem, zu welchem Informationszweck ein Kennzahlensystem erstellt wird, können die Beziehungen systematisch (auf ein Oberziel ausgerichtet), mathematisch oder auf Basis empirischer Erhebungen dargestellt werden (Reichmann 2001, S. 23).

Es gibt für die Logistik eine Vielzahl von theoretisch ausgearbeiteten Kennzahlensystemen (siehe z.B. Pfohl/Zöllner 1991, S. 325ff.; Schulte, C. 1992, S. 245ff.; Weber, J. 1995, S. 195ff.; Reichmann 2001, S. 440; siehe auch einen Vergleich in Weber, J. u.a. 1995, S. 15ff.). Allerdings ist festzustellen, dass sich eine einheitliche Vorgehensweise noch nicht herauskristallisiert hat und die ausgearbeiteten Kennzahlensysteme in der Praxis keine große Anwendung finden (Küpper 1992, S. 129; Weber, J. u.a. 1995, S. 15). Daher ist davon auszugehen, dass alle Systeme mit Nachteilen behaftet sind. Logistikkennzahlen werden aber im Allgemeinen für sehr wichtig gehalten (Lavertz 1995, S. 25f.).

Da es eine große Auswahl an Kennzahlen für die Logistik gibt, besteht die Problematik nicht darin, Kennzahlen zu entwickeln. Es ist aber fraglich, welche Logistikkennzahlen auszusuchen sind, damit sie für den jeweiligen Informationszweck von Nutzen sind (vgl. Küpper 1992, S. 130). Daher benötigt das Logistik-Controlling ein Instrument, mit dem ein Kennzahlensystem an die jeweiligen Anforderungen angepasst werden kann. Aus diesem Grund wird im Folgenden kein feststehendes Kennzahlensystem entwickelt (wie z.B. für Krankenhäuser von Röhrig 1993, S. 224ff.), sondern es wird anhand der Einflussfaktoren dargestellt, wie ein, entsprechend der Anforderungen, individuelles System zusammengestellt werden kann.

Bei den Einflussfaktoren eines logistischen Kennzahlensystems handelt es sich um

1. die mit ihm verfolgten Ziele,
2. die Analyseebenen und
3. die Kennzahlensystematik.

1. Die Ziele eines logistischen Kennzahlensystems
Die mit einem Kennzahlensystem verfolgten Ziele ergeben sich aus den Aufgaben des logistischen Führungssystems, das aus den Teilsystemen Planung, Kontrolle, Personal, Organisation und Informationen besteht (vgl. Kap. 3.A.II.c) und Weber, J. u.a. 1995, S. 13ff.).

Soll das Kennzahlensystem der Planung dienen, muss es darauf ausgerichtet sein, komplexe Zusammenhänge vereinfacht darzustellen und Ziele zu operationalisieren. Auf diese Weise können konfliktäre Ziele aufgedeckt werden, wie z.B. die Forderungen nach einem hohen logistischen Servicegrad auf der einen Seite und niedrigen Lagerhaltungskosten auf der anderen Seite (vgl. Reichmann 1989, S. 25). Für das Kontrollsystem muss es ermöglicht werden, Vergleiche zwischen Ist- und Plangrößen herzustellen. Im Bereich der Personalführung werden Kennzahlen als Anreizinstrumente verwandt, indem sie Ziele verständlich und handhabbar machen. Für Organisationsfragen müssen die Kennzahlen darauf ausgerichtet sein, dass Entscheidungen über die Zuteilung von Aufgaben zu Aufgabenträgern ermöglicht werden. Im Bereich des Informationssystems werden Kennzahlensysteme dazu verwendet, Daten zu systematisieren und auszuwerten.

2. Die Analyseebenen eines logistischen Kennzahlensystems
Die Analyseebenen unterscheiden sich dadurch, wie differenziert die Logistik betrachtet wird. In der ersten Ebene werden kleine abgegrenzte Bereiche untersucht, die durch die Logistikobjekte und die Logistikleistungen bestimmt werden (z.B. Transport von Patienten). Auf der nächsten Ebene werden logistische Prozesse analysiert, die mehrere logistische Tätigkeiten beinhalten (z.B. Vorhaltung medizinischer Gebrauchsgüter für die Patientenversorgung). Die höchste Ebene befasst sich mit der Logistik im Krankenhaus insgesamt und deren Bezug zu den restlichen Krankenhausbereichen (Beschaffung, Leistungserstellung, Entsorgung).

3. Die Systematik der Kennzahlen
Um die Kennzahlen zu systematisieren, wird vorgeschlagen, der Vorgehensweise von SCHULTE zu folgen (Schulte, C. 1992, 245ff.), da sie umfassend und übersichtlich ist:

Die Kennzahlensystematik enthält vier Bereiche. Der erste Bereich befasst sich mit *Struktur- und Rahmendaten.* Sie stellen die Grundlage für die weitere Analyse dar und beinhalten den erbrachten Leistungsumfang, die zur Verfügung stehenden Kapazitäten und die entstandenen Kosten. Auf Basis dieser Daten werden *Produktivitätskennzahlen, Wirtschaftlichkeitskennzahlen* und *Qualitätskennzahlen* gebildet.

Kennzahlenstruktur / Analyseebene	Struktur- und Rahmenkennzahlen	Produktivitätskennzahlen	Wirtschaftlichkeitskennzahlen	Qualitätskennzahlen
Transport, Lagerung ► **Patienten** ► **Güter** ► **Informationen**	- Anzahl Transporte pro Periode - Mengenmäßiges Transportvolumen - Zurückgelegte Transportstrecken pro Periode - Anzahl Transportanlagen - Anzahl Transportmitarbeiter - Fördermittelkapazität - Anzahl Positionen Warenlieferung pro Periode - Anzahl Auslagerungen pro Periode - Anzahl Lagermitarbeiter - Kapazität der Lageranlagen - Kosten Zentrallager - Kapitalbindungskosten - Kosten AWT-Anlage : : usw.	- Ø Transportzeit pro Transport - Ø zurückgelegte Strecke pro Transport - Auslastungsgrad Transportanlage - Anzahl bearbeiteter Einlagerungen pro Personalstunde - Anzahl bearbeiteter Auslagerungen pro Personalstunde - Anzahl Lagervorgänge pro Lageranlagenstunde - Flächenausnutzungsgrad im Lager : : usw.	- Transportkosten pro Transport - Ø Wartungs- und Instandhaltungskosten pro Anlagenstunde - Ø Lagerplatzkosten : : usw.	- Servicegrad - Termintreue - Patientenwartezeiten pro Transport - Schadenshäufigkeit - Fehlmengen pro Periode - Ø Verweildauer der Güter bei Auslagerung - Vorratsstruktur : : usw.
Logistikprozesse	- Anzahl Prozesse pro Periode - Prozesskosten : : usw.	- Ø Zeit pro Prozess - Anzahl beteiligter Mitarbeiter pro Prozess : : usw.	- Kosten pro Prozess - Kapitalbindung pro Prozess : : usw.	- Patientenwartezeiten pro Prozess - Termintreue pro Prozess - Liegezeiten pro Prozess : : usw.
Logistik als Funktion im Krankenhaus	- Anzahl Mitarbeiter in Logistik - Logistikfläche : : usw.	- Transportleistungen pro Pflegetag - Lagerleistungen pro Pflegetag - Anteil Logistikfläche an Gesamtfläche : : usw.	- Anteil Transportkosten an Krankenhausgesamtkosten - Anteil Lagerkosten an Krankenhausgesamtkosten : : usw.	- Anteil Patientenbeschwerden über Logistik an Gesamtbeschwerden : : usw.

Abbildung 57: Beispiel Kennzahlensystematik für Krankenhauslogistik. Quelle: In Anlehnung an Schulte, C. 1992, S. 245ff.; Pfohl/Zöllner 1991.

Die Produktivitätskennzahlen geben Auskunft über die Produktivität der Mitarbeiter und Anlagen, während die Wirtschaftlichkeitskennzahlen die Leistungsergebnisse in das Verhältnis zu den Kosten setzen. Die Qualitätskennzahlen zeigen an, welchen Zielerreichungsgrad die leistungsorientierten Formalziele (siehe Kap. 3.B.II.a)) erreicht haben. In der Abbildung 57 sind einige Beispiele für krankenhauslogistische Kennzahlen in der oben vorgestellten Systematik dargestellt.

Auf der Grundlage solch einer Systematik kann für jede Krankenhauslogistik das individuelle Kennzahlensystem zusammengestellt werden. Der Vorteil dieser Vorgehensweise wird darin gesehen, dass das individuelle krankenhauslogistische Kennzahlensystem sehr einfach gehalten werden kann. Dies ist vor allem bei der Einführung eines Logistik-Controlling im Krankenhaus sehr wichtig. So können zunächst spezielle Lager- oder Transportbereiche analysiert werden, oder es wird nur ein globaler Vergleich zwischen Logistikdaten und Daten des gesamten Krankenhauses vorgenommen.

Weitere inhaltliche Merkmale von Berichten sind die Genauigkeit sowie die Menge der Daten. Wie genau die Daten sein müssen, hängt davon ab, welche Auswertungen damit vorgenommen werden sollen (Koch 1992, S. 63). Die Menge der Daten wirkt sich auf die Übersichtlichkeit des Berichtes aus und damit auf die Zweckerfüllung. Auf der einen Seite wirkt es sich nachteilig aus, wenn die Empfänger mit einer Flut von Informationen in einem Bericht überhäuft werden. In diesem Fall ist davon auszugehen, dass die notwendigen Daten nur schwer herauszufiltern sind. Wird auf der anderen Seite die gleiche Menge der Daten auf mehrere Berichte verteilt, dann ist die Darstellung übersichtlicher. Da aber die Anzahl der Berichte zunimmt, finden möglicherweise nicht alle Berichte Beachtung, und die Kosten für die Berichtserstellung steigen. Ziel muss es sein, den Möglichkeiten der Informationsaufnahme der Empfänger zu entsprechen, aber die Kosten der Berichtserstellung dürfen den Nutzen nicht übersteigen (Küpper 1997, S. 154f.).

Ein weiteres inhaltliches Merkmal von Berichten ist die Verdichtungsstufe der Daten. Zumeist steigt der Verdichtungsgrad mit der Hierarchiestufe, so dass die Entscheidungsträger bestimmen, inwieweit die Daten verdichtet sein sollen. Während für die einzelnen Lager- oder Transportbereiche Detailinformationen notwendig sind, erhält der Verantwortliche der gesamten Krankenhauslogistik eine zusammenfassende Darstellung. Mögliche Formen der Aggregation sind, die Daten zu summieren, zu subtrahieren, funktionelle Verknüpfungen herzustellen oder Relationen zu bilden (siehe auch Birk 1991, S. 32ff.). Bei der Verdichtung der Daten muss berücksichtigt werden, dass der Aussagegehalt der Informationen durch die Aggregation verändert werden kann. Dies ist vor allem dann der Fall, wenn unterschiedliche Gewichtungen oder unterschiedliche Dimensionen der Daten nicht berücksichtigt werden. Außerdem können wichtige Informationen nicht mehr einzusehen sein, wenn z.B. widersprüchliche Befunde saldiert werden. Daher kann es sinnvoll sein, auf eine Aggregation der Daten zu verzichten. Zumindest sollten die Daten nach unterschiedlichen Kriterien aggregiert werden, um mehrere Sichtweisen zu erhalten (Küpper 1997, S. 155).

Formale Merkmale betreffen den Aufbau der Berichte und erleichtern dem Empfänger die Arbeit. Dies wird z.B. erreicht, wenn alle Berichte im Krankenhaus einheitlich strukturiert (z.B. die verschiedenen Bereiche immer in der gleichen Reihenfolge darstellen) und formatiert werden. Das bedeutet unter anderem, die Logistikberichte an die Form der allgemeinen Krankenhausberichte anzupassen. Außerdem ist darauf zu achten, dass die formale Struktur der Berichte nicht immer wieder verändert wird. Auf diese Weise können inhaltliche Veränderungen im Zeitablauf besser erkannt werden (Bloech 1994, S. 206).

In *personeller Hinsicht* ist das Logistik-Controlling der Ersteller der Berichte. Empfänger der logistischen Berichte können im Krankenhaus die Folgenden sein:

- Krankenhausleitung
- Zentrales Controlling, Bereichscontrolling (z.B. Pflege, Medizin)
- Ärztliche Leitung medizinischer Abteilungen
- Pflegerische Leitung medizinischer Abteilungen
- Logistikverantwortliche
- Leitung Apotheke
- Leitung Entsorgung
- Leitung Küche
- Leitung zentrales Lager
- Leitung Transportdienst
- Leitung Wäscherei

In *zeitlicher Hinsicht* zeichnen sich Berichte zum einen durch den Rhythmus aus, in dem sie erscheinen, wie z.B. regelmäßig jede Woche oder unregelmäßig nur bei Bedarf, zum anderen durch den Zeitraum für den sie gültig sind, wie z.B. Woche, Monat, Quartal oder Jahr (Küpper 1997, S. 155). Dabei ist zu beachten, dass die Berichte zeitlich an die Planungs- und Kontrollaufgaben der Logistikverantwortlichen anzupassen sind. Dies soll gewährleisten, dass für notwendige Entscheidungen die Daten in der gewünschten Aktualität und Genauigkeit vorliegen.

C. Problematik der Einführung eines Logistik-Controllingsystems für Krankenhäuser

I. Wirtschaftlichkeit des Logistik-Controllingsystems

Im letzten Abschnitt (Kap 4.B.) wurden Instrumente für ein krankenhausspezifisches Logistik-Controlling entwickelt. Wenn ein Krankenhaus bei der Analyse seiner externen und internen Bedingungen zu dem Ergebnis kommt, dass solch ein System eingesetzt werden sollte, dann ist zu überprüfen, ob aus wirtschaftlichen Gesichtspunkten der Einsatz gerechtfertigt ist. Dieses wäre nur dann der Fall, wenn der gewonnene Nutzen den Ressourceneinsatz übersteigt.

Der Nutzen eines Controllingsystems im Krankenhaus kann darin gesehen werden, dass die angestrebten Krankenhausziele auf einem höheren Niveau erreicht werden. Für das Logistik-Controlling heißt das, durch die Unterstützung des logistischen Führungssystems die Logistikziele auf einem höheren Zielerreichungsgrad zu erlangen und dadurch zu einer Verbesserung der Krankenhausziele beizutragen. Es muss also vor Einführung des Logistik-Controlling geschätzt werden, welche Zielverbesserungen, wie z.B. Logistikkostensenkungen oder logistische Serviceverbesserungen, sich ergeben würden. Ferner sind die Zielverbesserungen zu bewerten. Allerdings lässt sich nur schwer ermitteln, welche Zielverbesserungen auf dem direkten Einfluss des logistischen Führungssystems beruhen (vgl. auch Küpper 1997, S. 455). Zum Beispiel können Logistikleistungen zuverlässiger geworden sein, weil der Zulieferer seinen Service verbessert hat.

Aus diesem Grund können nur die Leistungsstrukturen des Krankenhauses betrachtet werden und daraufhin untersucht werden, ob sich ein Logistik-Controllingsystem positiv auswirken würde. Es ist davon auszugehen, dass der Einsatz eines Logistik-Controlling dann gerechtfertigt ist, wenn die Leistungsstrukturen komplex sind und somit umfangreiche Führungshandlungen notwendig werden. In diesem Fall können vermutlich mit Hilfe des Controlling Rationalisierungspotenziale aufgedeckt werden. Die drei folgenden Gesichtspunkte können dabei helfen, die Leistungsstrukturen zu bewerten und abzuschätzen, ob der Einsatz eines Logistik-Controlling Nutzen erbringt:

1. Der Logistikaufwand ist sehr hoch, wenn die Leistungen, die das Krankenhaus anbietet, aus sehr vielen verschiedenen Einzelleistungen bestehen und diese hochgradig spezialisiert sind (vgl. Kap. 3.C.II.). Vorrangig sind solche Bedingungen in Krankenhäuser der Maximalversorgung anzutreffen.

2. Bei kürzerer Verweildauer der Patienten steigen die Ansprüche an die Logistikleistungen, da die einzelnen Leistungen schneller hintereinander folgen und somit in einer bestimmten Periode mehr Patienten versorgt werden müssen.

Das heißt, dass vor allem Akutkrankenhäuser Nutzen aus einem Logistik-Controlling ziehen können.

3. Ein weiterer Anhaltspunkt dafür, dass der Einsatz eines Logistik-Controlling Nutzen für das Krankenhaus bringt, sind die Lagerstrukturen. Mit zunehmender Anzahl dezentraler Lager steigt der Aufwand an Führungsleistungen, um die Bestände zu koordinieren. Dezentrale Lager sind in den einzelnen Abteilungen zu finden. Daher können vor allem Krankenhäuser mit vielen Abteilungen durch das Logistik-Controlling einen Nutzen ziehen.

Insgesamt ist davon auszugehen, dass das Logistik-Controlling, welches in dieser Arbeit für Krankenhäuser der Zentral- oder Maximalversorgung erarbeitet wurde, von Nutzen sein wird. Zur Überprüfung der Wirtschaftlichkeit ist der Frage nachzugehen, ob der Nutzen die Kosten übersteigt. Dazu müssen die Kosten bestimmt werden:

Zu den Kosten eines Logistik-Controllingsystems gehören die Einführungskosten. Hierzu zählen die Personalkosten für die mit der Planung beschäftigten Mitarbeiter, eventuelle Kosten für die Inanspruchnahme eines externen Beraters und Kosten für die Anschaffung der Soft- und Hardware. Darüber hinaus sind die Kosten zu berücksichtigen, die entstehen, um die organisatorischen Voraussetzungen für das Logistik-Controlling zu schaffen. In Abhängigkeit davon, für welches organisatorisches Konzept sich das Krankenhaus entscheidet, sind neue Stellen einzurichten, oder die Aufgaben werden dem Krankenhaus bereits zugehörigen Mitarbeitern übertragen. Da Logistik-Controlling für Krankenhäuser ein neues Aufgabengebiet ist, muss in beiden Fällen davon ausgegangen werden, dass Schulungskosten für das Personal anfallen. Bei den Anwendungskosten des Logistik-Controlling müssen vor allem die Personalkosten berücksichtigt werden. Außerdem entstehen Kosten bei der Pflege und Wartung eines Logistikinformationssystems (vgl. Werthmann/Nollau 1993, S. 11).

Wenn bei der Gegenüberstellung der Nutzen eines Logistik-Controlling größer ist als die Kosten, dann sollte Logistik-Controlling aus wirtschaftlichen Gesichtspunkten in einem Krankenhaus eingeführt werden. Allerdings muss einschränkend hinzugefügt werden, dass sich in der Praxis bei der Gegenüberstellung erhebliche Probleme ergeben, da vor allem der Nutzen nur schwer zu erfassen und bewerten ist. Wenn aber trotzdem die Entscheidung gefällt wurde, Logistik-Controlling in einem Krankenhaus einzuführen, dann stellt sich die Frage, wie der Einführungsprozess aussehen soll. Der nächste Abschnitt untersucht Strategien, die im Einführungsprozess eingesetzt werden können.

II. Strategien im Einführungsprozess

Bei der Einführung eines Logistik-Controllingsystems im Krankenhaus geht es grundsätzlich darum, das Logistik-Controllingsystem mit den individuellen Verhältnissen des Krankenhauses in Einklang zu bringen. Hierbei können zwei Strategien unterschieden werden (vgl. Oppelland 1989, Sp. 666; Grimmeisen 1998, S. 13f.): Bei der *Assimilationsstrategie* wird das Logistik-Controllingsystem an die Bedingungen des einzelnen Krankenhauses angepasst. Hierbei besteht die Gefahr, dass Verbesserungen der logistischen Zielerreichung in dem erhofften Ausmaße nicht stattfinden, da radikale Veränderungen nicht durchgeführt werden und das Konzept nur soweit umgesetzt wird, wie es ohne große Anpassungsprobleme möglich ist. Die *Akkomodationsstrategie* geht davon aus, dass das geplante Logistik-Controllingsystem umzusetzen ist, indem das Krankenhaus daran angepasst wird. Auch diese Lösung ist nicht optimal, da sich manche Bedingungen nur schwer, mit einem unverhältnismäßig hohen Aufwand oder vielleicht sogar gar nicht verändern lassen. So lassen sich z.B. die Wünsche und Einstellungen der Mitarbeiter nur in einem gewissen Maß verändern. Bei beiden Strategien handelt es sich um Extreme, die als Aktionsradius zu begreifen sind, in dem sich die Umsetzung bewegt (Grimmeisen 1998, S. 16). Das heißt, dass bei der Einführung des Logistik-Controlling im Krankenhaus beide Strategien berücksichtigt werden sollten, wobei die individuellen Bedingungen die jeweilige Stärke der einzelnen Strategie bestimmt.

Die konkrete Vorgehensweise bei der Einführung wird davon bestimmt, in welchem zeitlichen Rahmen und welchem Umfang das Logistik-Controlling eingeführt werden soll. Daraus ergeben sich die drei folgenden Möglichkeiten der Vorgehensweise (vgl. Gushurst 1990, S. 266; Zeyer 1995, S. 288):

1. Strategie des „Bombenwurfs"
2. Strategie der geplanten Evolution
3. Strategie der kleinen Schritte

Bei der *Strategie des „Bombenwurfs"* wird das gesamte Controllingsystem an einem Zeitpunkt umgesetzt. Diese Form der Implementierung benötigt den geringsten Zeitbedarf, allerdings ist mit Widerständen der Mitarbeiter zu rechnen, da diese „überrumpelt" werden. Die Widerstände der Mitarbeiter können den Erfolg der Umsetzung zunichte machen.

Bei der *evolutionären* Umsetzung wird das gesamte Logistik-Controllingsystem in mehrere Teilschritte untergliedert und stufenweise eingeführt (siehe auch Mann o.J., S. 224; Mühlen 1998, S. 242f.; Gegenüberstellung der Strategie des „Bombenwurfes" und der evolutionären Strategie bei Krüger 1994, S. 204). Das würde z.B. bedeuten, zunächst nur die Logistikkostenrechnung einzuführen. Erst wenn dieser Schritt erfolgreich durchgeführt wurde, dann wird das Controllingsystem, z.B. mit operativen Planungsinstrumenten, wie der Tourenplanung, erweitert. Der Vorteil dieser schrittweisen Vorgehensweise liegt darin, dass, bevor das System erweitert wird, zunächst eine Rückkopplung stattfindet. Auf diese Weise können Fehlentwicklungen rechtzeitig erkannt werden. Folglich kann bei Fehlentwicklungen gegengesteuert werden, indem die Informationen in der Planung des nächsten Teilschrittes berücksichtigt werden. Außerdem werden die Mitarbeiter in den Einführungsprozess mit eingebunden, wodurch die Motivation der Mitarbeiter gesteigert werden kann. Andererseits besteht aber die Gefahr, dass die Mitarbeiter, die dem Logistik-Controlling kritisch gegenüberstehen, während des Einführungsprozesses einen so großen Einfluss ausüben, der das gesamte Projekt zum Scheitern bringen kann (vgl. Brede 2001b, S. 127). Außerdem ist bei der evolutionären Umsetzung mit einem hohen Zeitaufwand zu rechnen. Es kann davon ausgegangen werden, dass die Einführung eines Controllingsystems 2-3 Jahre in Anspruch nimmt (Baier 1994, S. 127f.).

Wenn der Zeitbedarf in Grenzen gehalten werden soll, dann empfiehlt es sich, das gesamte Controllingsystem in wenige Teilprojekte zu untergliedern, die, im Gegensatz zur evolutionären Strategie, in einem bestimmten festgelegten Zeitrahmen eingeführt werden. In diesem Fall werden zwar Fehlentwicklungen nicht sofort korrigiert, aber die Bemühungen der Mitarbeiter werden schneller mit Ergebnissen belohnt, was motivierend wirkt.

In einem personalintensiven Bereich, um den es sich bei einem Krankenhaus handelt, wird der Erfolg der Umsetzung eines Controllingsystems maßgeblich von der Motivation der Mitarbeiter bestimmt. Außerdem ist zumeist davon auszugehen, dass für den Einführungsprozess nur begrenzt Zeit zur Verfügung steht. Daher wird zur Einführung eines Logistik-Controllingsystems im Krankenhaus die letztgenannte Strategie für sinnvoll erachtet.

Um die Planung des Einführungsprozesses zu erleichtern, kann es nützlich sein, die Netzplantechnik einzusetzen (siehe zu Netzplantechnik Brink 1990; Altrogge 1993). Mit ihrer Hilfe werden die einzelnen Einführungsschritte mit ihren Start- und Endpunkten in Graphiken visualisiert. Auf diese Weise werden kritische Punkte, die den Erfolg der Implementierung beeinflussen, offengelegt. Außerdem kann der Zeitbedarf des gesamten Prozesses besser abgeschätzt und kontrolliert werden und im Laufe des Einführungsprozesses aktualisiert werden.

Da sowohl die Krankenhauslogistik als auch das Controllingsystem sehr komplex sind, kann es hilfreich sein, zur Unterstützung des Einführungsprozesses einen externen Berater hinzuzuziehen. Außerdem ist es dann sinnvoll, Hilfe von außen in Anspruch zu nehmen, wenn bei den eigenen Mitarbeitern nicht genügend zeitliche Ressourcen zur Verfügung stehen oder es an den notwendigen Kenntnissen, beziehungsweise Erfahrungen mangelt. Des Weiteren kann der Einsatz eines externen Beraters den Implementierungsprozess vorantreiben, weil ihm als neutraler Person mehr Beachtung geschenkt wird, er als „Sündenbock“ fungiert und durch seine Anwesenheit der Veränderungsprozess mehr Bedeutung gewinnt (vgl. Gründe, die für das Hinzuziehen eines Beraters sprechen: Seeger/Goede 1992, Sp. 319f.; Grimmeisen 1998, S. 258f.). Wie eine empirische Erhebung ergeben hat, werden gerade für Reorganisationsmaßnahmen, wie die der Einführung eines Logistik-Controllingsystems, Beratungsunternehmen in Anspruch genommen (Meffert 1990, S. 186).

Auch dann, wenn bei der Auswahl der Strategie im Einführungsprozess des Logistik-Controlling sehr sorgfältig vorgegangen wird, ist davon auszugehen, dass nicht alle Mitarbeiter den Prozess unterstützen werden. Im folgenden Abschnitt werden die in diesem Zusammenhang auftretenden Widerstände der unterschiedlichen Berufsgruppen analysiert.

III. Widerstände der unterschiedlichen Berufsgruppen

Immer dann, wenn ein neues Konzept in einer Organisation eingeführt werden soll, muss damit gerechnet werden, dass die Mitarbeiter die damit verbundenen Veränderungen nicht begrüßen, denn im Allgemeinem wird gerne am Gewohnten festgehalten (Schanz 1994, S. 388f.; siehe auch Mann o.J., S. 207ff.). Gerade mit Controlling werden die Befürchtungen verbunden, dass die Arbeit stärker kontrolliert wird. Als Folge würden mehr Leistungen verlangt oder Rationalisierungsmaßnahmen verfolgt werden. Außerdem könnten durch das Logistik-Controlling zusätzliche Belastungen, wie z.B. Zeiterfassungen, auf die Mitarbeiter zukommen, die mit der eigentlichen Arbeit nichts zu tun haben.

Rationalisierungsmaßnahmen können sich für die Mitarbeiter tatsächlich insofern auswirken, dass die Arbeitsbelastung zunimmt, wenn z.B. Stellen, die durch das Logistik-Controlling eingespart werden, nicht wiederbesetzt werden. Der Einsatz eines Logistik-Controlling im Krankenhaus kann auch dazu führen, dass Mitarbeiter versetzt werden. Dies bedeutet für die Mitarbeiter, neue Aufgaben zu erlernen und das gewohnte soziale Umfeld zu verlassen. Bei einem öffentlichen Krankenhaus sind Kündigungen meistens nicht zu befürchten (sind aber nicht ausgeschlossen), denn die Angestellten und Arbeiter des öffentlichen Dienstes sind zwar nicht unkündbar wie die Beamten, haben aber gegenüber Mitarbeitern in der Privatwirtschaft einen erhöhten Kündigungsschutz (Benz 1989, Sp. 1209).

Da Logistik eine Querschnittsfunktion ist (vgl. Kap. 3.A.I., S. 50), sind viele verschiedene Berufsgruppen von der Einführung des Logistik-Controlling betroffen. Dazu gehören z.B.

- Mitarbeiter an den Transportanlagen,
- Transportpersonal für die Patienten,
- Lagermitarbeiter im Lager für medizinische Gebrauchsgüter oder
- Mitarbeiter im Zentralarchiv,
- Pharmazeutisch-Technische Assistenten,
- Küchenpersonal,
- Pflegepersonal,
- Mitarbeiter in der Controllingabteilung oder
- Verwaltungspersonal usw.

Die Bedenken gegen das Logistik-Controlling können ganz unterschiedlich aussehen. Während die Lagermitarbeiter vielleicht vor allem die Kontrollen befürchten, wird sich das Pflegepersonal eventuell gegen eine zusätzliche Arbeitsbelastung wehren. Außerdem werden die Mitarbeiter, die in den verschiedenen Bereichen eine Leitungsfunktion innehaben, befürchten, durch das Spezialwissen des logistischen Controllers in ihrer Macht eingeschränkt zu werden. Diese Bedenken der Mitarbeiter können dazu führen, dass die Einführung des Logistik-Controlling nicht unterstützt wird.

Mitarbeiter können ihren Widerstand ausdrücken, indem sie Daten nicht sorgfältig ermitteln und weiterleiten. Demzufolge gelangt das Logistik-Controlling zu verfälschten Ergebnissen (Mühlen 1998, S. 83). Eine weitere Form des Widerstandes kann sein, dass die Ergebnisse des Logistik-Controlling ignoriert werden und somit der Nutzen des Logistik-Controlling gleich Null ist. Folglich ist die Einführung eines Logistik-Controllingsystems nur dann erfolgreich, wenn die beteiligten Mitarbeiter entsprechend motiviert werden (vgl. auch Horváth 1998, S. 857). Weitere Formen des Widerstandes, sei er aktiv, passiv, verbal oder nonverbal, können z.B. durch sturen Formalismus, Cliquenbildung oder durch das Fernbleiben von der Arbeit ausgedrückt werden (siehe ausführlicher Doppler/Lauterburg 2000, S. 296).

Für die Einführung eines Logistik-Controllingsystems können die Mitarbeiter motiviert werden, indem das Problembewusstsein durch Informationen geweckt wird (Schanz 1994, S. 393). Das bedeutet, die Beteiligten über die Situation zu informieren, damit sie dadurch die Notwendigkeit eines Logistik-Controlling erkennen. Aber das Verständnis dafür, dass es sinnvoll ist, diese Maßnahmen zu ergreifen, reicht allein nicht aus, um Widerstände zu vermeiden. Denn das Verhalten wird vor allem durch die Erwartungen über die eigene zukünftige Situation bestimmt. Die Mitarbeiter, die positive Erwartungen mit der Einführung des Logistik-Controlling verknüpfen, werden den Prozess unterstützen. Sie sind die „Promotoren" im Einführungsprozess, die entweder durch ihre hierarchische Stellung den Prozess vorantreiben (Machtpromotoren) oder dazu ihr Fachwissen einsetzen (Fachpromotoren) (Witte 1973, S. 15f.). Bei der Einführung des Logistik-Controlling sind die Machtpromotoren die Mitarbeiter der Logistikführung und der Krankenhausleitung. Sie erwarten, dass sie in ihren Aufgaben entlastet werden und die Krankenhauslogistik und somit das Krankenhaus insgesamt ein besseres Ergebnis erzielt. Für den Erfolg des Einführungsprozesses ist es wichtig, dass die Machtpromotoren das Logistik-Controlling in seinen Aufgaben voll und ganz unterstützen (vgl. Baier 1994, S. 127). Fachpromotoren können sowohl aus dem Controlling als auch aus der Logistik stammen, die z.B. durch eine verbesserte Planung Erleichterungen und Verbesserungen in ihrer Arbeit erwarten und dafür ihr Fachwissen zur Verfügung stellen.

Meistens sind Promotoren in der Minderheit. Daher müssen Maßnahmen ergriffen werden, mit denen die Einführung des Logistik-Controlling unterstützt werden kann. Hierfür stehen drei Strategien zur Verfügung (vgl. Chin/Benne 1975, S. 45f.), die von unterschiedlichen Vorstellungen ausgehen.

Bei der *empirisch-rationalen-Strategie* wird davon ausgegangen, dass Menschen rational reagieren und die Veränderungen akzeptieren, die ihnen vorteilhaft erscheinen. Ein Instrument solch einer Strategie ist, die Betroffenen über die geplanten Maßnahmen zu informieren und vor allem die Vorteile zu verdeutlichen. Darüber hinaus ist es sinnvoll, die Mitarbeiter frühzeitig in den Veränderungsprozess mit einzubinden und Erwartungen durch Anreize, wie z.B. verbesserte Arbeitsbedingungen, positiv zu beeinflussen.

Die *normativ-reedukative-Strategie* geht davon aus, dass nicht nur rationale Verhaltensstrukturen bei Veränderungsmaßnahmen wirksam werden, sondern dass das Handeln an sich durch soziokulturelle Normen gesteuert wird. Das bedeutet, dass sich das Verhalten gegenüber den Veränderungsmaßnahmen nur dann ändert, wenn sich die Einstellungen und Werte der Beteiligten verändern. Das ist z.B. möglich, indem im Krankenhaus die Philosophie aufgebaut wird, dass Patienten möglichst geringe Wartezeiten haben sollen. Wenn diese Einstellung in den Köpfen der Mitarbeiter verankert ist, dann wird das Logistik-Controlling als Hilfsmittel akzeptiert.

Allerdings wird in der Praxis meistens die *Macht- und Zwangsstrategie* angewandt, wie z.B. die im letzten Abschnitt vorgestellte Strategie des „Bombenwurfs" (siehe CSC Index 1994, S.3f.; Grimmeisen 1998, S. 188). Mittels hierarchischer Macht wird das neue Konzept eingeführt. Damit kann zwar die Einführung des Logistik-Controlling durch den Widerstand der Mitarbeiter nicht verhindert werden, aber die Mitarbeiter können ihre Unzufriedenheit mit dieser Situation auf eine andere Art und Weise zeigen. Sie führen z.B. mit Absicht Pannen herbei oder schränken die Leistungen ein, indem nur das Nötigste erledigt wird. Daher ist diese Strategie auf lange Sicht nicht zu empfehlen.

Für die Implementierung des Logistik-Controlling ist es empfehlenswert, sowohl die empirisch-rationale-Strategie als auch die normativ-reedukative Strategie einzusetzen. Da die Krankenhauslogistik in der Praxis bisher wenig Beachtung findet, muss zunächst ein Problembewusstsein dafür geschaffen werden. Dazu ist es notwendig, die Mitarbeiter mit Informationen zu versorgen und durch ein Leitbild diese Gedanken in der täglichen Arbeit zu verankern.

5. Kapitel: Zusammenfassung

Krankenhäuser werden zunehmend dazu veranlasst, neben den medizinischen auch betriebswirtschaftliche Gesichtspunkte bei der Betriebsführung zu berücksichtigen. Einerseits übt der Gesetzgeber Druck auf die Kosten aus, indem die Krankenhausleistungen mit Entgelten vergütet werden, die die krankenhausindividuelle Kostensituation nicht berücksichtigen (Fallpauschale, Sonderentgelt, DRG). Andererseits werden Krankenhäuser durch die gewählte Rechtsform vermehrt von den öffentlichen Verwaltungen gelöst und somit dazu veranlasst, die Betriebsführung eigenständig zu übernehmen. Ferner sind die Ansprüche der Patienten an die Versorgung im Krankenhaus gestiegen.

Erschwert wird die betriebliche Führung dadurch, dass die Organisationsstruktur sehr komplex ist. Zusätzlich besteht das Problem, dass die Krankenhausleistungen an sich wenig Ansatzpunkte bieten, um die Kosten zu senken. So lassen sich Vorteile durch Standardisierung der medizinischen Leistungen oder den Einsatz von Maschinen statt Menschen nur sehr begrenzt ausnutzen. Außerdem müssen die Patienten dann versorgt werden, wenn sie es benötigen. Daher sind die medizinischen Leistungen vorab nicht planbar, und Abnahmeschwankungen können durch Vorratshaltung kaum ausgeglichen werden.

Aus diesen Gründen ist das Krankenhausmanagement dazu aufgefordert, neue Kostensenkungspotenziale zu erschließen, aber auch den hohen Ansprüchen der Patienten gerecht zu werden. Vor diesem Hintergrund galt es in dieser Arbeit die Krankenhauslogistik zu analysieren und dafür ein Logistik-Controllingsystem zu untersuchen.

Zur *Analyse der Krankenhauslogistik* wurde zwischen dem Leistungs- und Führungssystem unterschieden. Das Leistungssystem der Krankenhauslogistik umfasst den Transport und die Lagerung von Patienten, Gütern und Informationen von der Beschaffung über die Leistungserstellung bis zur Entsorgung. Da sich die Untersuchung auf den Bereich der Leistungserstellung konzentrierte, wurden spezielle Fragen der Beschaffung und Entsorgung außer acht gelassen. Das logistische Führungssystem beinhaltet die Teilsysteme Planung, Kontrolle, Informationsversorgung, Organisation und Personalführung. Ziel der Führungshandlungen ist, einen hohen Servicegrad zu erreichen, indem die Zeiten der logistischen Leistungen minimiert werden und ein hohes Maß an Flexibilität und Zuverlässigkeit gegeben ist. Außerdem wird angestrebt, die Kosten zu minimieren. Zusammengenommen ist das oberste Ziel die Wirtschaftlichkeit von logistischen Leistungen. Dieses Ziel kann operationalisiert werden, indem ein Standard für den Servicegrad vorgegeben wird, der mit den geringsten Kosten zu erlangen ist.

Diese Ziele zu erreichen wird dadurch erschwert, dass logistische Leistungen viele verschiedene selbstständig agierende Bereiche berühren und von verschiedenen Berufsgruppen ausgeführt werden. Das hat zur Folge, dass ein hoher Abstimmungsbedarf zwischen der Logistik und den Leistungsbereichen bewältigt werden muss. Allein beim Versorgen der Patienten mit Essen bestehen fünf Schnittstellen zwischen den Leistungsbereichen Küche, Pflege und Logistik. Außerdem wird es dann schwieriger, die Logistik zielorientiert zu führen, wenn viele verschiedene spezialisierte medizinische Einzelleistungen angeboten werden, weil dadurch vermehrt Transport- und Lagerleistungen benötigt werden. Daneben müssen die Auswirkungen berücksichtigt werden, die durch das oder die Krankenhausgebäude auf die Transportwege und durch die zur Verfügung stehenden technischen Anlagen auf die Transport- und Lagermöglichkeiten bestehen.

Da es nicht einfach ist, die Krankenhauslogistik zielorientiert zu führen, liegt es nahe zu untersuchen, wie die Logistikführung in ihren Aufgaben unterstützt werden kann. Solch eine Unterstützungsfunktion hat das *Controlling* inne, das in dieser Arbeit als Koordinationsinstrument für die Führung verstanden wird. Das heißt, dass das Controlling die einzelnen Führungshandlungen aufeinander abstimmt, indem es systembildend ein Planungs-, Kontroll- und Informationssystem aufbaut und systemkoppelnd koordinierend in das Führungshandeln eingreift. Für die Logistikführung im Krankenhaus besteht sogar mehrfacher Koordinierungsbedarf: Die Logistikführung ist mit der Krankenhausgesamtführung und den Führungssubsystemen Beschaffung, Leistungserstellung und Entsorgung abzustimmen. Ferner sind die logistischen Führungsteilsysteme Planung, Kontrolle und Informationsversorgung aneinander anzupassen.

Da die Logistik im Bereich der Leistungserstellung eng mit den medizinischen Leistungen verknüpft ist, sind die Transport- und Lagerleistungen nur bedingt plan- und standardisierbar. Zudem haben die verschiedenen Berufsgruppen ein Interesse daran, dass ihre jeweiligen Ansprüche bezüglich der Lager- und Transportleistungen berücksichtigt werden. Bei der Entwicklung eines Planungs-, Kontroll- und Informationssystems waren solche Bedingungen zu berücksichtigen.

Zunächst wurden die Aufgaben des krankenhauslogistischen Planungs-, Kontroll- und Informationssystems herausgearbeitet. Anschließend wurden die einzelnen Instrumente daraufhin untersucht, ob sie sich zur Anwendung in der Krankenhauslogistik eignen oder ob Anpassungen vorgenommen werden müssen. Da Planungen die prognostizierten Größen für die Kontrollen vorgeben und deren Ergebnisse wiederum in die Planungen einfließen, sind diese beiden Führungsteilsysteme nicht voneinander zu trennen. Aus diesem Grund wurden sie zusammen abgehandelt.

Die *Aufgaben der Logistikplanung und -kontrolle* werden durch die staatlichen Krankenhauspläne und die externen Kontrollen, durch die Logistikleistungen und durch die Koordinierungsfunktion des Controllings beeinflusst. Des Weiteren gehört es zu den Aufgaben, die Logistikplanung in die Krankenhausgesamtplanung zu integrieren.

Die Untersuchung verschiedener *Planungsinstrumente des strategischen und operativen Controllings* hat ergeben, dass alle Instrumente an die Bedingungen der Krankenhauslogistik angepasst werden konnten und anwendbar sind (detaillierte Zusammenfassung im Abschnitt 4.B.I.d)). Mit diesem Instrumentarium steht den Verantwortlichen in Krankenhäusern ein Planungs- und Kontrollsystem zur Verfügung, welches ermöglicht, logistische Strategien zu entwickeln, die Transport- und Lagerkosten zu senken und Verbesserungsmöglichkeiten für die Leistungserbringung zu identifizieren. Problematisch in der Anwendung sind vor allem der hohe Zeit- und Planungsaufwand und die Ermittlung der erforderlichen Daten für die Planung. Für die Ermittlung der Daten ist das Logistikinformationssystem verantwortlich, welches als ein weiterer Bestandteil des Logistik-Controllingsystems in dieser Arbeit untersucht wurde.

Die *Aufgaben* des Logistik-Controlling im Krankenhaus bezüglich des *Logistikinformationssystems* bestehen in der Koordination des Informationssystems mit dem Planungs- und Kontrollsystem und mit dem Krankenhausinformationssystem. Das heißt, die im Informationssystem gewonnenen Daten und das Planungs- und Kontrollsystem sind einander anzupassen. Darum ist eine Logistikkostenrechnung so aufzubauen, dass sie sich in die Krankenhauskostenrechnung integrieren lässt. Ferner sind die Berichte über die Logistik mit dem allgemeinen Berichtswesen abzustimmen. Außerdem gehört es zu den Aufgaben, das Informationsangebot an die spezifischen Informationsbedürfnisse, die sich durch die Art der Aufgabenerfüllung, durch gesetzliche Dokumentationsvorschriften und den persönlichen Eigenschaften der Empfänger ergeben, anzupassen.

Der Schwerpunkt der Untersuchung bezüglich der *logistischen Informationsinstrumente* lag auf der Kosten- und Leistungsrechnung. Da die Logistikkosten- und -leistungsrechnung an die Krankenhauskostenrechnung anzupassen ist, wurde diese in groben Zügen dargestellt. Die hervorzuhebenden Merkmale sind, dass die Krankenhauskostenrechnung, die zur Ermittlung der Pflegesätze dient, auf pagatorischen Kosten beruht und dass die pauschalen Entgelte nachkalkuliert werden können, indem Verrechnungssätze ermittelt werden. Dabei ist gesetzlich geregelt, welche Kostenarten zur Kalkulierung welcher Pflegesätze hinzugezogen werden.

In der Untersuchung wurden die logistischen Kostenarten, und wie sie zu erfassen sind, herausgearbeitet. Hierbei wurde der wertmäßige Kostenbegriff, also die Einbeziehung der kalkulatorischen Kosten, zugrundegelegt. Ferner wurde ein Kostenstellenplan für Krankenhäuser aufgestellt, der logistische Kostenstellen ausweist. Anhand eines Beispiels wurde zudem gezeigt, wie Leistungen zwischen Logistikvor- und –endkostenstellen zu verrechnen sind. Als Letztes wurden logistische Kostenträger definiert und Kalkulationsverfahren erläutert. Dieses Vorgehen nach der Vollkostenrechnung hat die Vorteile, dass sie sich ohne großen Aufwand an das bestehende Kostenrechnungssystem angliedern lässt und die Verfahren im Krankenhaus als bekannt vorausgesetzt werden können.

Allerdings lässt sich die Logistik mit diesen Daten nur schwer steuern. Der Grund dafür ist, dass alle Kosten auf Kostenträger verteilt werden, wobei die Verteilung der Kostenträgergemeinkosten lediglich auf Annahmen beruhen kann. Daher wurde aufgezeigt, wie sich die Teilkostenrechnung, bei der nur direkt zurechenbare Kosten verteilt werden, in der Krankenhauslogistik anwenden lässt. Vor allem die relative Einzelkostenrechnung nach RIEBEL wird als praktikabel angesehen. Allerdings muss dann, wenn in die Entgeltkalkulation Logistikkosten einfließen sollen, außerdem eine Vollkostenrechnung durchgeführt werden. Als ein Kostenrechnungsverfahren, das in Zukunft für die Krankenhauslogistik an Bedeutung gewinnt, wird die Prozesskostenrechnung gehalten. Sie liefert ein großes Informationspotenzial, lässt sich an die Krankenhauskostenrechnung angliedern, und die so ermittelten Logistikkosten können in die Patiententgeltkalkulation einfließen. Nachteilig ist allerdings, dass ein recht hoher Aufwand damit verbunden ist, die Prozesse zu definieren und zu bewerten.

Ein weiteres Logistikinformationsinstrument ist das Berichtswesen. Logistische Berichte sollten Daten über Transport- und Lagerleistungen, den personellen und medizinischen Bereich und die Umwelt enthalten. Es wurde dargelegt, wie Berichte in inhaltlicher, formaler, personeller und zeitlicher Hinsicht aussehen sollten. Inhaltlich bestehen Berichte großenteils aus Kennzahlen. Daher wurde ein Kennzahlensystem entworfen. Dieses Kennzahlensystem ist in vier Bereiche untergliedert und weist drei Analyseebenen auf. Es hat den Vorteil, dass das individuelle Kennzahlensystem, je nachdem, welche Ziele damit verfolgt werden, zusammengestellt werden kann.

Als abschließende Fragestellung wurde in dieser Arbeit die *Problematik der Einführung eines Logistik-Controlling* im Krankenhaus bearbeitet. Die zentrale Frage hierbei ist, wie vorab geklärt werden kann, ob aus wirtschaftlichen Gesichtspunkten es gerechtfertigt ist, Logistik-Controlling zu installieren. Dabei lässt sich der Nutzen nur schätzen, indem die Leistungs- und Lagerstrukturen des Krankenhauses und die Verweildauern der Patienten überprüft werden. Wenn die medizinischen Leistungen aus vielen Einzelleistungen bestehen, die hochgradig spezialisiert sind, und es viele dezentrale Lager gibt und die Verweildauern der Patienten sehr kurz sind, dann lässt sich ein Nutzen des Logistik-Controlling vermuten. Der

Nutzen besteht in einem besseren Logistikservice und Kostensenkungen. Dem Nutzen sind die Kosten gegenüberzustellen, die sich durch die Planungskosten bei der Einführung, die Pflege- und Wartungskosten des Informationssystems und die Personalkosten ergeben.

Ferner wurde untersucht, welche Strategien sich zur Einführung des Logistik-Controlling eignen. Es stellte sich heraus, dass es bei einer begrenzten Zeitvorgabe und zur Motivation der Mitarbeiter vorteilhaft ist, das gesamte System in Teilprojekte zu untergliedern und diese stufenweise oder nach einem festgelegten Zeitrahmen einzuführen. Unterstützend kann als Planungsinstrument die Netzplantechnik eingesetzt werden und ein externer Berater hinzugezogen werden. Aber trotzdem ist bei der Einführung eines Logistik-Controlling mit Widerständen der unterschiedlichen Berufsgruppen zu rechnen, da z.B. Rationalisierungsmaßnahmen befürchtet werden, die den eigenen Arbeitsplatz gefährden können. Daher ist es wichtig, dass das Problembewusstsein der Mitarbeiter für die Logistik geweckt wird. Erst dann werden sie den Nutzen eines Logistik-Controlling erkennen und dessen Einführung unterstützen.

Trotz der aufgezeigten Probleme, die bei der Anwendung und in der Einführung eines Logistik-Controllingsystems im Krankenhaus auftreten können, ist das hervorzuhebende Ergebnis dieser Arbeit, dass Krankenhäuser mit den entwickelten Planungsinstrumenten des strategischen und operativen Controllings und dem Logistik-Informationssystem die Möglichkeit haben, ihre Logistik zu optimieren. Dadurch haben Krankenhäuser die Chance, Transport- und Lagerleistungen so zu steuern, dass sie neben ärztlichen und pflegerischen Leistungen ein Potenzial erhalten, mit dem sie sich erfolgreich den Herausforderungen der Zukunft stellen können.

LITERATURVERZEICHNIS

Adam, Dietrich (1972): Krankenhausmanagement im Konflikt zwischen medizinischen und wirtschaftlichen Zielen, Wiesbaden.

Adam, Dietrich (1993): Krankenhaus, in: Handwörterbuch des Rechnungswesens, hrsg. von Klaus Chmielewicz und Marcell Schweitzer, 3., völlig neu gestalt. und erg. Aufl., Stuttgart, Sp. 1289-1315.

Adam, Dietrich (1997): Krankenhauslogistik, in: Vahlens großes Logistik Lexikon, hrsg. von Jürgen Bloech und Gösta B. Ihde, München, S. 459-461.

Adam, Dietrich (2000): Investitionscontrolling, 3., völlig neu bearb. und wesentl. erw. Aufl., München.

Altrogge, Günter (1993): Netzplantechnik, in: Handwörterbuch der Betriebswirtschaft, Teilband 2., I-Q, hrsg. von Waldemar Wittmann, 5., völlig neu gestalt. Aufl., Stuttgart, Sp. 2907-2924.

Amann, Steffen (2000): Mehrwert durch pharmazeutische Logistik: Die Krankenhausapotheke ist heute mehr als nur Arzneilieferantin, in: Krankenhaus-Umschau, 56. Jg., Heft 11, S. 1012-1018.

Armour, Gordon Charles und Elwood Spencer Buffa (1963): A Heuristic Algorithm and Simulation Approach to the Relative Location of Facilities, in: Management Science, 9. Jg., Heft 2, S. 294-304.

Arnold, Ulli (1999): Basisstrategien des Outsourcing aus Sicht des Beschaffungsmanagement, in: Controlling, 11. Jg., Heft 7, S. 309-316.

Axtner, Wilfried (1978): Krankenhausmanagement: Empfehlungen zu Zielen, Rechtsform, Organisation, Information und Führung auf der Grundlage einer empirischen Untersuchung, 1. Aufl., Baden-Baden.

Baier, Peter (1994): Führen mit Controlling, Berlin u.a.

Baumgarten, H. und A. Wiegand (1997a): Logistikkette, in: Vahlens großes Logistik Lexikon, hrsg. von Jürgen Bloech und Gösta B. Ihde, München, S. 588.

Baxmann, Manfred (1992): Controlling-Managementinstrument zur Führung des Krankenhauses, in: Das Krankenhaus, 84. Jg., Heft 9, S. 447-452.

Bea, Franz Xaver, Erwin Dichtl und Marcell Schweitzer (2001): Allgemeine Betriebswirtschaftslehre, Band 2: Führung, 4. durchges. Aufl., Stuttgart u.a.

Belenky, Alexander S. (1998): Operations Research in Transportation Systems: Ideas and Schemes of Optimization Methods for Strategic Planning and Operations Mangement, Dordrecht u.a.

Benz, Winfried (1989): Öffentlicher Dienst, in: Handwörterbuch der Öffentlichen Betriebswirtschaft, hrsg. von Klaus Chmielewicz und Peter Eichhorn, Stuttgart, Sp. 1202-1213.

Berens, W. (1997): Prozesskostenrechnung, in: Vahlens großes Logistik Lexikon, hrsg. von Jürgen Bloech und Gösta B. Ihde, München, S. 858-859.

Berthel, Jürgen (1992): Informationsbedarf, in: Handwörterbuch der Organisation, hrsg. von Erich Frese, 3., völlig neu gest. Aufl., Stuttgart, Sp. 872-886.

Bichler, Klaus (1997): Beschaffungs- und Lagerwirtschaft: praxisorientierte Darstellung mit Aufgaben und Lösungen, 7., vollst. überarb. Aufl., Wiesbaden.

Bichler, Klaus; Wolfgang Gerster und Rupert Reuter (1994): Logistik-Controlling mit Benchmarking; Praxisbeispiele aus Industrie und Handel, Wiesbaden.

Birk, Stefan (1991): Berichtssysteme: operative Berichterstattung in Konzernen, Herrsching.

Bleicher, Knut (1993): Führung, in: Handwörterbuch der Betriebswirtschaft, 1.Bd., hrsg. von Waldemar Wittmann et al., 5., völlig neu gestalt. Aufl., Stuttgart, Sp. 1270-1284.

Bloech, Jürgen (1994): Berichte in der strategischen Planung, Instrumente, Vorgehensweisen und Informationssysteme, hrsg. von Jürgen Bloech, Uwe Götze und Friedhelm Rudolph, Heidelberg, S. 193-208.

Bloech, Jürgen (1995): Totales Logistik Management, in: Branchenübergreifende Erfolgsfaktoren: Controlling, Organisation, Logistik, Wachstum, hrsg. von Bernt R. A. Sierke und Frank Albe, Wiesbaden, S. 37-49.

Bloech, Jürgen (1996): Outsourcing – Wirtschaftlichkeitsmaße für Unternehmungen mit ausgegliederten Teilsystemen, in: Outsourcing, Stuttgart, S. 149-162.

Bloech, Jürgen (1997a): Logistikgeschichte, in: Vahlens großes Logistik Lexikon, hrsg. von Jürgen Bloech und Gösta B. Ihde, München, S. 577-579.

Bloech, Jürgen (1997b): Mikrologistik, in: Vahlens großes Logistik Lexikon, hrsg. von Jürgen Bloech und Gösta B. Ihde, München, S. 719-721.

Bloech, Jürgen und Gösta-B. Ihde (1972): Betriebliche Distributionsplanung: Zur Optimierung der logistischen Prozesse, Würzburg u.a.

Bloech, Jürgen und Wolfgang Lücke (1982): Produktionswirtschaft, Stuttgart.

Böckenhoff, Norbert; Stephan Dransfeld; Bettina Hailer und Horst A. Jeschke (1995c): Was bringt Outsourcing?, in: Outsourcing im Klinikbereich, Fremdvergabe krankenhausspezifischer Leistungen, hrsg. von Horst A. Jeschke und Bettina Hailer, Kulmbach, S. 56-71.

Böckenhoff, Norbert; Stephan Dransfeld; Bettina Hailer und Horst A. Jeschke (1995a): Der Begriff Outsourcing meint die Übertragung von Aufgaben an Dritte, in: Outsourcing im Klinikbereich, Fremdvergabe krankenhausspezifischer Leistungen, hrsg. von Horst A. Jeschke und Bettina Hailer, Kulmbach, S. 19-20.

Böckenhoff, Norbert; Stephan Dransfeld; Bettina Hailer und Horst A. Jeschke (1995b): Outsourcing als Entscheidungsproblem, in: Outsourcing im Klinikbereich, Fremdvergabe krankenhausspezifischer Leistungen, hrsg. von Horst A. Jeschke und Bettina Hailer, Kulmbach, S. 23-42.

Bogaschewsky, R. (1997): Lagerhaltung, in: Vahlens großes Logistik Lexikon, hrsg. von Jürgen Bloech und Gösta B. Ihde, München, S. 482-483.

Böing, Winfried (1990): Interne Budgetierung im Krankenhaus: Beziehungen zur externen Budgetierung, Gestaltungsformen, Voraussetzungen und Steuerungsmöglichkeiten, Heidelberg.

Bölte, Andreas (1994): Modelle und Verfahren zur innerbetrieblichen Standortplanung, Heidelberg.

Bramel, Julien und David Simchi-Levi (1999): The Logic of logistics: theory, algorithms, and aplications for logistics management, 2. Aufl., New York u.a.

Braun, Günther E. (1994): Betriebswirtschaftliche Aspekte eines modernen Krankenhausmanagements, in: Zeitschrift für öffentliche und gemeinwirtschaftliche Unternehmen, 17. Jg., Heft 2, S. 141-155.

Brede, Helmut (1968): Die wirtschaftliche Beurteilung von Verwaltungsentscheidungen in der Unternehmung, Köln/Opladen.

Brede, Helmut (1975): Kontrolle, betriebliche, in: Handwörterbuch der Betriebswirtschaft, hrsg. von Erwin Grochla und Waldemar Wittmann, 4., neu gestalt. Aufl., Stuttgart, Sp. 2218-2220.

Brede, Helmut (1978): Die Eignung des kostenrechnerischen Konzepts der Deckungsbeitragsrechnung für Krankenhäuser, in: Zeitschrift für öffentliche und gemeinwirtschaftliche Unternehmen, 1. Jg., Heft 3, S. 1-15.

Brede, Helmut (1989): Ziele öffentlicher Verwaltungen, in: Handwörterbuch der Öffentlichen Betriebswirtschaft, hrsg. von Klaus Chmielewicz und Peter Eichhorn, Stuttgart, Sp. 1867-1877.

Brede, Helmut (2000): Die Einführung einer Kosten- und Leistungsrechnung in der öffentlichen Verwaltung – auch eine Frage des Vorgehens, in: Neues öf-entliches Rechnungswesen, Stand und Perspektiven, hrsg. von Dietrich Budäus, Willi Küpper und Lothar Streitferdt, Wiesbaden.

Brede, Helmut (2001a): Betriebswirtschaftslehre: Einführung, 7., unwesentl. veränd. Aufl., München u.a.

Brede, Helmut (2001b): Grundzüge der Öffentlichen Betriebswirtschaftslehre, München u.a.

Brettel, Malte (1999): Krankenhauslogistik, in: Handbuch Logistik: Management von Material- und Warenflussprozessen, hrsg. von Jürgen Weber und Helmut Baumgarten, Stuttgart, S. 764-773.

Brink, Alfred (1990): Netzplantechnik, in: WISU, 19. Jg., Heft 7, S. 405-408.

Brockhaus Enzyklopädie (1997): Band 12, Kir.-Lagh. 20., überarb. und akt. Aufl., Leipzig u.a.

Brockhaus Enzyklopädie (1998): Band 16, Nore.-Pert., 20., überarb. und akt. Aufl., Leipzig u.a.

Brockhoff, Klaus und Jürgen Hauschildt (1993): Schnittstellen-Management-Koordination ohne Hierarchie, in: Zeitschrift für Organisation, 62. Jg., Heft 6, S. 396-403.

Burkart, Stefan (1995): Die richtige Wahl: Die Vergabe von Reinigungs- und Transportleistungen aus Sicht eines Anbieters, in: Outsourcing im Klinikbereich, Fremdvergabe krankenhausspezifischer Leistungen, hrsg. von Horst A. Jeschke und Bettina Hailer, Kulmbach, S. 261-273.

Camillus, John C. (1984): Budgeting for profit: how to exploit the potential of your business, Pennsylvania.

Camp, Robert C. (1994): Benchmarking, München u.a.

Ceynowa, Klaus und Andrè Coners (1999): Kostenmanagement für Hochschulbibliotheken, Frankfurt am Main.

Chin, Robert und Kenneth D. Benne (1975): Strategien zur Veränderung sozialer Systeme, in: Änderung des Sozialverhaltens, hrsg. von Warren G. Bennis, Kenneth D. Benne und Robert Chin, Stuttgart, S. 43-78.

Clade, Harald (2000): Das australische Fallpauschalensystem ist das medizinisch differenzierteste und modernste, in: führen & wirtschaften im Krankenhaus, 17. Jg., Heft 4, S. 340-342.

Clarke, G. und J. W. Wright (1964): Schedulding of vehicles from a Central Depot to a Number of Delivery Points, in: Operation Research, Vol.12, S. 568-581.

Coenneberg, Adolf G. und Thomas Günther (1990): Der Stand des strategischen Controlling in der Bundesrepublik Deutschland, Ergebnisse einer empirischen Untersuchung, in: Die Betriebswirtschaft, 50. Jg., Heft 4, S. 459-470.

Cooper, R. und R.S. Kaplan (1988): Measure Costs Right: Make the right decisions, Harvard Business Review 66, S. 96-103.

Cooper, Robin und Robert S. Kaplan (1993): Prozessorientierte Systeme: Die Kosten der Ressourcennutzung messen, in: Prozesskostenrechnung – Methodik, Anwendung und Softwaresysteme, hrsg. von Wolfgang Männel, Kostenrechnungspraxis, o. Jg. 1993, Sonderheft 2, S. 7-14.

Corsten, Hans (2001): Dienstleistungsmanagement, 4. bearb. und erw. Aufl., München u.a.

Council of logistics management (o.J.): What it`s all about. Purpose, objectives, programs, policies, Oak Brook, Il.

Coyle, John J.; Edward J. Bardi und C. John Langley Jr. (1996): The Managemnet of Business Logistics, 6th ed., Minneapolis/St.Paul u.a.

CSC Index (1994): State of Reengineering Report. Executive Summary, Cambridge, Massuchates.

Daub, Anke (1997): Branch-and-bound-Verfahren, in: Vahlens großes Logistik Lexikon, hrsg. von Jürgen Bloech und Gösta B. Ihde, München, S. 118-119.

Diederich, Helmut (1989): Ziele öffentlicher Unternehmen, in: Handwörterbuch der öffentlichen Betriebswirtschaft, hrsg. von Klaus Chmielewicz und Peter Eichhorn, Stuttgart, Sp. 1856-1867.

Dilger, Frank (1991): Budgetierung als Führungsinstrument: Budgetierung und ihre spezifischen Anendungsgebiete, Köln.

Dinkelbach, W. (1997): Rundreiseproblem, in: Vahlens großes Logistik Lexikon, hrsg. von Jürgen Bloech und Gösta B. Ihde, München, S. 912.

Diruf, Günther (1997): Tourenplanungssysteme, in: Vahlens großes Logistik Lexikon, hrsg. von Jürgen Bloech und Gösta B. Ihde, München, S. 1074-1078.

Diruf, Günther (1999): Modelle und Methoden der Transportplanung, in: Handbuch Logistik: Management von Material- und Warenflussprozessen, hrsg. von Jürgen Weber und Helmut Baumgarten, Stuttgart, S. 367-391.

DKG (2000): Zahlen, Daten, Fakten 2000, Düsseldorf.

Domschke, Wolfgang (1997): Logistik: Rundreisen und Touren, 4., völlig neu bearb. und erw. Aufl. München u.a.

Domschke, Wolfgang und Andreas Drexl (1996): Logistik, Bd. 3: Standorte, 4., überarb. und erw. Aufl., München u.a.

Domschke, Wolfgang, Andreas Drexl und Gabriela Krispin (1999): Betriebliche Standortplanung, Schriften zur Quantitativen Betriebswirtschaft, Technische Universität Darmstadt, Darmstadt.

Doppler, Klaus und Christoph Lauterburg (2000): Change Management: den Unternehmenswandel gestalten, 9. Aufl., Frankfurt am Main u.a.

Dörfler, Peter (1986): Controlling und Information: Informationsbedarf des Controlling und Informationsangebot unter besonderer Berücksichtigung der Häufigkeiten von Bedarf und Angebot, Göttingen.

Dorow, Wolfgang (1993): Leitungs- und Machtstruktur, in: Handwörterbuch der Betriebswirtschaft, 2.Bd., hrsg. von Waldemar Wittmann et al., 5., völlig neu gestalt. Aufl., Stuttgart, Sp. 2568-2581.

Drumm, Hans-Jürgen (1993): Personalführung, in: Handwörterbuch der Betriebswirtschaft, 2.Bd., hrsg. von Waldemar Wittmann u.a., 5., völlig neu gestalt. Aufl., Stuttgart, Sp. 3099-3114.

Eberhardt, Hans (1994): Wer kann es besser und billiger -Outsourcing- eine Möglichkeit strategischen Handelns?, in: Krankenhaus-Umschau, Heft 4, 63. Jg., S. 252-254.

Ehrmann, Harald (2001): Logistik, 3., überarb. und akt. Aufl., Ludwigshafen (Rhein).

Eichhorn, Peter (1987): Organisations- und Rechtsformen kommunaler Krankenhäuser, in: Krankenhaus Umschau, 56. Jg., Heft 2, S. 101-106.

Eichhorn, Peter (1989): Wirtschaftlichkeit der Verwaltung, in: Handwörterbuch der Öffentlichen Betriebswirtschaft, hrsg. von Klaus Chmielewicz und Peter Eichhorn, Stuttgart, Sp. 1795-1803.

Eichhorn, Peter und Werner Noll (1983): Öffentliche Aufgaben im Wandel, in: Aufgaben öffentlicher und gemeinwirtschaftlicher Unternehmen im Wandel, hrsg. von Peter Eichhorn und Paul Münch, Schriftenreihe der Gesellschaft für öffentliche Wirtschaft und Gemeinwirtschaft, Heft 24, Baden-Baden, S. 39-52.

Eichhorn, Siegfried (1975): Krankenhausbetriebslehre, Theorie und Praxis des Krankenhausbetriebes, Bd.1, Stuttgart u.a.

Eichhorn, Siegfried (1976): Krankenhausbetriebslehre: Theorie und Praxis des Krankenhausbetriebes, Bd. 2, Stuttgart u.a.

Eichhorn, Siegfried (1977): Das Krankenhaus als Dienstleistungsbetrieb - Probleme der Krankenhausökonomie, in: Betriebswirtschaftliche Forschung und Praxis, 29. Jg., Heft 2, S. 120-135.

Eichhorn, Siegfried (1979): Betriebswirtschaftliche Ansätze zu einer Theorie des Krankenhauses, in: Zeitschrift für Betriebswirtschaft, 49. Jg., Heft 3, S. 173-191.

Eichhorn, Siegfried (1980): Organisation der Krankenhausbetriebe, in: Handwörterbuch der Organisation, hrsg. von Erwin Grochla unter Mitarbeit von zahlreichen Fachgelehrten und Experten aus Wissenschaft und Praxis, 2., völlig neu gestalt. Auflage, Stuttgart, Sp. 1141-1149.

Eichhorn, Siegfried (1995): Stand und Perspektiven der Ordnungspolitik in der Krankenhauswirtschaft, in: Krankenhausmanagement im Werte- und Strukturwandel, Handlungsempfehlungen für die Praxis, hrsg. von Siegfried Eichhorn und Barbara Schmidt-Rettig, Stuttgart u.a., S. 1-33.

Eley, Michael und Stefan Nickel (2000): Integrierte Krankenhausplanung: Layout, Ablaufplanung und Transporte, URL: http: //orimgw.itwm.uni-kl.de/Eley.htm, 4 Seiten, Stand: 31.10.2000.

Emmermann, Marco und Ulrich Pieper (1999): Kostendruck beschleunigt Umdenkungsprozess: Eine Expertenrunde aus Wirtschaft und Wissenschaft konzipiert die Krankenhauslogistik der Zukunft, in: Handelsblatt, Sonderbeilage, vom 18.2.1999, Nr. 34, S. 7.

Engelbrecht, Rolf und Klaus Schaefer (1986): Information und Kommunikation im Krankenhaus, Landsberg/Lech.

Etlin, Johannes Melchior (1994): Ansätze für ein integriertes Logistik-Management-Konzept, Freiburg.

Fayol, Henri (1929): Allgemeine und industrielle Verwaltung, München u.a.

Feierabend, Ralf (1987): Beitrag zur Abstimmung und Gestaltung unternehmensübergreifender logistischer Schnittstellen, 2. Aufl., München.

Fieten, R. (1997): Logistik, Organisation der, in: Vahlens großes Logistik Lexikon, hrsg. von Jürgen Bloech und Gösta B. Ihde, München, S. 556-560.

Fischer, Wofram (2000): Das AR-DRG-System ist klinisch und ökonomisch sehr flexibel, in: führen & wirtschaften im Krankenhaus, 17. Jg., Heft 4, S. 336-337.

Francis, Richard L. und John A. White (1974): Facility Layout and Location. An Analytical Approach, Englewood Cliffs, New York.

Friedl, Birgit (1990): Grundlagen des Beschaffungscontrolling, Berlin.

Fröhling, Oliver (1991): Portfoliogestütztes strategisches Logistikmanagement, in: Die Betriebswirtschaft, 51. Jg., Heft 5, S. 673-677.

Gatermann, Hans-Evert (1988): Entwicklungen in der betrieblich-baulichen Grundkonzeption Allgemeiner Krankenhäuser, in: Krankenhausökonomie in Wissenschaft und Praxis, Festschrift für Siegfried Eichhorn zum 65. Geburtstag, Kulmbach, S. 144-153.

Geschka, Horst (1999): Die Szenario-Technik in der strategischen Unternehmensplanung, in: Strategische Unternehmensplanung, Strategische Unternehmensführung, Stand und Entwicklungstendenzen, hrsg. von Dietger Hahn und Bernhard Taylor, 8., akt. Aufl., Heidelberg, S. 518-545.

Giessler, H. (1976): Beziehungen zwischen der Bauform des Krankenhauses und dem zu wählenden Transportmittel, in: Fördertechnik im Krankenhaus, hrsg. von E. Steinmetz, Essen, S. 33-35.

Gietz, Martin (1994): Computergestützte Tourenplanung mit zeitkritischen Restriktionen, Heidelberg.

Gitter, W. (1990): Anforderungen an die Rechtsform von Krankenhäusern, in: Krankenhaus Umschau, 59. Jg., Heft 9, S. 654-660.

Göpfert, Ingrid (2001): Logistik-Controlling der Zukunft, in: Controlling, 13. Jg., Heft 7, S. 347-355.

Götze, Uwe (1993): Szenario-Technik in der strategischen Unternehmensplanung, 2., akt. Aufl., Wiesbaden.

Götze, Uwe (1994): Strategische Planung auf der Grundlage von Szenarien, in: Strategische Planung, Instrumente, Vorgehensweisen und Informationssysteme, hrsg. von Jürgen Bloech, Uwe Götze, Burkhard Huch, Wolfgang Lücke und Friedhelm Rudolph, Heidelberg, S. 101-124.

Götze, Uwe (1997): Einsatzmöglichkeiten und Grenzen der Prozesskostenrechnung, in: Kostenmanagement: neuere Konzepte und Anwendungen, hrsg. von Carl-Christian Freidank, Uwe Götze, Burkhard Huch und Jürgen Weber, Berlin u.a., S. 141-174.

Götze, Uwe und Jürgen Bloech (1995): Investitionsrechnung: Modelle und Analysen zur Beurteilung von Investitionsvorhaben, 2., überarb. und erw. Aufl., Berlin u.a.

Greiling, Dorothea (1998): Krankenhäuser als Dienstleistungsunternehmen, in: Krankenhaus-Controlling, Konzepte, Methoden und Erfahrungen aus der Krankenhauspraxis, hrsg. von Joachim Hentze, Burkhard Huch und Erich Kehres, Stuttgart, u.a., S. 17-26.

Greiling, Dorothea (2000): Praxis und Probleme der internen Budgetierung, in: Zeitschrift für Betriebswirtschaft, Ergänzungsheft 4, S. 65-87.

Grimmeisen, Markus (1998): Implementierungscontrolling: wirtschaftliche Umsetzung von Change-Programmen, Wiesbaden.

Grochla, Erwin und Helmut Lehmann (1980): Systemtheorie und Organisation, in: Handwörterbuch der Organisation, 2., völlig neu gestalt. Aufl., hrsg. von Erwin Grochla, Stuttgart, Sp. 2204-2216.

Grün, Oskar (1980): Informale Organisation, in: Handwörterbuch der Organisation, hrsg. von Erwin Grochla unter Mitarbeit von zahlreichen Fachgelehrten und Experten aus Wissenschaft und Praxis, 2., völlig neu gestalt. Auflage, Stuttgart, Sp. 881-889.

Grünberg, Axel (1981): Entwicklungen im Krankenhausbau in Deutschland unter Berücksichtigung funktioneller und hygienischer Aspekte, Mainz.

Günther, Hans-Otto und Horst Tempelmeier (1997): Produktion und Logistik, 3., überarb. und erw. Aufl., Berlin u.a.

Gushurst, Klaus-Peter (1990): Implementierung von Controllingsystemen: der Einsatz externer Träger unter besonderer Berücksichtigung mittelständischer Unternehmen, 1. Aufl., Baden-Baden.

Gutenberg, Erich (1983): Grundlagen der Betriebswirtschaft. Die Produktion, 24., unveränd. Aufl., Berlin u.a.

Haberstock, Lothar (1993): Voll- und Teilkostenrechnung, in: Handwörterbuch des Rechnungswesens, hrsg. von Klaus Chmielewicz und Marcell Schweitzer, 3., völlig neu gestalt. und erg. Aufl., Stuttgart, Sp. 2116-2120.

Haberstock, Lothar (1998): Kostenrechnung, Bd.1, Einführung: mit Fragen, Aufgaben und Lösungen, 10., unveränd. Aufl., bearb. von Volker Breithecker, Berlin.

Hahn, Dietger (1979): Konzepte und Beispiele zur Organisation des Controlling in der Industrie, Zeitschrift für Organisation, 48. Jg., S. 4-24.

Hahn, Dietger (1993): Planung und Kontrolle, in: Handwörterbuch der Betriebswirtschaft, 2.Bd., hrsg. von Waldemar Wittmann et al., 5., völlig neu gestalt. Aufl., Stuttgart, Sp. 3185-3200.

Hahn, Dietger (1999): Zweck und Entwicklung der Portfolio-Konzepte in der strategischen Unternehmensplanung, in: Strategische Unternehmensplanung, strategische Unternehmensführung; Stand und Entwicklungstendenzen, 8., akt. Aufl., Heidelberg, S. 403-439.

Hahn, Dietger und Peter Hahn (1998): Entwicklungstendenzen, in: Controlling für das Krankenhaus: strategisch, operativ, funktional, hrsg. von Jochen Breinlinger-O`Reilly und Mario Krabbe, Neuwied u.a., S. 313-339.

Haiber, Thomas (1997): Controlling für öffentliche Unternehmen: Konzeption und instrumentelle Umsetzung aus der Perspektive des New-public-Management, München.

Hansen, Klaus (1980): Bewertung von Investitionen in Krankenhäusern und geltendes Finanzierungsrecht, in: Betriebliche Forschung und Praxis, 32. Jg., Heft 2, S. 153-166.

Hansen, Klaus (1989): Krankenhäuser, in: Handwörterbuch der Öffentlichen Betriebswirtschaft, hrsg. von Klaus Chmielewicz und Peter Eichhorn, Stuttgart, Sp. 839-847.

Hardt, Peter (1996): Die Organisation dienstleistungsorientierter Unternehmen, Wiesbaden.

Hardt, Rosemarie (1995): Entwicklung eines Informationssystems für das Logistik-Controlling auf der Basis der Prozesskostenrechnung, Hannover.

Heinz, Armin und Andreas Brandt (1999): Simulationsmodelle, in: Handbuch Logistik: Management von Material- und Warenflussprozessen, hrsg. von Jürgen Weber und Helmut Baumgarten, Stuttgart, S. 392-411.

Henning, Sven und Manfred Meyer (2000): Verbrauchsgüter, in: Krankenhaus Management, hrsg. von Peter Eichhorn, Hans-Jürgen Seelos und J.-Matthias Graf von der Schulenburg, München u.a., S. 422-443.

Hentze, Joachim und Erich Kehres (1999): Kosten- und Leistungsrechnung in Krankenhäusern: systematische Einführung, 4., überarb. Aufl., Stuttgart, u.a.

Herbert, Willi (1991): Wertewandel und Anreizattraktivität, in: Handbuch Anreizsysteme in Wirtschaft und Verwaltung, hrsg. von Günther Schanz, Stuttgart, S. 53.69.

Herrmann, H. (1976): Automatische Warentransportanlagen für Großkliniken, dargestellt am Beispiel des zur Zeit im Bau befindlichen Zentralklinikums Augsburg, in: Fördertechnik im Krankenhaus, hrsg. von E. Steinmetz, Essen, S. 4-12.

Herrmann, Renate (2001): Multimedia in der Medizin: Zu Risiken und Nebenwirkungen fragen Sie das World Wide Web, in: führen & wirtschaften im Krankenhaus, 18. Jg., Heft 2, S. 26-129.

Hilgenfeldt, Jörg (1995): Die Einordnung der Logistik in die Organisationsstruktur industrieller Unternehmungen, Köln.

Hill, Wilhelm, Raymond Fehlbaum und Peter Ulrich (1994): Organisationslehre 1, Ziele, Instrumente und Bedingungen der Organisation sozialer Systeme, 5., überarb. Aufl., Bern u.a.

Hofer, Marianne (1987): Patientenbezogene Krankenhausorganisation, Berlin u.a.

Hoffmann, Friedrich (1980): Begriff der Organisation, in: Handwörterbuch der Organisation, hrsg. von Erwin Grochla unter Mitarbeit von zahlreichen Fachgelehrten und Experten aus Wissenschaft und Praxis, 2., völlig neu gestalt. Aufl., Stuttgart, Sp. 1425-1431.

Hoffmann, Friedrich (1992): Aufbauorganisation, in: Handwörterbuch der Organisation, hrsg. von Erich Frese unter Mitarbeit von zahlreichen Fachgelehrten und Experten aus Wissenschaft und Praxis, 3., völlig neu gestalt. Aufl., Stuttgart, Sp. 208-221.

Hoffmann, Hermann (1985): Zur Situation des Krankenhauswesen in der Bundesrepublik Deutschland, hrsg. von der Arbeitsgemeinschaft Deutsches Krankenhaus, Düsseldorf.

Hohmann, Gerhard (1998): Uni-Klinik als Modell für die Hochschulreform, in: Handelsblatt Nr. 2 vom 5.1.1998, S. 5.

Homburg, Carsten (2000): Benchmarking durch Data Envelopment Analysis, in Wirtschaftswissenschaftliches Studium, 29. Jg. Heft 10, S. 583-587.

Hoppe-Tichy, Torsten und Jörg Rühle (2000): Durch kreative Unzufriedenheit zum Erfolg, Die „Best-Practice-Classes“ finden, um von ihnen zu lernen, in: führen & wirtschaften im Krankenhaus, 17. Jg., Heft 5, S. 522-528.

Horchler, Hartmut (1996): Outsourcing, Eine Möglichkeit zur Wirtschaftlichkeitsoptimierung der Unternehmensfunktionen und Unternehmensprozesse, Köln.

Hörmann, Walter (1988): Krankenhausbetriebslehre: Grundzüge der Betriebsführung im Krankenhaus, Wien.

Horváth, Peter (1998): Controlling, 7., vollst. überarb. Aufl., München.

Horváth, Peter und Andreas Brokemper (1999): Prozesskostenrechnung als Logistikkostenrechnung, in: Handbuch Logistik, Management von Material- und Warenflussprozessen, hrsg. von Jürgen Weber und Helmut Baumgarten, S. 523-537.

Horváth, Peter und Reinhold Mayer (1989): Prozesskostenrechnung. Der neue Weg zu mehr Kostentransparenz und wirkungsvolleren Unternehmensstrategien, Controlling 1. Jg., Heft 4, S. 214-219.

Horváth, Peter und Reinhold Mayer (1993): Prozesskostenrechnung – Konzeption und Entwicklungen, in: Prozesskostenrechnung – Methodik, Anwendung und Softwaresysteme, hrsg. von Wolfgang Männel, Kostenrechnungspraxis, o. Jg., Sonderheft 2, S. 15-28.

Hübner, Heinz (1980): Kostenrechnung im Krankenhaus: Grundlagen, Wirtschaftlichkeitsanalyse, Betriebsvergleich; eine systematische Einführung, 2., neu bearb. Aufl., Stuttgart u.a.

Huch, B. (1997): Logistikkostenstellenrechnung, in: Vahlens großes Logistik Lexikon, hrsg. von Jürgen Bloech und Gösta B. Ihde, München, S. 613-615.

Hummel, Siegfried und Wolfgang Männel (2000): Kostenrechnung: Grundlagen, Aufbau und Anwendungen, 4., völlig neu bearb. und erw. Aufl., Nachdruck, Wiesbaden.

Ihde, Gösta B. (1987): Stand und Entwicklung der Logistik, in: Die Betriebswirtschaft, 47. Jg., Heft 6, S. 703-716.

Ihde, Gösta B. (1997a): Logistik, in: Vahlens großes Logistik Lexikon, hrsg. von Jürgen Bloech und Gösta B. Ihde, München, S. 549-552.

Ihde, Gösta B. (1997b): Makrologistik, in: Vahlens großes Logistik Lexikon, hrsg. von Jürgen Bloech und Gösta B. Ihde, München, S. 683-685.

Inderfurth, Karl (1999): Lagerhaltungsmodelle, in: Handbuch Logistik: Management von Material- und Warenflussprozessen, hrsg. von Jürgen Weber und Helmut Baumgarten, Stuttgart, S. 349-366.

Jarchow, Torsten und F. Jäger und J. Ritter (1999): Auf der Suche nach dem Königsweg, die Kosten im Krankenhaus gerecht zuzuordnen, ein Praxisbericht aus dem Marienkrankenhaus Hamburg, in: führen & wirtschaften im Krankenhaus , 16. Jg., Heft 6, S. 530-534.

Juditzki, Iris (2001): Neue LAGA-Richtlinie zur Abfallentsorgung aus Einrichtungen des Gesundheitsdienstes, in: Das Krankenhaus, 93. Jg., Heft 7, S. 597-601.

Jünemann, Reinhardt und Andreas Beyer (1998): Steuerung von Materialfluss- und Logistiksystemen, Informations- und Steuerungssysteme, Automatisierungstechnik, Berlin u.a.

Jung, Jürgen (1986): Optimierung der Lagerbewirtschaftung in einer Spitalapotheke, Frankfurt am Main u.a.

Jüttemann, Herbert (1976): Automatische Warentransportanlage für Krankenhäuser, 1. Aufl., Stuttgart u.a.

Kahle, E. (1997): Savingsvefahren, in: Vahlens großes Logistik Lexikon, hrsg. von Jürgen Bloech und Gösta B. Ihde, München, S. 917.

Kalitta, Nicole (1997): Total Quality Management im Krankenhaus, 1. Aufl., Konstanz.

Kattnigg, Andreas (1991): Die Portfolio-Technik als Instrument zur Unterstützung der strategischen Planung in Krankenhäusern, in: Zeitschrift für öffentliche und gemeinwirtschaftliche Unternehmen, 14. Jg., Heft 3, S. 235-254.

Keisers, Joachim (1993): Einführung in die Krankenhausbetriebslehre, 4., überarb. Aufl., Hagen.

Keun, Friedrich (1999): Einführung in die Krankenhaus-Kostenrechnung: Anpassung an neue Rahmenbedingungen, 3., überarb. Aufl., Wiesbaden.

Kieschoweit, Jürgen (1998): Die Erschließung von Wirtschaftlichkeitspotentialen durch ganzheitliches Logistikmanagement im Krankenhaus, in: Das Krankenhaus, 90. Jg., Heft 1, S. 18-21.

Kilger, Wolfgang (1987): Einführung in die Kostenrechnung, 3., durchges. Aufl., Wiesbaden.

Kirsch, Werner, Ingolf Bamberger, Eduard Gabele und Karl Klein (1973): Betriebswirtschaftliche Logistik, Systeme, Entscheidungen, Methoden, Wiesbaden.

Knorr, Karl Ernst (1995): Ausgliederung von Krankenhausbereichen, -abteilungen und -betrieben, in: Das Krankenhaus, 87. Jg., Heft 4, S. 175-181.

Koch, Heinz Joachim (1988): Krankenhausökonomie - Ansätze und Ergebnisse einer Betriebswirtschaftslehre für Krankenhäuser, zugleich eine Würdigung des wissenschaftlichen Werkes Siegfried Eichhorns, in: Krankenhausökonomie in Wissenschaft und Praxis, Festschrift für Siegfried Eichhorn zum 65. Geburtstag, Kulmbach, S. 11-14.

Koch, Helmut (1982): Integrierte Unternehmensplanung, Wiesbaden.

Koch, Helmut (1998): Wertmäßiger oder pagatorischer Kostenbegriff, in: Unternehmensrechnung und –besteuerung, Grundfragen und Entwicklungen, hrsg. von Heribert Meffert und Norbert Krawitz, Wiesbaden, S. 635-659.

Koch, Rembert (1994): Betriebliches Berichtswesen als Informations- und Steuerungsinstrument, Frankfurt am Main u.a.

Köhler, R. und W. Görgen (1991): Schnittstellen-Management, in: Die Betriebswirtschaft, 51.Jg, Heft 4, S. 527-529.

Koopmanns, T.C. und M.J. Beckmann (1957): Assignment Problems and the Location of Economic Activities, in: Econometrica 25, Heft 1, S. 53-76.

Kosiol, Erich (1962): Organisation der Unternehmung, Wiesbaden.

Kosiol, Erich (1980): Aufbauorganisation, in: Handwörterbuch der Organisation, hrsg. von Erwin Grochla unter Mitarbeit von zahlreichen Fachgelehrten und Experten aus Wissenschaft und Praxis, 2., völlig neu gestalt. Aufl., Stuttgart, Sp. 179-187.

Kotler, Philip und Friedhelm Bliemel (2001): Marketing-Management: Analyse, Planung und Verwirklichung, 10., überarb. und akt. Aufl., Stuttgart.

Kracke, Lutz-Benno (1994): Ein Dienstleistungscenter für Krankenhäuser?, in: Krankenhaus-Umschau, 63. Jg., Heft 4, S. 255-259.

Kraft, Udo (1998): Problematik der Abfallentsorgung in den Krankenhäusern: Hinweise zur Implementierung einer optimierten Entsorgungslogistik, in: Das Krankenhaus, 90. Jg., Heft 11, S. 683-686.

Krüger, Wilfried (1994): Umsetzung neuer Organisationsstrategien: Das Implementierungsproblem, in: Organisationsstrategien zur Sicherung der Wettbewerbsfähigkeit – Lösungen deutscher Unternehmungen, Zeitschrift für Betriebswirtschaft, Sonderheft 33, hrsg. von Erich Frese und Werner Maly, S. 197-221.

Kruschwitz, Lutz (2000): Investitionsrechnung, 8., neu bearb. Aufl., München.

Kühn, Helmut (1984): Ökonomische Analyse der Medikamentenverteilung im Krankenhaus, Frankfurt am Main u.a.

Kuntz, Ludwig und Stefan Scholtes (1999): Wirtschaftlichkeitsanalyse mittels Data Envelopement Analysis zum Krankenhausbetriebsvergleich, in: Zeitschrift für Betriebswirtschaft, Ergänzungsheft 5, S. 187-206.

Küpper, Hans-Ulrich (1991): Gegenstand, theoretische Fundierung und Instrumente des Investitionscontrolling, in: Zeitschrift für Betriebswirtschaft, Ergänzungsheft 3, S. 167-192.

Küpper, Hans-Ulrich (1992): Logistik-Controlling, in: Controlling, 4. Jg., Heft 3, S. 124-132.

Küpper, Hans-Ulrich (1993): Controlling-Konzept für die Logistik, in: Logistik-Controlling, Konzepte, Instrumente, Wirtschaftlichkeit, hrsg. von Wolfgang Männel, Wiesbaden, S. 39-57.

Küpper, Hans-Ulrich (1997): Controlling: Konzeption, Aufgaben und Instrumente, 2., akt. und erg. Aufl., Stuttgart.

Küpper, Hans-Ulrich (2001): Controlling: Konzeption, Aufgaben und Instrumente, 3., überarb. und erw. Aufl., Stuttgart.

Küpper, Hans-Ulrich und C. Hoffmann (1997): Funktionen des Logistikcontrolling, in: Vahlens großes Logistik Lexikon, hrsg. von Jürgen Bloech und Gösta B. Ihde, München, S. 569-571.

Küpper, Hans-Ulrich und Heinz Hoffmann (1988): Ansätze und Entwicklungstendenzen des Logistik-Controlling in Unternehmen der Bundesrepublik Deutschland: Ergebnisse einer empirischen Erhebung, in: Die Betriebswirtschaft, 48. Jg. Heft 5, S. 587-601.

Küpper, Hans-Ulrich und V. Trauzettel (1997): Logistikcontrolling, in: Vahlens großes Logistik Lexikon, hrsg. von Jürgen Bloech und Gösta B. Ihde, München, S. 566-569.

Küpper, Hans-Ulrich, Jürgen Weber und André Zünd (1990): Zum Verständnis und Selbstverständnis des Controlling, Thesen zur Konsensbildung, in: Zeitschrift für Betriebswirtschaft, 60. Jg., Heft 3, S. 281-293.

Lambert, Douglas M., James R. Stock und Lisa M. Ellram (1998): Fundamental of Logistics Management, Boston u.a.

Lange, Christoph (1990): Transparenz und Flexibilität: Erfolgsfaktoren für Investitionsentscheidungen, in: Controlling, 2. Jg., Heft 3, S. 134-142.

Lange, St. (1976): Krankenhaus-Materialwirtschaft und AWT aus der Sicht des Funktionsplaners, in: Fördertechnik im Krankenhaus, hrsg. von E. Steinmetz, Essen, S. 53-59.

Laux, Eberhard (1992): Organisation der Krankenhausbetriebe, in: Handwörterbuch der Organisation, hrsg. von Erich Frese unter Mitarbeit von zahlreichen Fachgelehrten und Experten aus Wissenschaft und Praxis, 3., völlig neu gestalt. Aufl., Stuttgart, Sp. 1176-1189.

Lavertz, Klaus (1995): Logistik-Controlling im Brennpunkt, Entwicklungsstand der Logistik-Kennzahlen - eine Umfrage, in: Zeitschrift für Logistik, 21. Jg., Heft 3, S. 25-30.

Leititis, Jekabs U. (2000): Stationäre Leistungserbringung unter DRGs, in: Das Krankenhaus, 92. Jg., Heft 11, S. 897-902.

Lingnau, Volker (1998): Geschichte des Controllings, in: WiSt, Heft 6, S. 274-281.

Lochstampfer, Peter (1980): Funktionale Organisation, in: Handwörterbuch der Organisation, hrsg. von Erwin Grochla unter Mitarbeit von zahlreichen Fachgelehrten und Experten aus Wissenschaft und Praxis, 2., völlig neu gestalt. Auflage, Stuttgart, Sp. 756-766.

Lochthowe, Rainer (1990): Logistik-Controlling: Entwicklung flexibilitätsorientierter Strukturen und Methoden zur ganzheitlichen Planung, Steuerung und Kontrolle der Unternehmenslogistik, Frankfurt am Main u.a.

Lorenser, Hans (1976): Organisations- und Rechtsform des Krankenhauses, in: Zeitschrift für Organisation, 45 Jg., Heft 7, S. 371-374.

Lorenser, Hans (1987): Rechtlich-organisatorische Voraussetzungen eines effizienten Krankenhausmanagements, in: Krankenhaus-Umschau, 56. Jg., Heft 2, S. 107-109.

Lorenzen, Klaus Dieter (1998): Logistik-Kostenrechnung – Die vergessene Grundlage eines effektiven Logistik-Managements, Gernsbach.

Lücke, Wolfgang (1991): Investitionslexikon, hrsg. von Wolfgang Lücke unter Mitarbeit von Jürgen Bloech, 2., völlig neu bearb. und erw. Aufl., München.

Ludes, Horst (2001): Das Logistikkonzept spart zehn Prozent der Kosten ein: Die St. Nikolaus-Stifthospital GmbH hat ihre Ver- und Entsorgung mit Erfolg einem Partner übertragen, in: führen & wirtschaften im Krankenhaus, 18. Jg., Heft 1, S. 48-49.

Maas, Hans-Jürgen (1977): Zielsetzung und Zielerreichung im Krankenhaus, Bochum.

Maltry, Helmut und Holger Strehlau-Schwoll (1997): Kostenrechnung und Kostenmanagement im Krankenhaus, in: Kostenmanagement: neuere Konzepte und Anwendungen, hrsg. von Carl-Christian Freidank, Uwe Götze, Burkhard Huch und Jürgen Weber, Berlin u.a., S. 534-564.

Mann, Rudolf (o.J.): Die Praxis des Controlling: Instrumente, Einführung, Konflikte, München.

Männel, Wolfgang (1997): Outsourcing, in: Vahlens großes Logistik Lexikon, hrsg. von Jürgen Bloech und Gösta B. Ihde, München, S. 777-778.

Männel, Wolfgang (1998): Thesen zum Investitionscontrolling, in: Kostenrechnungspraxis, 42. Jg., Heft 3, S. 173-174.

Meffert, Heribert (1990): Unternehmensberatung und Unternehmensführung – Eine empirische Bestandsaufnahme, in: Die Betriebswirtschaft, 50. Jg., Heft 2, S. 181-197.

Meyer-Schönherr, Mirko (1992): Szenario-Technik als Instrument der strategischen Planung, Ludwigsburg u.a.

Michel, Rudolf; Hans-Dieter Torspecken und Jürgen Jandt (1998): Neuere Formen der Kostenrechnung mit Prozesskostenrechnung – Kostenrechnung 2, 4., überarb. und stark erw. Aufl., München u.a.

Mikus, Barbara (1997): ABC-Analyse, in: Vahlens großes Logistik Lexikon, hrsg. von Jürgen Bloech und Gösta B. Ihde, München, S. 1-2.

Miller, G.J. und T.E. Vollmann (1985): The Hidden Factory, Harvard Business Review 63, S. 142-150.

Minder, J. (1976): Kleine und große Logistik im Krankenhaus, in: Fördertechnik im Krankenhaus, hrsg. von E. Steinmetz, Essen, S. 33-35.

Morf, Karsten (1997): Krankenhausapotheke und Materialwirtschaft, in: Das Krankenhaus-Handbuch: Wegweiser für die tägliche Praxis, hrsg. von Jochen Breinlinger-O'Reilly, Thomas Maess und Roland Trill, Neuwied u.a., S. 93-115.

Morra, Francesco (1996): Wirkungsorientiertes Krankenhausmanagement, Bern u.a.

Mühlen, Mathias (1998): Die Unterstützung der Implementierung von Controllingsystemen in Unternehmen, Lohmar u.a.

Müller, Dagmar und Michael Simon (1994): Steuerungsprobleme des stationären Sektors: Das Krankenhaus zwischen Kostendämpfung und Qualitätssicherung, in: Krankheit und Gemeinwohl: Gesundheitspolitik zwischen Staat, Sozialversicherung und Medizin, hrsg. von Bernhard Blanke, Köln/Opladen, S. 327-372.

Müller-Merbach, Heiner (1997): Entscheidungsbaumverfahren, in: Vahlens großes Logistik Lexikon, hrsg. von Jürgen Bloech und Gösta B. Ihde, München, S. 231-233.

Negele, Hans-Jörg (1993): Unit-dose – eine neues Verteil- und Dokumentationssystem für Arzneimittel: Ergebnisse eines Modellversuchs im Evangelischen Krankenhaus in Witten, in: Das Krankenhaus, 85. Jg., Heft 11, S. 523-528.

Neumann, Wolfgang (1994): Logistik-Controlling, Analysen und Vorschläge für ein koordiniertes logistisches Führungssystem in einem Unternehmen der Kraftfahrzeugzulieferindustrie, München.

Normann, Richard (1987): Dienstleistungsunternehmen, Hamburg.

o.V. (1995): Eingeliefert-ausgeliefert?, in: Test 11 / 95, hrsg. von der Stiftung Warentest, S. 100-106.

o.V. (2001a): Kliniken könnten 2,4 Milliarden DM Logistikkosten sparen, in: FAZ Nr. 217 vom 18.09.2001, S. 20.

o.V. (2001b): Dachau: 1. Kommunale Krankenhaus –AG Deutschlands, in: Das Krankenhaus, 93. Jg., Heft 5, S. 411.

Oettle, Karl (1976): Grundfragen öffentlicher Betriebe I, Baden-Baden.

Ohlendorf, Th. (1997): Kostenstelle, logistische, in: Vahlens großes Logistik Lexikon, hrsg. von Jürgen Bloech und Gösta B. Ihde, München, S. 454-455.

Oppelland, Hans J. (1989): Implementierungstechniken, in: Handwörterbuch der Planung, hrsg. von Norbert Szyperski und Udo Winand, Sp. 665-677.

Ossadnik, Wolfgang (1992): Investitionsrechnungsverfahren für öffentliche Betriebe, Berlin.

Ossadnik, Wolfgang; Oliver Lange und Markus Aßbrock (1997): Investitionsentscheidung und Nutzwertanalyse, in: WiSt, 26. Jg., Heft 10, S. 548-552.

Paeger, Axel (1996): Benchmarking sichert die Zukunft des Krankenhauses, in: Das Krankenhaus, 88. Jg., Heft 12, S. 616-620.

Patt, Claudia (1996): Die strategische Planung als Komponente eines Controllingsystems im Krankenhaus: eine Untersuchung für das deutsche Krankenhauswesen, Frankfurt a.M. u.a.

Pfohl, Gerhard und Günther Pfaffeneder (1992): Die Rechtsform der kommunalen Krankenhäuser; die gemeinnützige Krankenhaus-GmbH, in: Krankenhaus Umschau, 61. Jg., Heft 9, S. 651-659.

Pfohl, Hans-Christian (1980): Aufbauorganisation der betriebswirtschaftlichen Logistik, in: Zeitschrift für Betriebswirtschaft, 50. Jg. Heft 11-12, S. 1201-1228.

Pfohl, Hans-Christian (1992): Organisation der Logistik, in: Handwörterbuch der Organisation, 3. Aufl., hrsg. von Erich Frese, Sp. 1255-1270.

Pfohl, Hans-Christian (1994): Logistikmanagement: Funktionen und Instrumente. Implementierung der Logistikkonzeption in und zwischen Unternehmen, Berlin u.a.

Pfohl, Hans-Christian (1997): Logistikplanung, strategische, in: Vahlens großes Logistik Lexikon, hrsg. von Jürgen Bloech und Gösta B. Ihde, München, S. 630-634.

Pfohl, Hans-Christian (2000): Logistiksysteme: betriebswirtschaftliche Grundlagen, 6., neu bearb. und akt. Aufl., Berlin u.a.

Pfohl, Hans-Christian und Folker Roland (1997): Portfolioanalyse, in: Vahlens großes Logistik Lexikon, hrsg. von Jürgen Bloech und Gösta B. Ihde, München, S. 802-804.

Pfohl, Hans-Christian und Werner Zöllner (1991): Effizienzmessung der Logistik, in: Die Betriebswirtschaft, 51. Jg., Heft 3, S. 323-339.

Pfohl, Hans-Christian und Wolfgang Stölzle (1997): Planung und Kontrolle: Konzeption, Gestaltung, Implementierung, 2., neu bearb. Aufl., München.

Pföhler, Wolfgang (1998): Positionsbestimmung der Krankenhäuser gegenüber den Herausforderungen der Zukunft, in: Das Krankenhaus, 90. Jg., Heft 8, S. 433-438.

Picot, Arnold (1991): Ein Ansatz zur Gestaltung der Leistungstiefe, in: Schmalenbachs Zeitschrift für betriebliche Forschung, 43. Jg., Heft 4, S. 336-357.

Preißler, Peter R. (2000): Controlling, Lehrbuch und Intensivkurs, 12., unwesentlich veränd. Aufl., München u.a.

Preuß, Olaf Friedrich (1996): Kosten- und Deckungsbeitragsmanagement im Krankenhaus unter besonderer Berücksichtigung von Fallpauschalen und Sonderentgelten, Frankfurt am Main u.a.

Quaas M.C.L., Michael (1992): Die kommunale Krankenhaus-GmbH, in: Das Krankenhaus, 84. Jg., Heft 2, S. 59-65.

Rauh, Wolf, Dirk (1991): Krankenhaus-Architektur von 1930 bis heute, in: Krankenhaus Umschau, 60. Jg., Heft 11, S. 856-860.

Reichard, Christoph (1987): Betriebswirtschaftslehre der öffentlichen Verwaltung, 2., völlig neu bearb. und erw. Aufl., Berlin u.a.

Reichmann, Thomas (1989): Logistik-Controlling: Wie man seine Lager-, Transport- und Handlingkosten in den Griff bekommt, in: Controlling, 1. Jg, Heft 1, S. 18-25.

Reichmann, Thomas (1997): logistische Kennzahlen, in: Vahlens großes Logistik Lexikon, hrsg. von Jürgen Bloech und Gösta B. Ihde, München, S. 425-426.

Reichmann, Thomas (2001): Controlling mit Kennzahlen und Managementberichten, Grundlagen einer systemgestützten Controlling-Konzeption, 6., überarb. und erw. Aufl., München.

Reichmann, Thomas und Christoph Lange (1985): Aufgaben und Instrumente des Investitions-Controlling, in: Die Betriebswirtschaft, 45. Jg., Heft 4, S. 454-466.

Reumann, Kurt (1997): Getrennt und effizient?, in: FAZ Nr. 110 vom 14.5.1997, S. 16.

Riebel, Paul (1992): Einzelerlös-, Einzelkosten- und Deckungsbeitragsrechnung als Kern einer ganzheitlichen Führungsrechnung, in: Handbuch Kostenrechnung, hrsg. von Wolfgang Männel, Wiesbaden, S. 247-299.

Riebel, Paul (1994): Einzelkosten- und Deckungsbeitragsrechnung: Grundfragen einer markt- und entscheidungsorientierten Unternehmensrechnung, 7., überarb. und wesentl. erw, Aufl., Wiesbaden.

Riedel, Karl (1997): Archivierung, in: Das Krankenhaushandbuch: Wegweiser für die tägliche Praxis, hrsg. von Jochen Breinlinger-O´Reilly u.a., Neuwied u.a., S. 479-495.

Rieger, Franz Herbert (1983): Unternehmen und öffentliche Verwaltungsbetriebe: ein betriebswirtschaftlicher Vergleich zum Aufbau einer Betriebswirtschaftslehre der öffentlichen Verwaltung, Berlin.

Rippel, Walter (1987): Einordnung des Controlling in die Krankenhausorganisation, in: Controlling - Ein Instrument zur Steuerung von Leistungen und Kosten im Krankenhaus, Bericht von der GEBERA-Tagung am 3./4. November 1986 in Köln, hrsg. von Günter Sieben. Köln, S. 89 - 96.

Ritter, Jens (2000): Prozessoptimierung in der Speisenversorgung bringt erhebliche Einsparpotenziale, in: führen & wirtschaften im Krankenhaus, 17. Jg., Heft 6, S. 653-659.

Robert Bosch Stiftung (1987): Krankenhausfinanzierung in Selbstverwaltung - Kommissionsbericht, Vorschläge zu einer Neuordnung der Organisation und Finanzierung der Krankenhausversorgung, Teil I, Bericht der Kommission Krankenhausfinanzierung der Robert Bosch Stiftung, Gerlingen.

Robrade, Andreas Dieter (1991): Dynamische Einprodukt-Lagerhaltungsmodelle bei periodischer Bestandsüberwachung, Heidelberg.

Roeder,Norbert, H.H. Scheld und Bernhard Rochell (2000): Das australische System wird Ärzten und Ökonomen am besten gerecht, in: führen & wirtschaften im Krankenhaus, 17. Jg., Heft 4, S. 344-346.

Rogler, Silvia (1997): Logistikkostenartenrechnung, in: Vahlens großes Logistik Lexikon, hrsg. von Jürgen Bloech und Gösta B. Ihde, München, S. 603-606.

Röhrig, Richard (1989): Strategisches Krankenhauscontrolling, in: Controlling, 1. Jg., Heft 5, S. 276-283.

Röhrig, Richard (1991): Krankenhaus - Controlling, in: Das Krankenhaus, 83. Jg., Heft 6, S. 293-301.

Röhrig, Richard (1993): Die Entwicklung eines Controllingsystems für ein Krankenhaus, 2. Aufl., Darmstadt.

Rühli, Edwin (1980): Leitungssysteme, in: Handwörterbuch der Organisation, hrsg. von Erwin Grochla unter Mitarbeit von zahlreichen Fachgelehrten und Experten aus Wissenschaft und Praxis, 2., völlig neu gestalt. Auflage, Stuttgart, Sp. 1141-1149.

Sandberg, Berit (2001): Stiftungskostenrechnung – Grundzüge einer Kosten- und Leistungsrechnung für Stiftungen, Die ROTEN SEITEN zum Magazin Stiftung & Sponsoring, Heft 1.

Schäfer, Stefan und Dietrich Seibt (1998): Benchmarking - eine Methode zur Verbesserung von Unternehmensprozessen, in: Betriebliche Forschung und Praxis, 50. Jg., Heft 4, S. 365-380.

Schäffer, Utz (2001): Kontrolle, in: Zeitschrift für Planung, 12. Jg., Heft 2, S. 223-227.

Schanz, Günther (1994): Organisationsgestaltung: Management von Arbeitsteilung und Koordination, 2., neu bearb. Aufl., München.

Schanz, Günther (2000): Personalwirtschaftslehre: lebendige Arbeit in verhaltenswissenschaftlicher Perspektive, 3., neu bearb. und erw. Aufl., München.

Scheffler, Eberhard (1987): Investitions-Controlling - Absicherung einer wirtschaftlichen Investitionsdurchführung, in: Neuere Entwicklungen in der Produktions- und Investitionspolitik: Herbert Jakob zum 60. Geburtstag, hrsg. von Dietrich Adam, Wiesbaden, S. 301-316.

Schelwokat, Peter (2001): Die Krankenakten sind dank Mikrofilm und CD elektronisch verfügbar und sicher gespeichert, in: führen & wirtschaften im Krankenhaus, 16. Jg., Heft 6, S. 530-534.

Schmalenbach, Eugen (1963): Kostenrechnung und Preispolitik, 8., erw. und verb. Aufl., bearb. von Richard Bauer, Köln/Opladen.

Schmidt-Rettig, Barbara (1995): Vom selbstkostendeckenden Pflegesatz zu fallpauschalierten Preisen, in: Krankenhausmanagement im Werte- und Strukturwandel, Handlungsempfehlungen für die Praxis, hrsg. von Siegfried Eichhorn und Barbara Schmidt-Rettig, Stuttgart u.a., S. 135-144.

Schmitz, Harald und Peter Greißinger (1998): Benchmarking im Krankenhaus, in: Betriebliche Forschung und Praxis, 50. Jg., Heft 4, S. 402-420.

Schmücker, Paul und Carl Dujat (1996): Rechnerunterstützte Dokumentenverwaltung und Optische Archivierung: Der Weg zur digitalen Krankenakte, in: Das Krankenhaus, 88Jg., Heft 3, S. 98-104.

Schneeweiß, Christoph (1997): Lagerhaltungsmodelle, in: Vahlens großes Logistik Lexikon, hrsg. von Jürgen Bloech und Gösta B. Ihde, München, S. 488-492.

Schönsleben, Paul (2000): Integrales Logistikmanagement, Planung und Steuerung von umfassenden Geschäftsprozessen, 2., überarb. und erw. Aufl., Berlin u.a.

Schüller, Stephan (1984): Organisationen von Controllingsystemen in Kreditinstituten, Münster.

Schulte, Christof (1992): Logistik-Controlling: Optimierung von Struktur, Produktivität, Wirtschaftlichkeit und Qualität in der Logistik, in: Controlling, 4. Jg., Heft 5, S. 244-253.

Schulte, Christof (1999): Logistik: Wege zur Optimierung des Material- und Informationsflusses, 3.,überarb. und erw. Aufl., München.

Schulte, Gerd (2001): Material- und Logistikmanagement, 2., wesentl. erw. und verb. Aufl., München u.a.

Schulze, Herbert (1989): Organisationsgestaltung und strategische Organisationsanalyse: dargestellt am Beispiel der Krankenhausorganisation, Berlin.

Schwegler, Georg (1995): Logistische Innovationstätigkeit, Konzept und organisatorische Grundlagen einer entwicklungsorientierten Logistik-Technologie, Wiesbaden.

Schweitzer Marcell und Hans-Ulrich Küpper (1991): Systeme der Kosten- und Erlösrechnung, 5. Aufl., Landsberg/Lech.

Schweitzer Marcell und Hans-Ulrich Küpper (1998): Systeme der Kosten- und Erlösrechnung, 7., überarb. und erw. Aufl., München.

Schweitzer, Marcell und Birgit Friedl (1992): Beitrag zu einer umfassenden Controlling-Konzeption, in: Controlling, Grundlagen-Informationssysteme, Anwendungen, hrsg. von Klaus Spermann und Eberhard Zur, Wiesbaden, S. 141-167.

Seeger, Heinz-Georg und Horst Goede (1992): Auswahl und Einsatz von Beratern, in: Handwörterbuch der Organisation, 3., völlig neu gestalt. Aufl., hrsg. von Erich Frese, Sp. 318-328.

Seelos, Hans-Jürgen (1998): Zur Dienstleistungsökonomie der Krankenhausproduktion, in: Zeitschrift für öffentliche und gemeinwirtschaftliche Unternehmen, 21. Jg., Heft 1, S. 107-114.

Serfling, Klaus (1992): Controlling, 2., überarb. und erw. Aufl., Stuttgart u.a.

Sieben, Günter (1987): Einführung in das Krankenhaus-Controlling, in: Controlling - Ein Instrument zur Steuerung von Leistungen und Kosten im Krankenhaus, Bericht von der GEBERA-Tagung am 3./4. November 1986 in Köln, hrsg. von Günter Sieben. Köln, S. 7-14.

Sierke, Bernt R. A. (1997): Logistikkontrolle, in: Vahlens großes Logistik Lexikon, hrsg. von Jürgen Bloech und Gösta B. Ihde, München, S. 588-589.

Simoneit, Monika (1998): Informationsmanagement in Universitätsklinika: Konzeption und Implementierung eines objektorientierten Referenzmodells, Wiesbaden.

Staerkle, Robert (1992): Leitungssystem, in: Handwörterbuch der Organisation, hrsg. von Erich Frese unter Mitarbeit von zahlreichen Fachgelehrten und Experten aus Wissenschaft und Praxis, 3., völlig neu gestalt. Aufl., Stuttgart, Sp. 1229-1239.

Steinmann, Horst und Georg Schreyögg (1997): Management: Grundlagen der Unternehmensführung; Konzepte - Funktionen - Fallstudien, 4., überarb. und erw. Aufl., Wiesbaden.

Stoi, Roman (1999): Prozesskostenmanagement erfolgreich einführen, Empfehlungen auf Basis einer empirischen Untersuchung in Deutschland, in: controller magazin, 24. Jg., Heft 2, S. 103-110.

Stoldt, Jochen (1993): Uni-Klinik erhielt neue Versorgungsadern, Automatische Transporte für die Ver- und Entsorgung, in: Krankenhaus Umschau, 62. Jg., Heft 1, S. 45-51.

Stölzle, Wolfgang (1999): Dimensionen der Gestaltung des Organisationsproblems, in: Handbuch Logistik: Management von Material- und Warenflussprozessen, hrsg. von Jürgen Weber und Helmut Baumgarten, Stuttgart.

Strehlau-Schwoll, Holger (1995): Deckungsbeitragsrechnung im Krankenhaus, in: Krankenhausmanagement im Werte- und Strukturwandel: Handlungsempfehlungen für die Praxis, hrsg. von Siegfried Eichhorn und Barbara Schnmidt-Rettig, Stuttgart u.a., S. 299-320.

Tauch, Jürgen G. (1989): Budgetierung im Krankenhaus: Strategien zum Aufbau und zur Nutzung eines entscheidungsorientierten Controlling-Konzeptes, 3. Aufl., Gütersloh.

Teichmann, Stephan (1989): Logistikkostenrechnung: Untersuchungen zur Bedeutung und Methodik einer betriebswirtschaftlichen Logistikkostenrechnung mittelständischer Industriebetriebe, Berlin.

Teichmann, Stephan (1995): Logistiktiefe als strategisches Entscheidungsproblem, Berlin.

Tempelmeier, Horst (1999): Material-Logistik: Modelle und Algorithmen für die Produktionsplanung und -steuerung und das Supply-chain-Management, 4., überarb. und erw. Aufl., Berlin u.a.

Thiemeyer, Theo (1988): Die freigemeinnützige Krankenhauswirtschaft aus gesellschafts-, wirtschaftsordnungs- und gesundheitspolitischer Sicht, in: Ziele und Aufgaben der freigemeinnützigen Krankenhäuser, hrsg. von Siegfried Eichhorn und Heinz Lampert, Beiträge zur Gesundheitsökonomie 18, Gerlingen, S. 17-44.

Trill, Roland (2000): Krankenhaus-Management: Aktionsfelder und Erfolgspotentiale, 2., erw. und überarb. Aufl., Neuwied u.a.

Tschirswitz, Rolf (1985): Logistik im Krankenhaus, in: Krankenhaus-Umschau, 54. Jg., Heft 9, S. 454-458.

Tuschen, Karl Heinz, Michael Quaas (2001): Bundespflegesatzverordnung: Kommentar mit einer umfassenden Einführung in das Recht der Krankenhausfinanzierung, 5., akt. Aufl., Stuttgart u.a.

Ulrich, Hans (1970): Die Unternehmung als produktives soziales System, 2., überarb. Aufl., Bern u.a.

Ulrich, Hans (1990): Unternehmenspolitik, 3. Aufl., Bern u.a.

Ulrich, Hans und Fredy Sidler (1977): Ein Management-Modell für die öffentliche Hand, Bern u.a.

Van Spijk, Piet (1994): Definitionen und Beschreibungen der Gesundheit, Ein medizinhistorischer Überblick. Schriftenreihe der SGGP, Nr. 22, 2. unveränd. Aufl., Muri/Schweiz.

Verges, Rudolf (1998): Lernen von den Besten hilft weiter, Benchmarking-Logistik / Erfolgswerkzeug für Logistikführer, in: Handelsblatt Nr. 203 vom 21.10.1998, S. B3.

Vermast, Thomas (1995): Einführung eines integrierten Logistik-Controlling, Bamberg.

von Eiff, Wielfried (1997): Krankenhausbetriebsvergleich: Controllinginstrument zur Planung und Steuerung von Leistungsprozessen, in: Das Krankenhaus, 89. Jg., Heft 10, S. 613-620.

von Eiff, Wielfried (2000): Das Elend des Benchmarking, in: Das Krankenhaus, 92. Jg., Heft 10, S. 94-97.

von Pfeil, Friedrich (1994): High-Tech im Zentrallager für Effizienz und Qualität, Modernstes Versorgungszentrum Europas für das Klinikum Nürnberg-Nord, in: Krankenhaus Umschau, 63. Jg., Heft 12, S. 938-940.

von Pfeil, Friedrich (1995): Top-Logistik für die Klinik, Modernstes Versorgungszentrum für das Klinikum Nürnberg-Nord, in: Materialfluss, Januar/Februar, S. 48-50.

von Reibnitz, Ute (1987): Szenarien-Optionen für die Zukunft, Hamburg u.a.

Wäscher, Gerhard (1982): Innerbetriebliche Standortplanung bei einfacher und mehrfacher Zielsatzung, Wiesbaden.

Wäscher, Gerhard (1985): Ökonomische Grundlagen der innerbetrieblichen Standortplanung, in: WiSt, 14. Jg., Heft 5, S. 237-244.

Wäscher, Gerhard (1997): Standortplanung, innerbetriebliche, in: Vahlens großes Logistik Lexikon, hrsg. von Jürgen Bloech und Gösta B. Ihde, München, S. 988-990.

Weber, Helmut Kurt (1996): Einzel- und Gemeinkosten sowie variable und fixe Kosten; Verrechnung oder Nichtverrechnung auf Kostenträger sowie Konsequenzen für Entscheidungen und Bestandsbewertung, 2., völlig überarb. und erw. Aufl., Göttingen.

Weber, Helmut Kurt (1997): Logistikkosten, in: Vahlens großes Logistik Lexikon, hrsg. von Jürgen Bloech und Gösta B. Ihde, München, S. 589-594.

Weber, Jürgen (1984): Logistikkostenrechnung – Lösungen für die Praxis durch Antworten aus der Praxis, in: Kostenrechnungspraxis, o. Jg., Heft 4, S. 135-140.

Weber, Jürgen (1987): Logistikkostenrechnung, Berlin u.a.

Weber, Jürgen (1992a): Logistik als Koordinationsfunktion, Zur theoretischen Fundierung der Logistik, in: Zeitschrift für Betriebswirtschaft, 62. Jg., Heft 8, S. 877-895.

Weber, Jürgen (1992b): Logistikkostenrechnung, in: Handbuch Kostenrechnung, hrsg. von Wolfgang Männel, Wiesbaden, S. 878-897.

Weber, Jürgen (1994): Logistikmanagement-Verankerung des Flussprinzips im Führungssystem des Unternehmens, in: Logistik, Gestaltung von Logistiksystemen, hrsg. von Heinz Isermann, 2., überarb. und erw. Aufl., Landsberg/Lech, S. 79-89.

Weber, Jürgen (1995): Logistik-Controlling, 4., überarb. Aufl., Stuttgart.

Weber, Jürgen (1999): Stand, Aufgaben und Gestaltung der Kostenrechnung für die Logistik, in: Handbuch Logistik, Management von Material- und Warenflussprozessen, hrsg. von Jürgen Weber und Helmut Baumgarten, S. 509-522.

Weber, Jürgen und Sebastian Kummer (1990): Aspekte des betriebswirtschaftlichen Managements der Logistik, in: Die Betriebswirtschaft, 50. Jg., Heft 6, S. 775-787.

Weber, Jürgen und Sebastian Kummer (1998): Logistikmanagement, 2., akt. Aufl., Stuttgart.

Weber, Jürgen, Armin Großklaus, Sebastian Kummer, Harald Nippel und Dorothèe Warnke (1995): Methodik zur Generierung von Logistik-Kennzahlen, in: Kennzahlen für die Logistik, hrsg. von Jürgen Weber, Stuttgart, S. 9-45.

Weber, Jürgen; Utz Schäffer und Carsten Prenzler (2001): Zur Charakterisierung und Entwicklung von Controlleraufgaben, in: Zeitschrift für Planung, 12. Jg., Heft 1, S. 25-46.

Welge, Martin K. (1988): Unternehmensführung, Band 3: Controlling, Stuttgart.

Welge, Martin K. (1989): Organisation des Controlling, in: Controlling, 1. Jg., Heft 3, S. 140-149.

Werthmann, Raimund und Hans-Georg Nollau (1993): Erfahrungen und Kenntnisse mit informationsgestützter Logistik, in: REFA-Nachrichten, 46. Jg., Heft 5, S. 4-13.

WHO (1946): Verfassung der Weltgesundheitsorganisation vom 22.7.1946

WIBERA (1989): Wirtschaftliches Krankenhaus: Beiträge zu Management, Planung, Rechnungswesen, Prüfung; Gesamtverantwortung Siegfried Eichhorn, Heinz Freymann, 3., grundlegend neu bearb. Aufl., Köln.

Wild, Jürgen (1982): Grundlagen der Unternehmensplanung, 4. Aufl., Köln/Opladen.

Witte, Eberhard (1973): Organisation für Innovationsentscheidungen, Das Promotoren-Modell, Göttingen.

Wittmann, Waldemar (1959): Unternehmung und unvollkommene Information, Unternehmerische Voraussicht, Ungewissheit und Planung, Köln/Opladen.

Wolf, D. (1997): Metalogistik, in: Vahlens großes Logistik Lexikon, hrsg. von Jürgen Bloech und Gösta B. Ihde, München, S. 716-719.

Wölfling, Burkhard (1996): Logistik-Controlling als Erfolgsinstrument, Neue Anforderungen an die Praxis, in: Logistik im Unternehmen, 11. Jg., Heft 3, S. 88-91.

Zäpfel, G. (1997): Flexibilität, in: Vahlens großes Logistik Lexikon, hrsg. von Jürgen Bloech und Gösta B. Ihde, München, S. 287-292.

Zeyer, Ulrich (1995): Zeitaspekte der Implementierung aktueller Managementkonzepte, in: Zeitschrift für Organisation, 64. Jg., Heft 5, S. 283-289.

Ziegler, Hans-Jörg, Gerhard Binder, Hans-Volker Niemeier und Helmar Schrenk (1988): Computergestützte Transport- und Tourenplanung: Optimierung beim Fahrzeugeinsatz und bei der Gestaltung von Transportanlagen, Ehningen bei Böblingen.

Zimmermann, Gebhard (1997): Entgeltkalkulation und Controlling in der öffentlichen Verwaltung mit Hilfe der Prozesskostenrechnung, in: Akademie, 42. Jg., Heft 2, S. 1-6.

Zimmermann, Gebhard (2001): Grundzüge der Kostenrechnung, 8., überarb. und erw. Auflage, München u.a.

Zipperer, Manfred (2001): Move the Information not the Patient: Telematik und E-Commerce im Gesundheitswesen, in: führen & wirtschaften im Krankenhaus, 18. Jg., Heft 2, S. 122-125.

VERZEICHNIS DER RECHTSQUELLEN UND VERORDNUNGEN

Beitragsentlastungsgesetz (BeitrEntlG) vom 1. November 1996 (BGBl. I S. 1631).

Fünfte Buch Sozialgesetzbuch (SGB V) -Gesetzliche Krankenversicherung- vom 20. Dezember 1988 (BGBl. I S.2477), zuletzt geändert durch das GKV-Gesundheitsreformgesetz 2000 vom 22. Dezember 1999 (BGBl. I S. 2626).

Gesetz zur Stabilisierung der Krankenhausausgaben (GSK) vom 29. April 1996 (BGBl. I S. 654), zuletzt geändert durch Artikel 10 des Zweiten Gesetzes zur Neuordnung von Selbstverwaltung und Eigenverantwortung in der gesetzlichen Krankenversicherung (2. GKV-Neuordnungsgesetz - 2.GKV-NOG) vom 23. Juni 1997 (BGBl. I S. 1520).

Gesetz zur wirtschaftlichen Sicherung der Krankenhäuser und zur Regelung der Krankenhauspflegesätze (Krankenhausfinanzierungsgesetz - KHG) in der Fassung der Bekanntmachung vom 10.April 1991 (BGBl. I S. 886), zuletzt geändert durch das GKV-Gesundheitsreformgesetz 2000 vom 22. Dezember 1999 (BGBl. I S. 2626).

Gesundheitsstrukturgesetz (GSG) vom 21. Dezember 1992 (BGBl. I S. 2266).

GKV-Gesundheitsreformgesetz 2000 vom 22. Dezember 1999 (BGBl. I S. 2626).

Krankenhaus-Kostendämpfungsgesetz vom 22. Dezember 1981 (BGBl. I. S. 1568).

Krankenhaus-Neuordnungsgesetz (KHNG) vom 20. Dezember 1984 (BGBl. I S. 1716).

Krankenhausplan III - Allgemeiner Teil – des Landes Baden-Württemberg vom 16. November 1989 (StAnz. Nr. 93/94 v. 25.11.1989, ber. StAnz. Nr. 100 vom 16. November 1989.

Verordnung über die Abgrenzung der im Pflegesatz nicht zu berücksichtigenden Investitionskosten von den pflegesatzfähigen Kosten der Krankenhäuser (Abgrenzungsverordnung –AbgrV) vom 12. Dezember 1985 (BGBl. I S. 2255), zuletzt geändert durch Artikel 3 der Fünften Verordnung zur Änderung der Bundespflegesatzverordnung vom 9. Dezember 1997 (BGBl. I S. 2874).

Verordnung über die Rechnungs- und Buchführungspflichten von Krankenhäusern (Krankenhaus-Buchführungsverordnung-KHBV vom 10. April 1978

BGBl. I S. 473), zuletzt geändert durch Artikel 4 § 3 Abs. 4 Euro-Einführungsgesetz vom 9. Juni 1998 (BGBl. I S. 1242).

Verordnung zur Regelung der Krankenhauspflegesätze (Bundespflegesatzverordnung - BPflV) vom 26. September 1994 (BGBl. I S.2750), zuletzt geändert durch das GKV-Gesundheitsreformgesetz 2000 vom 22. Dezember 1999 (BGBl. I S. 2626).

Zweites Gesetz zur Neuordnung von Selbstverwaltung und Eigenverantwortung in der gesetzlichen Krankenversicherung (2.GKV-Neuordnungsgesetz - 2. GKV-NOG) vom 23. Juni 1997 (BGBl. I S. 1520).

Schriften des Göttinger Forums für Wissenschaft, Wirtschaft und Verwaltung

Herausgegeben von Helmut Brede, Wolf Gottschalk und Norbert Liekmeier

Band 1 Helmut Brede/Wolf Gottschalk/Norbert Liekmeier (Hrsg.): STAAT und PRIVAT. Grenzziehung – Grenzverschiebung? Mit Beiträgen von Präsident Prof. Dr. Dr. h.c. Helmut Hesse und Dr. Horst Keppler, Präsident Heiner Herbst und dem stellv. Generalkommissar Dr. Norman van Scherpenberg. 1997.

Band 2 Frank Schneyer: Besonderheiten deutscher börsennotierter gemischtwirtschaftlicher Aktiengesellschaften. Eine vergleichende Analyse auf der Basis von Kennzahlen und Aktienkursen. 1997.

Band 3 Anja Funke: Zielkostenmanagement in öffentlichen Betrieben und Verwaltungen. 1998.

Band 4 Ulrike Brunke: Der vergleichsorientierte Prüfungsansatz. Möglichkeiten und Grenzen – dargestellt am Beispiel der überörtlichen Prüfung kommunaler Körperschaften in Hessen. 1999.

Band 5 Margit Christiansen: Logistik-Controlling im Krankenhaus. Analyse und Entwicklung eines Planungs-, Kontroll- und Informationssystems für die Krankenhauslogistik. 2003.

FSC
www.fsc.org
MIX
Papier | Fördert
gute Waldnutzung
FSC® C083411

Kolibri 360 GmbH
Ferdinand-Jühlke-Straße 7
99095 Erfurt, Deutschland
produktsicherheit@kolibri360.de

Druck:
CPI Druckdienstleistungen GmbH
im Auftrag der
Kolibri 360 GmbH
Ferdinand-Jühlke-Str. 7
99095 Erfurt